本书是国家社会科学基金项目“陌生人社会秩序的价值基础：
一种道德社会学的研究”（12BSH006）的最终成果

本书出版获得“苏州大学人文社科优秀学术专著出版资助计划”资助

“十二五”国家重点图书出版规划项目

社会学文库 SOCIOLOGICAL LIBRARY 主编 郑杭生

陌生人社会

价值基础与社会治理

龚长宇 / 著

Society of Strangers

Basis of Value and Social Governance

中国人民大学出版社
·北京·

总　序

现在，文库不少，社会学文库也有几个。在这样的情况下，接受中国人民大学出版社的委托，主持一套社会学文库，就不得不追问自己：这套文库只是单纯在数量上增加一个文库而已，还是应该在质量上力求有自己的某些特点？这就是本套文库不可避免要面对的定位问题。经过考虑，本套文库的定位至少涉及如下四个方面：

第一，它是一套研究性的文库。就是说，进入本套文库的著作，必须是研究性、探索性的。研究性、探索性的必备要素是与某种新的东西联系在一起的，即有某种创新性，因此，它们不同于一般资料性的、介绍性的、编译性的作品。这并不是说后者不重要，而是说，因为类别不同，后者应该有自己的出版渠道。

社会学研究无疑涉及诸多方面，有理论研究和经验研究、定性研究和定量研究，有对现实社会现象的研究，又有对社会学本身的研究，等等。本文库欢迎一切真正有研究价值的著作；同时，根据社会学国际化与本土化相结合的要求，根据本国的国情，把重点放在如下几个方面：

——对转型中的中国社会的认识有所深化的研究著作。

——对有中国特色的社会学理论有所贡献的研究著作。

——对世界社会学的新发展和走向有所把握的研究著作。

第二，它是一套精品性的文库。就是说，在研究性的著作中，我们更看重精品之作。所谓精品，在内容上至少要符合下述几条中的一条或同时具有：一是能够从社会学的视角对人们普遍关心的社会热点和焦点问题做出有说服力的分析，公认有真知灼见，经得起时间和历史的考验；二是能够对实现“增促社会进步，减缩社会代价”的社会学深层理念有所贡献；三是对社会学的学科建设和理论创新有所推动；四是对中国社会学的国际化和本土化有所促进。而在形式上，要有与内容相匹配的叙述形式，要有较好的可读性，力求深入浅出，尽可能雅俗共赏，为大家所喜闻乐见。

第三，它是一套使社会学界新生力量脱颖而出的文库。就是说，通过研究性的精品之作，使那些在社会学界没有什么知名度，或知名度不高的“无名小卒”、新生力量、后起之秀程度不同地提高知名度，把他们实实在在地介绍给学界和社会，使他们尽快成为学界名人。在这个意义上，本文库也许能够成为培养社会学人才的有效渠道之一。众所周知，没有或缺少新生力量的学科和学界，是没有什么希望的。这当然在任何意义上都不是说可以忽视现在的学界名人，他们是我们最重要的依靠力量，他们负有提携后进的重任。我们真诚希望现有的学界名人和即将脱颖而出的学界名人，共同使本文库成为名副其实的名人文库，在学界和社会上发挥更大的作用。

第四，它是一套供不同学派观点争鸣的文库。一个没有不同学派争鸣的学界，不能说是成熟的。我在社会学界多次强调“要多一点学派，少一点宗派”。因为学派之争是学术问题、学术观点的争论，用的是学术标准，可以争得面红耳赤，但过后仍然是朋友；宗派之争则用非学术标准，党同伐异，大有“谁不和我们歌唱，谁就是我们的敌人”的“气概”。因此，学派之争，与人为善，相互切磋，推进学术；宗派之争，与人为恶，相互攻击，阻碍学术。如果本文库在促成不同观点的社会学学派形成方面、在促成不同学派展开富有成果的争鸣方面，起到了应有的积极作用，我们将会感到非常高兴和欣慰。本文库将对各种不同观点的学派一视同仁。

总之，我们真诚希望本文库能够出研究成果、出精品、出名人、出学派。简言之，我们把“四出”作为中国人民大学出版社社会学文库的定位。

古人曾说过这样的意思：定位于“上”，可能得乎“中”；定位于“中”，可能得乎“下”。本文库这种“四出”的定位，从目标上说应该属于“上”，但结果仍有两种可能：或“上”或“中”。我们希望能够争取前一种可能，避免后一种。最后究竟如何，当由读者和时间来鉴定。

应当指出，本文库是在一个不平常的时候出版的。

首先，无论是就政策环境和体制条件来说，还是就国内氛围和国际环境而论，中国社会学正处在新中国成立以来最好的大有可为的发展时期。现在，社会学的学科地位，即作为要加强的哲学社会科学基本学科之一，得到了确认。人们越来越体会到社会因素即非经济因素对改革、发展、稳定的重要性，从而也认识到以非经济因素为切入点的社会学，也和以经济因素为研究对象的经济学一样，是一门与每个人的实际生活息息相关的学问，是一门推进改革、发展、稳定的科学，感受到有许多问题需要从社会学的视角来看待和解读，并领悟到社会学的理论研究和经验研究是制定符合实际情况的社会政策的基础环节。人们对社会学从不了解、不甚了解甚至误解到逐步了解；一些社会学的用语（如社区、社会化、弱势群体、社会转型、良性运行等）日益普及化、大众化，其中一些还被政府部门所采纳和使用。这使中国社会学的发展不仅有了自上而下的体制条件，而且有了自下而上的社会氛围。经过激烈竞争，中国社会学界获得了第三十六届世界社会学大会的主办权，该届会议的主题是"全球化背景下的社会变迁"，将于2004年7月在北京召开，由中国社会科学院社会学研究所承办。现在欧美社会学界都十分关注中国社会的变化、中国社会学的研究。无疑，在世界社会学的格局中，与欧美强势社会学相比，无论从规模、投入，还是从成果、影响等方面说，中国社会学仍然是弱势社会学。强势社会学界如此关注中国社会的研究，对植根于本土社会的中国社会学界来说，既是一种沉重的压力，同时又是进一步发展的强大动力。在这样的情况下出版本文库，应当说是正当其时。我们希望不要辜负这样好的条件。

其次，这种不平常性还表现在世界社会学正处在自我反思和重建的过程之中。这种自我反思和重建的趋势并不是凭空而生，而是有现实根据的。这就是旧式现代性的衰落、新型现代性的兴起。我认为，这种旧式现代性的衰落、新型现代性的兴起，既影响着中国社会学的国际化，又影响着中国社会学的本土化。关于这一点我想多说几句。

所谓旧式现代性，就是那种以征服自然、控制资源为中心，社会与自然不协调、社会与个人不和谐，社会和自然付出双重代价的现代性。20世纪向21世纪的过渡时期，全球社会生活景观呈现出重大转折的种种迹象，人们看到：人类对自然的倒行逆施造成了越来越严重的“绿色惩罚”，导致了天人关系的紧张，甚至“人类对自然的战争，变成了人类自我毁灭的战争”；人欲的激发和资源的匮乏所引发的对资源控制权力的争夺，又不能不导致价值尺度的扭曲、伦理准则的变形、个人与社会的关系的恶化。旧式现代性已经进入明显的危机时期。这样，在世界、在中国，探索新型现代性便成为一种势在必行的潮流和趋向。

所谓新型现代性，是指那种以人为本，人和自然双赢、人和社会双赢，两者关系协调和谐，并把自然代价和社会代价减小到最低限度的现代性。从中国社会转型加速期取得的巨大社会进步和付出的种种社会代价中，我们都能从正反两方面，亲身体会到新型现代性的深刻意涵。

就两种类型的现代性与社会学的关系而言，过往的旧式现代性锻造了以往的社会学——它的感受力和想象力、设问和眼界，甚至它的理论抱负和期望所能达到的限度。当现代性面临重大转折之时，必定也是社会重构、个人重塑、个人与社会的关系发生重建之日。社会学不可避免地卷入其中，经历预设的根本变化、视野的重大调整、理论的重铸和再生过程。

对旧式现代性做出反应的，不仅有新型现代性，而且还有后现代性。如果说，新型现代性是对旧式现代性的一种积极、正面意义的反思，那么主张后现代性的后现代主义则一般是对旧式现代性的一种消极、否定意义的反应。后现代主义批评旧式现代性的弊病是对的，但它的解决方法不是革除弊病，而是连现代性也加以抛弃，从而走向了极端。它对社会和知识基础的所谓“解构”，无助于增进社会的和谐。

因此，处在这样一个旧式现代性步入没落、新型现代性勃然兴起的历史时期，中国社会学必须顺应时代的要求，跟上世界社会学重建的步伐，结合中国的实际，在理论研究上开拓出新的学理空间。而经过我国快速转型期独特经验的熏陶，中国社会学界的主体性、自觉性和敏锐性已经大为提高，将有助于达到这一目标。

我们也真诚希望，本套文库能在实现上述目标的过程中发挥应有的促进作用。

以上权且作为本文库的序言，与大家共勉。

郑杭生

2003 年 8 月于气和文轩

目　录

导 言

自从16世纪人类社会进入现代以来，人们对现代化、现代性问题的反思便一直持续着，从社会关系与社会交往的角度看，现代化进程中最突出的表象就是人的流动性与人际关系的陌生化，人们跨越地域性的限制在城市生活中接触、交往与协作，但是似乎再也找不到传统共同体中的感觉了。因此熟人社会与陌生人社会的类分就成为社会类型之“传统”与“现代”二分研究的一个重要维度。社会秩序是社会学的恒久主题，长期以来也形成了较为成熟的社会秩序理论。陌生人社会秩序研究同样奠基于社会秩序理论基础上，而对于陌生人社会秩序价值基础的探究则是道德社会学的核心论域之一。

本书主要内容有下述七个方面：

（1）陌生人、陌生人社会及其现代性根源。对陌生人、陌生人社会与陌生人社会秩序的研究基于现代化、现代性的宏大社会背景展开，具体解析是从齐美尔（Georg Simmel，又译为“西美尔”）、鲍曼（Zygmunt Bauman）、恩格尔哈特（H. Tristram Eengelhardt）以及滕尼斯（Ferdinand Tönnies）等人的观点切入的。陌生人社会与现代化、现代性紧密结合，或者说现代化与现代性是陌生人社会得以建构的实践场域和理论背景。

（2）陌生人社会秩序、社会制度与价值基础。社会秩序问题是社会学的恒久主题，陌生人社会秩序研究奠基于社会学的秩序论传统，秩序问题从霍布斯（Thomas Hobbes）那里开始，经孔德（Auguste Comte）、迪尔凯姆（Émile Durkheim，又译为“涂尔干”）在帕森斯（Talcott Parsons）那里达到巅峰，新功能主义对行动与秩序关系进行了辩证及再解释，吉登斯（Anthony Giddens）提出并阐释了“结构、行动与制度秩序”的关系，哈耶克（Friedrich Hayek）则对社会秩序做了精致的类分。社会秩序依赖于价值基础，价值基础对社会秩序的建构发挥价值导向与价值整合作用。另外，社会制度与社会秩序的关系最为密切，社会制度是维系陌生人互动与合作的基本力量。

（3）陌生人社会秩序价值基础的解释范式。西方社会思想史上已经出现了多种不同的有关现代社会、现代化与现代性的价值基础的解释，即自由主义的解释范式，马克思主义社会学的解释范式，以麦金太尔（Alasdair Maclntyre，又译麦金泰尔）、桑德尔（Michael Sandel）等为代表的新历史主义的解释范式等，其中重点关注作为古典自由主义之代表的亚当·斯密（Adam Smith）的合情利己主义的解释，即“合情利己主义—分工合作—自由放任、竞争—看不见的手调适—实现富国裕民的价值目标”范式，以及马克思主义社会学的秩序论及其对资本主义社会一直标榜的“自由、平等、人权”的价值基础的批判，同时对未来社会中真正自由、平等、人权的实现路径进行了探寻。

（4）陌生人社会秩序的伦理风险及其化解机制。陌生人社会秩序的价值基础缺失或者没有充分建构起来，就会引发陌生人社会秩序的伦理风险；伦理风险的存在又会引致陌生人社会秩序的“意义共同性缺失”，由此造成陌生人社会的伦理困境与秩序裂痕。化解陌生人社会秩序的伦理风险需要坚持超越性的伦理理念、通过包容和允许获得道德权威，以及重构责任理念等基本原则。

（5）重新发现和建构道德空间与道德共同体，是陌生人社会秩序伦理风险的化解机制，也是建构陌生人社会秩序价值基础的重要手段。道德空间的研究得益于20世纪中期以来西方理论界形成的“空间转向”，主要从齐美尔、勒温（Kurt Lewin）、鲍曼和泰勒（Charles Taylor）对道德空间的审视中得到启迪，尤其根据鲍曼的理解来阐释陌生人社会状态下道德空间被拆除的事实与重新建构道德空间的过程与方法。对道德共同体的研究从滕尼斯那里开始，现代社会的发展与现代性的展开加深了对逝去道德共同体的眷恋与乡愁，同时也创造了道德共同体再建构的新形态。

（6）筑实陌生人社会秩序的价值基础。陌生人社会秩序的价值基础根源于生产方式、文化传统以及现实的社会生活实践。多元社会的正常运转必然需要一些共享价值观念作为价值基础和支撑，以实现价值认同与聚合。作为社会秩序价值基础的共享价值观念与规范主要包括信任、责任、忠诚、团结、宽容、允许、尊重等，这些共享价值观念与规范往往超越了一般性的价值诉求。社会公平正义是陌生人社会秩序最重要的价值基础。这些规范价值同时也是维系道德空间与道德共同体的基本要素。另外，奠基于这些价值基础上的陌生人社会秩序还需要确立价值整合机制，即法与制度机制、意识形态机制、道德整合机制以及社会分工机制等，以实现陌生人之间的心理认同与价值整合，进而实现社会一体化。

（7）我国陌生人社会秩序的价值基础及柔性社会治理。中国传统社会、现代农村社会、城市的单位社会大多为熟人社会。1979 年以来社会转型进入加速期，原有的熟人社会格局被打破，在熟人社会向陌生人社会转型的过程中，原有社会秩序的价值基础发生了改变，面对社会秩序裂痕与失落的精神家园，需要重新发现和建构道德空间与道德共同体，确立陌生人社会秩序的价值基础。转型过程中面临的主要问题包括利益共同性与意义共同性的辩难、身份归属与个人自由的辩难、价值多元与价值共识的辩难等。从社会治理的角度看，建构陌生人社会秩序价值基础与柔性社会治理具有内在统一性，也是柔性社会治理的过程，具体操作手段主要包括强化社会主义核心价值体系与核心价值观，妥善处理社会利益关系，奠定合理利益基础，以民间团体尤其是志愿组织发展培育责任意识，以城市精神建设为载体使城市成为市民的精神共同体。通过这种柔性治理，以黏合社会秩序的裂痕，促进社会整合和良性运行。

作为一项基础理论研究，本书主要采用文献法、反思与批判、比较分析的方法。书中引用了大量前辈与时贤的研究成果，因为很难想象没有这些资料基础，怎能实现理论的连续统一和点滴突破。此外，需要说明的是，本书中的许多观点已陆续以论文的形式公开发表。经过几年来的思考和写作，笔者确实感到驾驭这样一个比较宏大的理论问题的艰辛，因此研究中肯定还有许多不够深入、细致和全面的地方，纰漏与不当之处还望方家学者批评指正。正如哈贝马斯说“现代性是一项未完成的事业”一样，对于陌生人社会秩序及其价值基础的探索，同样也是一项未竟的议题，随着陌生人社会的来临，探究仍将继续。

第一章 陌生人、陌生人社会及其现代性根源

对现代化与现代性的审视可以从多向度进行，从社会关系的角度看，现代化进程中最突出的表象就是人与人之间关系的陌生和冷淡，这种陌生和冷淡尽管不像霍布斯所说的“每一个人对每个人的战争”[①] 那么恐怖，也不像萨特所说的“他人就是地狱”那样令人毛骨悚然，但是人们在城市生活中游走，虽然相互接触、交往和协作，但是似乎再也找不到以往“在共同体里与同伙一起，从出生之时起，就休戚与共，同甘共苦”[②] 的那种感觉了。用鲍曼的话说就是：“我们生活在陌生人之中，而我们本身也是陌生人。在这个世界中，陌生人不能被限制或牵制。我们必须和陌生人生活在一起。”[③] 那么，下面就对何谓陌生人，陌生人社会何以形成，陌生人社会与传统熟人社会的内在关联与差别有哪些，如何理解陌生人社会与现代化、现代性的内在关联等问题进行分析论述。

一、何谓陌生人

（一）齐美尔、鲍曼：社会空间意义上的陌生人

陌生人已成为现代社会的普遍现象，现代生活在其历史要求的客观形式上，不能离开陌生人，正如齐美尔所言：“陌生人就是群体的一个有机环节，

---

① 霍布斯．利维坦［M］．黎思复，等译．北京：商务印书馆，1985：94.

② 滕尼斯．共同体与社会［M］．林荣远，译．北京：商务印书馆，1999：53.

③ 鲍曼．通过社会学去思考［M］．高华，等译．北京：社会科学文献出版社，2002：51.

群体的统一的生活包括这个要素的特别制约性。”① 齐美尔是较早研究陌生人问题的学者，作为社会学的奠基人，他的思想深受康德主义的影响，对社会学研究对象的理解集中于社会关系的相互作用及其作用的形式方面，基于此其社会学的研究主题也就具体化为社会化的过程、形式和条件的问题。早在1908年，齐美尔就在其“社会化的形式条件”的框架下从社会空间的意义上对陌生人现象进行了探究。他把康德对空间的界定“待在一起的可能性”视为社会学意义上的空间，在现实生活中，每个人都有一个确定的由他自己填充的位置，人们之间的相互作用也被感觉到是空间的填充。“相互作用使此前空虚的和无价值的空间变为某种对我们来说是实在的东西，由于空间使相互作用成为可能，相互作用填充着空间。”② 社会空间一方面包含被一些边界所框围着的界限分明的地域空间，另一方面更体现为“由心灵方面实现的划分和概括”③，即心灵空间。在齐美尔看来，社会化采取个人相互作用的种种不同的方式，从而促成了精神意义上的“待在一起”的可能性，这里体现出社会空间所具有的排他性、边界性和固定化特征，尤其是固定化特征，即“一个群体或者它的某些特定的要素或者它们的利益的基本对象物是完全固定的”④。这种固定化在实际生活中往往表现为稳定化和牢固的秩序。基于此齐美尔展开对陌生人现象的分析，他认为“如果说作为脱离任何既定的地域空间的漫游是与固定在一个地域空间点在概念上的对立，那么陌生人的社会学的形式在某种程度上是这两种界定的统一——诚然，在这里也显示出，同地域空间的关系一方面仅仅是同人的关系的条件，另一方面是同人的关系的象征”⑤。一个特定的空间往往是一个具有边界确定性的地域范围，它包含着在此范围内生活的人们彼此关系的接近和距离的统一，陌生人来自这个特定的地域空间之外，相对于这个特定地域空间中生活的社会群体来说，“在关系之内的距离意味着接近的人是远方来的，但是陌生则意味着远方的人是在附近的”⑥。也就是说，陌生人已然成为所介入群体的一个要素，但同时，陌生人

① 西美尔．社会学：关于社会化形式的研究［M］．林荣远，译．北京：华夏出版社，2002：516.
② 同①461.
③ 同①460.
④ 同①472.
⑤ 同①512.
⑥ 同①342.

也包含着与所介入群体的一种外在和对立。和陌生人关系的“远”和“近”不只是用地域上的距离来表征的，它还可以通过一些更加抽象的本质体现出来。在社会发展的历史进程中可以看到，经济史上商人几乎到处都是作为陌生人出现的，欧洲犹太人的历史也提供了经典的范例，“只要我们感到在陌生人和我们之间在民族的或者社会的、职业的或者普遍人性的相同，陌生人对我们来说就是近的；只要这些相同超出他和我们，不仅约束着我们双方，因为它们总的来说约束着很多人，那么他对我们来说就是远的”①。由此可见，陌生人可能既是近的同时也是远的，当陌生人成为所介入群体的一个要素时，群体的统一性就是由某种程度上的近和远的比例以及相互关系所构成的。齐美尔通过揭示陌生关系与货币经济以及智力之间存在的必然联系最后得出结论：现代生活不能离开陌生人，与陌生人之间的关系只能说“是由某种程度上的近和某种程度上的远所构成的，近和远的程度以某些量来刻画任何一种关系，在一种特殊的比例和相互的紧张关系之中产生对陌生人的特殊的、形式的关系”②。

如果说齐美尔开辟了从社会空间意义上研究陌生人问题的先河，那么后现代社会学家、伦理学家鲍曼无疑使这一研究取向变得更加深入细致。鲍曼是继涂尔干之后道德社会学研究的一位里程碑式的人物，同时也是后现代阵营中的一位叛逆者，诚如他的传记作者丹尼斯·史密斯所言：“他的著作精彩地描绘了人类在过去几个世纪以来穿越现代性的艰苦历程，同时，他也描绘了当现代性转向后现代之时，一个正在形成的新世界的生动景象。”③ 鲍曼对社会空间做了细分，将其看作“三种相互交织然而又截然分明的过程的一种复杂的交互作用——认知的、美学的和道德间距的过程——和它们各自的产品”④。这三个空间是被人们基于不同的机制建构出来的，道德空间不同于客观的物理空间，是“非客观的”“人造的”。道德空间的客体是我们为之存在的“他者”；道德责任是建造道德空间的唯一资源；道德空间配置了“亲密和匿名”“陌生和熟悉”以及“封闭和开放”等不同状态。陌生人的陌生感精确地讲

---

① 西美尔．社会学：关于社会化形式的研究［M］．林荣远，译．北京：华夏出版社，2002：515.

② 同①516.

③ 史密斯．后现代性的预言家：齐格蒙特·鲍曼传［M］．萧韶，译．南京：江苏人民出版社，2002：4.

④ 鲍曼：后现代伦理学［M］．张成岗，译．南京：江苏人民出版社，2003：171.

“意味着我们被错过的感觉，不知道怎样行动、期待什么和因而导致的对约会的不情愿”[①]。陌生人会令人产生不同程度的“蛋白质恐惧症”（proteophobia）[②]。近年来鲍曼的研究围绕着移民危机进行——“这些不请自来的客人”对于大门后面的人终究是陌生人，他们对欧洲各国的生产生活秩序造成了冲击和影响，导致了“道德恐慌”，即“一种在大量人口中广泛扩散的恐惧感，这种恐惧感使人们认为存在某种邪恶的东西，正在威胁社会的幸福安宁”[③]。

综上可以看出这三个空间既泾渭分明又相互交叠，其相互作用的过程和产品共同构成社会空间。认知空间的客体是我们“与之共存”的他者，遵循理性、求真原则；美学空间的客体是作为审美存在的他者，遵循娱乐和审美原则；道德空间的客体是我们“为之存在”的他者，遵循非理性、至善原则。这三个空间都配置了亲近和距离、封闭和开放的属性，引用舒茨的话说，就是“空间排列系统成为亲近和匿名、陌生和熟悉、社会亲近和疏远区分的一部分”[④]。陌生人主要存在于认知空间和道德空间，在“亲近—匿名”的域限中“离亲近的一极越远，变成陌生人的他者越多，直到在匿名的极端，他们从视野中消失为止”[⑤]。陌生人既不是邻居也不是异类，或者说，他们“既是邻居又是异类”[⑥]。同齐美尔一样，鲍曼同样认为，现代生活中陌生人是无处不在、不能去除的，而且“是一种必不可少的生活条件”[⑦]。陌生人的存在总会令人产生某种困惑的、矛盾的情感，若想转换或者消除“蛋白质恐惧症”，只有借助于道德空间的力量。之所以借助于道德空间才可以消除或弱化陌生人之间的紧张关系，是因为一方面，道德空间化可以拆除认知空间；另一方面，道德空间化也可以拆除美学空间。现在的问题是，人们必须不惜一切代价去“挽救或者恢复或者重新生产”那些“依据道德责任提示去行动的可能性”[⑧]，即履行道德行为。可见，从齐美尔到鲍曼都是从社会空间的角度理解

---

① 鲍曼：后现代伦理学［M］．张成岗，译．南京：江苏人民出版社，2003：176.

② 鲍曼建议把由陌生人的存在——那些未加定义的、未被决定的他者，既不是邻居也不是外人，然而潜在的两者都是——引起令人困惑的、矛盾的情感描述为“蛋白质恐惧症”。

③ 鲍曼．门口的陌生人［M］．姚伟，等译．北京：中国人民大学出版社，2018：3.

④ 同①175.

⑤ 同①176.

⑥ 同①181.

⑦ 同①193.

⑧ 同①219.

陌生人的，我们不妨将这种理解称为“社会空间意义上的陌生人”。

（二）恩格尔哈特：“道德异乡”意义上的陌生人

就在鲍曼力求通过道德来化解“陌生人”与“熟人”之间矛盾冲突的同时，也引申出来一个社会学自身无法解决的问题：道德准则的不可公度性。与齐美尔和鲍曼不同，美国后现代学者、生命伦理学家恩格尔哈特试图用“道德异乡人”（moral strangers）概念来表征这种“道德准则的不可公度性”。恩格尔哈特的学术旨趣是想在启蒙运动的道德工程坍塌的废墟中“挽回一点值得肯定的东西”[①]，他同美国伦理学家麦金太尔尽管在论证方法和手段方面存在一定差异，但是都认同启蒙运动的道德工程是失败的。其原因就在于启蒙运动的道德工程想要借助理性来证明唯一正确的道德观，但是问题的关键在于要想辩护或者证明一种道德观念是正确的，就必然需要实质性的标准，虽然从表面上看已经确立了许许多多的标准，诸如自然法标准、博弈论、后果论等，但是这些标准实际上都是用理性来解说已经设定的标准的方式。人们的道德观往往是一些初始的预设，且往往相互冲突，理性或者为其作直觉肯定或者陷入循环论证，但无法为具体的道德观提供合理性证明。如果说西方宗教改革运动的出现是一个历史的隐喻，它说明人们不可能信奉同一种宗教价值观，那么启蒙运动的道德工程的失败则是又一个隐喻，它表明人们无法用理性来确立唯一正确的道德观。由此便出现了两个问题，一是既然理性不能告诉人们何为正确的道德观，那么是否有其他办法得出正确的道德观呢？二是持有不同道德观的人们相互之间如何进行合作，如何解决道德上的分歧和对立呢？正是在对这两个问题的探寻中，恩格尔哈特提出了“道德异乡人”的概念。“现代的希望一直是试图发现一种标准的、充满内容的（content-full）道德。这种道德不仅是程序性的，而且应该对道德异乡人——即隶属于不同道德共同体（moral communities）的成员——具有约束力。”[②] 恩格尔哈特作为一个生命伦理学家，从生命伦理学意义上所理解的道德异乡人，是“那些相互之间对于出生、生命、痛苦和死亡的意义并不持有一种共同理

---

① 恩格尔哈特．生命伦理学的基础［M］．范瑞平，译．长沙：湖南科学技术出版社，1996：译者前言 XⅦ．

② 同①1.

解的人；它在不存在道德价值观念的基本共同性的情况下，询问哪种道德应该具有指导作用”①。

道德异乡人有别于“道德朋友”，道德朋友享有足够的共同的充满内容的道德，因此可以诉诸共同认可的道德权威来解决矛盾和争端，道德异乡人却属于不同的道德共同体，持有不同的道德观，无法通过圆满的道德论证来解决道德分歧。由此可以发现，由“道德异乡人所创立的大规模的社会无法成为这样一个共同体：人们在其中找到道德生活的充分意义，理解真正的团结，或超越无内容的个体主义的紊乱性”②。那么如何解决道德异乡人之间的争端呢？恩格尔哈特认为，“当我们既无法从有关道德合理性的共同理解，也无法从上帝的意志那里得到权威时，我们只能从道德活动参与者的个人意志、允许或同意来得到权威”③。他进而提出了两条约束道德异乡人的原则，即“允许原则”和“行善原则”④。这也是生命伦理学的基本原则，其中“允许原则”也就是在启蒙运动的废墟中能够挽回来的一点值得肯定的东西。我们把“道德异乡人”诠释为“道德意义上的陌生人”。

综上所述可以看出，从齐美尔、鲍曼到恩格尔哈特，或者从社会空间或者从道德共同体的角度对陌生人现象进行了研究，其实他们更深层的旨趣在于从陌生人的角度探究现代社会秩序之可能性的问题。另外，英国的保罗·西布莱特（Paul Seabright）写了一本《陌生人群：一部经济生活的自然史》(2007)，虽然主要分析经济史，却也为陌生人群的研究提供了另一个视角。

（三）国内学者对陌生人问题的关注

我国社会学家费孝通先生对陌生人问题也早有关注，在《乡土中国》中，他看到，中国乡土社会是一个熟悉的没有陌生人的社会，现代社会是由陌生人组成的社会，而且“陌生人所组成的现代社会是无法用乡土社会的习俗来

---

① 恩格尔哈特．生命伦理学的基础［M］．范瑞平，译．长沙：湖南科学技术出版社，1996：作者序言Ⅹ．

② 同①86．

③ 同①中文版序Ⅶ．

④ 同①123－124．

应付的”[①]。20 世纪 80 年代以来，随着我国社会结构转型和经济体制转轨、现代化进程的加快，许多社会学者开始关注陌生人与陌生人社会秩序问题。1985 年邓伟志在《社会规范与城市改革》一文中对此有所触及。2000 年以后，研究成果日渐增多，主要代表人物与观点有：董海宁具体研究了陌生化社会中信任机制的“理想型”与现状；董建军从政府转变职能、塑造现代人格等方面分析了熟人社会向陌生人社会转型的启示；莫智源、秋风、张清从司法角度分析了陌生人社会裁决选择、调解名实以及法制建构问题；汪国华则从社会学视角分析了从熟人社会向陌生人社会转型过程中城市离婚率趋高的现象；郭文婧分析了陌生人社会向“公民社会”转型的阵痛；张康之认为熟人社会的人际关系是一种建立在亲缘、地缘基础上的自由稀薄的人际关系，以习俗型信任为特征；黄亚青研究了我国传统伦理思想对建立陌生人社会伦理规则的影响；黄火明对陌生人与城市社会道德状况的内在关联进行了分析。

特别值得关注的是从 2006 年到 2009 年《人民论坛》曾经陆续在著名学者间展开的与陌生人、陌生人社会秩序相关问题的争论与讨论，其中有翟学伟、刘少杰教授关于“熟人社会阻碍现代化进程”和“熟人社会有其存在的合理性”的观点交锋；有“求异思潮与社会黏合”的讨论，代表性文章是郑杭生教授的《陌生人社会的裂痕黏合难题》和乔新生的《公民社会需要重新凝聚共识》。其中，郑杭生教授认为，陌生人社会的形成、价值观开放多元时代的到来表明我们社会异质性的加强、同质性的减弱、多样性的提升和统一性的弱化，同时也预示着多样性的统一，这正是我国从传统型社会向现代型社会转型的突出表现。社会“黏合”问题的实际内容是，如何应对在市场经济陌生人的世界中建立社会共同体的挑战，如何应对在价值观开放多元的时代里促进意义共同性的挑战。

郭琦对陌生人社会的信任关系和秩序进行了研究，并由西方社会的信任模式反观中国社会的信任状况，认为道德和法律是理想的信任模式的双翼，伦理道德加上政府行为是中国社会信任的建设路径。杨雪冬的《陌生人社会不等于陌路人社会》认为从孤独的陌生人走向认同的陌生人，是我们必须迈过的一道精神门槛。程立涛、曾繁敏的《道德排他主义与“陌生人”伦理》

---

① 费孝通．乡土中国［M］．北京：三联书店，1985：7．

从我国传统伦理生活中的道德排他主义的倾向切入，分析了当前中国社会建构整体的信用体系，认为需要调整个体道德心理结构，以积极的心态认同和接纳陌生人，以刚性的法律和制度约束陌生人间的关系，并指出这是超越和提升圈子型道德思维、克服道德排他主义悖论、创建以相互尊重和平等为基础的陌生人伦理、提升人类伦理生活品位的关键所在。韩建磊、赵庆杰的《道德失范与陌生人伦理缺失》一文则分析了道德失范与陌生人伦理缺失的内在关联。何绍辉在《论陌生人社会的治理：中国经验的表达》一文中针对陌生人社会出现的治理难题进行分析，认为陌生人社会作为一种新的社会结构形态的出现，给当下中国社会管理与社会建设带来了一些难题，主要体现在道德真空填补、社会信任重构以及基层治理变革等方面。因而，建立中国特色社会管理体系，就要形成与经济社会发展相适应的社会管理模式，以契约规则规范陌生人社会中的行为、以现代信任文化融洽陌生人社会中的关系及以责任意识唤起陌生人社会中的道德良知来应对这些治理难题。周志强的《陌生人社会的政治图景》一文则强调了人们不再从情理社会角度重视政治治理，而是从法理社会角度重视政治功能。

中国社会科学院的甘绍平在其《雷锋的道德关切与陌生人的社会》一文中对当代中国社会道德状况的基本面向做出评价，认为当代社会的道德图景是复杂多色调的。一方面，随着改革开放与现代化的进程，我国正经历从传统向现代社会的巨大转型。民众公民意识、自主意识和权利意识的空前高涨见证着整个社会文明程度的不断提升和现代普世价值理念在人们头脑中的逐渐成熟，从而也为我国建构与现代化相适应的权利与义务观以及一整套新时期道德规范体系奠定了基础。另一方面，由于制度框架及法律结构在内容上或执行上的不足与缺失，加上少数官员腐败对社会风气的侵蚀，“道德滑坡”也已经成为许多人对中国社会精神现状做出评价的主题词。当前这个社会最大的特点就在于它是一个现代化的、民主的、权利意识高涨的、宏大的陌生人社会。在这样的社会中，雷锋精神从某种意义上说蕴含着一种作为行事规则的“在意他人、顾及他人和帮助他人”的道德关切，它体现了陌生人社会应有的一种普遍的伦理气质与价值存在。《江海学刊》2014 年第 4 期刊出一组关于“熟人社会变迁研究”的笔谈文章，陈柏峰《从乡村社会变迁反观熟人社会的性质》一文从“熟悉”和“亲密”程度的降低、地方性共识的丧失、乡土逻辑的变异三个方面概要展示了当下中国乡村社会从熟人社会向半熟人社会转型的重要特征及证据。王德福从人性的角度对熟人社会中"人"的内涵与意义、自我实现的方式与实践机制进行研究，为理解中国农民的心理和行为提供了另一个逻辑起点。赵晓峰通过对农民公私观念四重属性及彼此之间的关联机制的阐述，展现了乡土中国社会中农民的行为逻辑与熟人社会的秩序形成机制，并对农村的政治社会生态与政权建设的地方实践形态进行了分析。这些研究成果为对比分析陌生人社会秩序问题提供了参照。

综上所述，由于我国陌生人社会秩序正在形成中，陌生人与陌生人社会问题日益成为一个热点问题，陌生人问题不仅是现代社会学必须面对的问题，同时也是现代伦理学所着力探究的重要领域。近年来学者们的研究主要集中在陌生人社会与中国现代化发展、陌生人社会信任关系的再建构、陌生人社会的意义认同、陌生人社会的价值关切、陌生人社会的伦理风险、陌生人社会志愿组织与志愿行动的发育、陌生人社会共同体的建构、陌生人社会治理等方面，无疑积累了大量宝贵的资料资源，但是从道德社会学的角度对陌生人社会进行深入分析和研究还比较弱，然而从这一角度对陌生人问题进行分析和研究又十分必要，因为陌生人问题乃是现代化进程中所内含着的重要问题，其本质就在于：摆脱了熟人关系，消解了道德权威之后，它是确立和维系现代社会秩序的价值基础问题。而目前的研究和争论还只是揭开了冰山之一角，需要进一步深入拓展，以探索其堂奥。

（四）陌生人的基本含义

借鉴前述研究成果，可以离析出陌生人概念的基本内涵。首先，陌生人泛指不熟悉、不了解的任何人。陌生人不是由物理空间或者说实际距离的远近来界定的，而是社会空间意义上的他者。比如，像邻居一样的他者，虽然大家在物理空间上很近，居住在同一座楼房、同一个单元甚至相邻而居，但是在社会空间即认知、心理、道德等方面却距离很大，彼此老死不相往来，相互根本不了解、不熟悉，甚至不知道，大家都是陌生人。陌生人不仅是我们不熟悉的邻居，也包括我们不了解的任何人，这是与经验范围内的相互认识和相互熟悉相联系的，而且与熟悉的人所带来的安全感形成对比，陌生人往往也意味着潜在的危险，而人们对潜在危险的本能反应往往是不信任和拒绝。

其次，陌生人是“外群体”（out-group）的人。“内群体”（in-group）和“外群体”的区别是陌生人产生的基础，这一对概念最早见于美国社会学家W. 萨姆纳（William Sumner）的《民俗论》（1906）。内群体是指一个人经常参与的或在其间生活、或在其间工作、或在其间进行其他活动的群体，内群体里的成员以和平的相互关系生活在秩序、法律和经济中，对所属群体有归属感，表现出肯定和忠诚的态度。内群体以外的群体就是外群体，人们对外群体往往表现出排斥和疏远的态度。内群体和外群体明确区分了“我们”和“他们”的界限，内外有别的观念不仅内化在群体成员的心里，而且有时也会通过一些具体的外在的形式加以突出和强调，比如名称、符号标志、服饰、礼仪和习俗等。相对于内群体来说，处于外群体的人就是陌生人。

再次，陌生人是处于血缘、地缘、业缘等关系之外的人。人的社会存在无可逃避地置身于各种社会关系中，人们的社会生活也只能在各种各样的社会关系中展开。在传统社会中，人们的社会关系一般是建立在血缘、地缘、业缘的基础上，而在现代化的过程中，伴随着社会流动的加快、社会交往的频繁，一种有别于血缘、地缘、业缘等关系的陌生人自然而然地出现了。这也就是说，即便是在同一个群体之中，人们往往也把那些缺少血缘、地缘、业缘等关系的人看作陌生人。

最后，陌生人是拥有不同道德资源的人。道德资源有着宽泛的内涵，既包括客观方面的既定国家和民族的道德原则和规范，也包括特定行为主体的道德意识和判断、道德情感和信念以及道德意志和修养。由此看来，来自不同的道德共同体、信守不同道德原则和规范（比如不同国家、不同民族）的人是陌生人；生活在同一个民族国家却信守不同的价值准则（人们在行为选择和价值评价过程中所遵循的尺度）、持有不同价值取向（人们在行为选择和价值评价过程中的目标指向）的人也是陌生人。大到不同的政党，小到持有不同人生理想的个人都可以视为陌生人，现代社会生活中人们通常说的陌生人往往就是这一种。也就是说作为社会关系中的人，我们之间是熟悉的；而作为社会行动中的人，我们之间是陌生的。因为在不同的价值准则支配下，我们不仅无法相互评价对方的行为，而且难以预测对方的行为选择。基于不同的价值取向，人与人之间的沟通交流难以进行，基于不同的价值准则，人与人之间的相互理解难以进行，他人变成了一种我们无法认识、无法预测、无法把握的对象，人也就只能孤独地、恐惧地、无可逃避地生活于陌生人之间。我们周围的那些社会学意义上的熟人也就不可避免地成为道德社会学意义上的陌生人。

二、陌生人社会及其特征

在全球性交往已成现实的前提下，陌生人必然成为现代社会生活中的普遍现象，甚至可以说是现代社会区别于传统社会的本质特征。与陌生人之间的关系已成为现代社会生活中的主要社会关系，由陌生人所构成的现代社会即所谓的“陌生人社会”已经成为现代人无法逃避的生活场景。因此，人们不仅必须在这一场景中展现自己生命的本质，而且也必须在这一场景中求索生活的意义。虽然以往的社会学理论中关于陌生人社会的研究较少，但是长期以来，社会学理论中的社会类型研究却源远流长。社会类型是社会学对社会的基本状态及其典型特征的总结概括与划分。社会学将各种具体的、分散的社会生活现象加以分析、抽象和综合，提出具有一般性的概念范畴和逻辑解释，进而提供对社会历史和过程进行研究的不同理论模型。也可以说，社会学通过社会类型来表现特定社会及其现象的基本特征。传统社会与现代社会的二分研究就是社会类型研究的经典范式，比如 H. 梅因（Henry Maine）从身份社会到契约社会的划分、H. 斯宾塞（Herbert Spencer）从军事社会到工业社会的划分、涂尔干的机械团结和有机团结的社会类型的划分等，虽然两种社会结构类型相互对峙，但不可否认，这也正是社会进化与发展的表现。

（一）陌生人社会与共同体的区别：基于滕尼斯的理论解析

社会学中对社会类型的研究以滕尼斯对“共同体”与“社会”的研究最具代表性，而且陌生人社会就是从共同体发展而来的现代社会所体现出的人与人社会关系的特质。陌生人社会即是滕尼斯笔下区别于共同体的社会。因此，这里通过对滕尼斯的共同体与社会类型的详析来理解陌生人社会的意涵。概括起来，共同体与社会的差别见表 1-1。

表 1-1　　共同体与社会的区别

区别内容	共同体	社会
意志形式	本质意志	选择意志
主体形式	整体主体	自由个体
联结形式	血缘、地缘、精神；和睦、家庭精神	惯例、自然法
实质	现实的生机勃勃的有机体	思想的和机械的形态
基本范畴	（1）自我；（2）占有；（3）土地；（4）家庭法；（5）地位	（1）个人；（2）财富；（3）货币；（4）债务法；（5）契约
基本形态	（1）家庭生活＝和睦，其中包括人和他的整个思想意识。和睦的真正主体是人民 （2）村庄生活＝习俗，其中包括人和他的整个性情。习俗的真正主体是公团 （3）城市生活＝宗教，其中包括人和他的整个良知。宗教的真正主体是教会	（1）大城市的生活＝惯例，人们竭尽全力确立惯例。惯例的真正主体是整个社会 （2）民族的生活＝政治，人们以整个谋算确立政治。政治的真正主体是国家 （3）世界主义的生活＝公众舆论，人们以整个悟性确立公众舆论。公众舆论的真正主体是学者的共和国
占主导地位的活动和倾向	（1）家族经济建立在中意的基础上，即建立在生产、创造、保存的兴致和爱的基础上。在谅解中存在着这样做的准则 （2）农业耕作建立在习惯的基础上，即建立在有规则反复的劳动习惯的基础上。在风俗里，它为共同劳动指明尺度和方向 （3）艺术建立在记忆的基础上，即建立在接受的教育、牢记的规则、自己的主意的基础上。艺术家的各种意志结合在对任务和作品的信念中	（1）商业建立在深思熟虑的基础上，即建立在聚精会神和比较的基础上。计算是一切生意的基本条件，商业是纯粹的行为，而契约则是商业的风俗和信念 （2）工业建立在决定的基础上，即建立在理智地、卓有成效地利用资本和出售劳动力的决定上。规章统治着工厂 （3）科学建立在概念上：这本身是显而易见的。在学术见解中，科学为自己确定了固有的规律，并且表现着它的真理和观点，它的真理和观点又传给文学、新闻媒介，因而也就传给公众舆论

资料来源：笔者根据滕尼斯《共同体与社会》（商务印书馆，1999 年版）的内容整理，其中基本范畴对比见该书第 262 页，基本形态对比见第 340 页，占主导地位的活动和倾向对比见第 340－341 页。

滕尼斯于 19 世纪末建立德国心理学派社会学。他把人类意志确定为两种基本形式，即“本质意志”和“选择意志”，人类的所有生活现象都由这两种意志决定。本质意志是“人的身体的心理学上的等价物，或者是生命的统一原则，只要把生命设想为处于现实的形式下，思维本身也属于现实”[①]。它是

① 滕尼斯．共同体与社会［M］．林荣远，译．北京：商务印书馆，1999：146.

只限于思维被包括于其中的意志的结构形式，它的整体统一是真实而自然的。与此相反，选择意志是“思维本身的产物，因此，只有在同它的发端者——思维的主体——的相关生活经验上，才赋予它以固有的真实，哪怕这种固有的真实可能为他人所认识，本身可能被他人所承认”[①]。它是只限于意志被包括于其中的思维的结构形式，它的统一是建立在观念或行为上的，是具有自我意识的利己意识。另外，本质意志是建立在过去的基础上的，而且必须对形成中的事情何以从中产生做出解释；选择意志则只能通过与它自己相关的未来趋向来理解。共同体就是以本质意志为基础而建立的社会类型，社会则是以选择意志为基础建构的社会类型。“共同体是结合着的本质意志的主体，社会是结合着的选择意志的主体。”[②]

共同体的基本形式主要有血缘共同体、地缘共同体和精神共同体。“血缘共同体作为行为的统一体发展和分离为地缘共同体，地缘共同体直接表现为居住在一起，而地缘共同体又发展为精神共同体。”[③] 共同体的第一种社会形态是家族，是共同体的植物形式，它依托理念上的整体社会意志，扩大为氏族、种族，进而扩大到民族。共同体的第二种形态是村落，是共同体的动物形式，按习惯和惯例形成共同意志，像狩猎、游牧民族的“家长式自治共同体”、中世纪领主与农民的“地方自治共同体”等。共同体的第三种形态是城市，是近代以前的城市，是用城墙包围起来的村落，其中以手工业者为主体，宗教成为强大的精神力量。共同体是建立在成员的血缘、地缘或者心缘的基础上的，是有机地浑然生长在一起的整体。“共同体是持久的和真正的共同生活”[④]，是“人的意志完善的统一体，并把它作为一种原始的或者天然的状态”[⑤]。

社会则与共同体明显不同，社会是“通过惯例和自然法联合起来的集合——被理解为一大群自然的和人为的个人，他们的意志和领域在无数的结合中处于相互关系之中，而且在无数的结合之中也处于相互结合之中，然而它们仍然是独立的，相互之间对内部没有影响”[⑥]。这种社会类型其结果主要

---

① 滕尼斯．共同体与社会［M］．林荣远，译．北京：商务印书馆，1999：147.
② 同①255.
③ 同①65.
④ 同①54.
⑤ 同①58.
⑥ 同①108.

是市民社会或者交换社会，也就是亚当·斯密所谓的“全民皆商”的状况。当然，在滕尼斯看来，这种社会类型更像是劳动分工和产品交换所产生的一个遥远的目标，是一个虚构的和有名无实的目标，在许许多多人的头脑中产生，这些人无论相距多远，无论边界有多大的阻隔，无论有多少思想的疑虑，但彼此都渴望交换、渴望握手致意，就这样建构一个作为城市、作为国家的完美境界。在社会中，货币作为债务和债务作为货币是其财富的充分和抽象的表现，财富“是统治外部的、本质上自由的然而受到约束的选择意志的可靠的权力”①。

社会的第一个形态是大城市的生活，是由从传统和习惯中解放出来的自由任意人格的市民相互交换、订立契约、相互协作的社会。社会的第二种形态是作为发挥立法以及政治作用的国家、民族的生活。社会的第三种形态则是世界主义的生活。这是针对作为国家意志的立法和政治从更高的立场上进行批判的“舆论”场所，而公众舆论的主体是学者，在学术研究中，遵循科学精神和规律，阐述观点，揭示真理，正是这些观点和真理被传给公众舆论，因而公众舆论的真正主体是学者的共和国。

可见，“共同体是持久的和真正的共同生活，社会只不过是一种暂时的和表面的共同生活。因此，共同体本身应该被理解为一种生机勃勃的有机体，而社会应该被理解为一种机械的聚合和人工制品”②。在共同体时代，家庭生活和家族经济是最基本的色调；在社会的时代，商业和大城市的生活是最基本的色调。而且，共同体与社会也不是彻底断裂的，共同体的力量在社会的时代中尽管日益缩小，但是仍然保留着，而且依然是社会生活的现实。在家族、村落、近代以前的城市这些共同体形态中，从人与人社会关系的角度看，就是由血缘、亲缘、地缘以及心灵精神的一致性而组成的熟人社会；而以大城市的生活、政治国家和民族的生活以及世界主义的生活为基本形态的社会，就是依托于契约、法律、舆论等建构和维系着的陌生人社会。陌生人社会以商业、计算、利益为主导性行为，这与马克斯·韦伯（Max Weber）的“理性主义”的社会理论相契合；陌生人社会的社会分工越细化，社会成员的异

① 滕尼斯．共同体与社会［M］．林荣远，译．北京：商务印书馆，1999：262.

② 同①54.

质性越强，宗教和带有强制性的共同意识会随之扩大并衰落，这与涂尔干“有机团结”的社会理论相契合；陌生人社会存在因陌生而产生的信任风险，这与乌尔里希·贝克（Ulrich Beck）的“风险社会”理论相契合……尽管这些理论家所建构和使用的概念及理论视角不同，但是不可否认，陌生人社会与现代化、现代性是紧密联系在一起的。不同的概念和理论都不同程度地涉及了“人的价值观、行为规范和信仰在决定社会类型（传统社会和现代社会）方面所起的重要作用”[①]。其实质都指向一个共同的主题，即相互陌生的人与人之间应该遵循哪些“价值观、行为规范和信仰”才能应付陌生人的社会生活，从而顺应和创造良好的陌生人社会秩序。

（二）陌生人社会的主要特征

1. 契约：陌生人之间联结的纽带

在商品经济占据主导地位的现代社会中，人与人之间的社会交往基本上采取一种讲求实际的功利态度。在利益交换的过程中，作为一般等价物的货币成为最有力的平衡器，它不仅可以把各种性质不同的事物用“值多少”区别开来，更重要的是它把相互陌生的人紧密地联结到一起。货币关系成为社会关系的核心纽结，相互陌生的人都在以各种各样的方式围绕着货币转动。正如马克斯·韦伯对现代社会的分析，“只要社会行为取向的基础是理性（价值理性或目的理性）驱动的利益平衡，或者理性驱动的利益联系，这时的社会联系就应当称为社会，（区别于共同体的现代社会）”[②]。也就是说，现代社会与传统社会的区别主要体现在参与者的行为取向上，“理性驱动的利益关系”成为现代社会关系的基础。显然，这是对“人们在共同体里与同伙一起，从出生之时起就休戚与共、同甘共苦”[③] 的传统社会的重大突破。陌生人之间的利益关系是通过契约来维系的，且只能通过契约来维系。契约是“任何交换的一致的意志”，它是“两个不同的单独意志相交在一点上的合量”[④]。有了契约，就给分离的意志范围或领域的某种状况确定了前提条件，这些分

---

① 韦伯斯特．发展社会学［M］．陈一筠，译．北京：华夏出版社，1987：32.
② 韦伯．社会学的基本概念［M］．胡景北，译．上海：上海人民出版社，2000：62.
③ 滕尼斯．共同体与社会［M］．林荣远，译．北京：商务印书馆，1999：53.
④ 同③102.

离范围或领域的实际规模就得到了肯定或保障，如果想做出调整和改变，也只能通过契约来进行。这一观点在霍布斯与卢梭（Jean-Jacques Rousseau）的论述中已经表达得非常充分了。

2. 法律：陌生人行为选择的前提

契约的有效性是需要由法律来做后盾的，霍布斯在其论述中就曾断言："不以强力防卫强力的信约永远是无效的。"① 这就意味着在陌生人社会中，法具有重要的意义。传统社会中，人们的行为选择在西方是以"上帝"为指归，在中国则是以家族为归依。也就是说，或者是宗教伦理，或者是家族宗法道德，提供了人们行为选择的价值基础。然而，无论是在经过了不断"祛魅化"过程的、"宗教基础已经腐朽死亡了"② 的西方现代社会，还是在冲破了封建礼制、摧毁了宗法社会结构的中国社会，维系社会秩序的传统道德权威都已经动摇，那么新的权威又在哪里？既然宗教信仰的权威趋于弱化，既然家族已经解体，那么挣脱了传统道德权威的束缚、获得了自由、获得了解放的现代人，如何来构建赖以生存的社会秩序呢？很显然，用来维系社会秩序的权威力量必然是法律。"法治仅仅意味着公共秩序之存在。它意味着有组织的政府借助各种合法支配的工具和渠道来运作。从这个意义上说，所有的现代社会都生存在法治之下，不论它是法西斯国家、社会主义国家还是自由国家。"③ 也就是说，在现代社会，必须使陌生人之间避免"像狼与狼一样"的敌对关系，使每一个陌生人都可以追逐并维护自身的利益，而只有由国家强制力量所支撑的法律，才能承担起这一重任。一方面，法是人的理性的体现，是陌生人在追求、维护自身利益的过程中相互妥协、相互协商、相互计算的结果，罗尔斯（John Rawls）与哈贝马斯的理论，都是沿着这一思路而来的。另一方面，法作为一种超越性的权威，对于生活在一定社会秩序中的人都具有现实的、强制的约束作用，是陌生人行为选择不可或缺的前提条件。

3. 冷漠的尊重：陌生人社会的交往准则

道德权威的丧失造成了现代社会的多元化，体现在社会文化、价值、信

---

① 霍布斯．利维坦［M］．黎思复，等译．北京：商务印书馆，1985：106.
② 韦伯．新教伦理与资本主义精神［M］．于晓，等译．北京：三联书店，1987：141.
③ 富勒．法律的道德性［M］．郑戈，译．北京：商务印书馆，2005：126.

仰和思想观念等方面，根据罗尔斯对“理性多元论”与“一般多元论”的讨论，“理性多元论事实”是“民主社会公共文化的一个永久特征”[①]。现代社会所产生的“往往不只是一种学说和观点的多样性”，而是“在各种观点中间所发展的是一种各完备性学说的多样性”[②]。这是人类理性在持久的自由制度下发挥作用的长远结果。那么“一个由自由而平等之公民——他们因各种尽管互不相容但却合乎理性的宗教学说、哲学学说和道德学说而产生了深刻的分化——所组成的稳定而正义的社会怎样才可能长治久安”[③]？也就是说文化价值的理性多元与社会秩序的稳定统一之间的矛盾如何解决？即便罗尔斯关注的是如何建立一种新的现代多元化社会的理性秩序问题，但不可否认，其实质就是关于多元化社会陌生人之间的交往问题，即信奉“不同的理性完备性学说”的陌生人，如何克服彼此观念上的分歧和冲突，从而达成秩序与和谐的问题。罗尔斯希望通过确立一种政治的正义观念来解决，这种政治的正义观念是以自由宽容的态度，在各种不同学说之间、在多样化的个人合理性观念之间寻找到一种可以达成“重叠共识”的公共理性基础。抛开政治的含义，在日常生活中，我们更需要的是彼此的尊重。

生活世界是一个对话式的“活的”交往共同体的世界，其中“活的”客观性就在于与他者进行交往。每一个他者的“活的”价值都应当受到尊重。尊重他人不是对他人的施舍或恩赐，而是他人应该获得的基本权利，因此尊重他人的前提在于承认不同国家、民族及个人之间权利的平等。尊重的需要也是每个人的心理需要，正如马斯洛（Abraham Maslow）所指出的，除了少数病态的人之外，社会上所有的人都“有一种对于自尊、自重和来自他人的尊重的需求或欲望”[④]。这种需求是人们心灵深处较高层次的需求。但是应该看到，陌生人之间的尊重往往是去道德化的，因为以商品经济、货币关系建构起来的现代社会紧紧追随着“知识性的、没有情绪的、没有感情的城市人的态度。在这个过程中被丢失的东西是人际关系中的伦理特点，一个广泛的系列的没有道德意义的人际关系现在成为可能，一个没有被道德标准评价

① 罗尔斯．政治自由主义［M］．万俊人，译．南京：译林出版社，2000：37.
② 同①37.
③ 同①572.
④ 马斯洛．动机与人格［M］．3版．许金声，等译．北京：中国人民大学出版社，2012：28.

和判断的行为成为一个规则"[1]。陌生人之间的尊重往往通过冷漠或者"不注意"表现出来。比如在熙熙攘攘的步行街闲逛，在人流涌动的地铁站候车，在上下班高峰时间等待红绿灯，许许多多的陌生人与你擦肩而过或者并排而立，你可能确实用眼睛在看、用耳朵在听，但是你什么也没看见、什么也没听见，或者说完全是无意识地看或者无意识地听。陌生的人群是一种个性消融于其中的不加选择的、不定型的集合体，陌生人是无特性的，他们的集合也是这样。与陌生人共处，需要这种"去道德化的尊重"，或者说"冷漠的尊重"，正是在这样的冷漠和不注意的过程中，把对方视为与自己同样具有人格尊严的人，大家互不侵犯，体现了每个人的人格独立和自主性。这种冷漠的尊重，既是齐美尔所说的"是对在陌生人当中生活存在的危险的自然防卫"[2]，也是鲍曼所强调的"与陌生人共处，那么就需要学会掌握视若陌路的艺术"[3]，同时也是戈夫曼（Erving Goffman）所主张的与陌生人互动所采取的"回避式礼仪"。

三、现代化、现代性与陌生人社会

（一）现代化与现代性相辅相成

陌生人社会与现代化、现代性紧密结合，或者说现代化与现代性是陌生人社会得以建构起来的实践和理论背景。"现代性反映的是现代社会中人和事物所具有的特征和品质，它的反义词是传统性；现代社会是指充满了现代性的社会，它的反义词是传统社会；现代化则是由传统社会向现代社会的过渡，或曰不断获取现代性、摒弃传统性的过程。在一定意义上，可以把现代性、现代社会看作现代化所要达到的目标，而把现代化看作是获取现代性、构建现代社会的过程。"[4] 世界现代化的历史肇始于1500年前后，地理大发现、文艺复兴运动（14—17世纪初）以及宗教改革运动（1520—1570年）从不同

① 鲍曼．通过社会学去思考［M］．高华，等译．北京：社会科学文献出版社，2002：59.

② 鲍曼．后现代伦理学［M］．张成岗，译．南京：江苏人民出版社，2003：184.

③ 同②181.

④ 童星．现代性的图景：多维视野与多重透视［M］．北京：北京师范大学出版社，2007：4.

的角度为资本主义生产方式的建立鸣锣开道，这些划时代的大事使正在崩溃的封建社会内部的革命因素迅速发展起来。资本主义时代的诞生标志着世界历史上一个新纪元的开端。从14世纪到18世纪，文艺复兴运动、宗教改革运动和启蒙运动，分别从意大利、德国和法国率先开始，并扩及欧洲其他国家。14世纪发源于意大利的文艺复兴运动像一道闪电照亮了欧洲，也照亮了整个世界。文艺复兴运动的宗旨是人文主义，代表着正在兴起的资产阶级反对封建贵族和天主教会，否定蒙昧主义、禁欲主义、经院哲学和神学思想。人文主义从神学的桎梏下解放了人性，高扬人权、人性和人道，理性化和世俗化的人文主义思潮推动了人们对现世人生幸福的合理追求。自然权利（天赋人权）学说是人权的核心，荷兰的格老秀斯（Hugo Grotius）、斯宾诺莎（Baruch de Spinoza），英国的霍布斯、洛克（John Locke），以及法国的伏尔泰（Voltaire）、卢梭等，都是自然法论者，他们都主张人有出自自然本性的平等和自由，人拥有完全的自然权利。16世纪由马丁·路德（Martin Luther）推动进而由加尔文（John Calvin）使其滚滚向前的宗教改革的滚石，既为欧洲资本主义制度的建立拆除了政治屏障和精神藩篱，如阿·莱·莫尔顿（A. L. Morton）指出的“新教改革本质上是个借宗教为掩饰的政治运动，是欧洲富豪阶级为争取政权而作的长期斗争的一部分”①，同时新教伦理作为资本主义精神的内核也建构了资本主义社会的道德秩序，也如马克斯·韦伯所言“在构成近代资本主义精神乃至整个近代文化精神的诸基本要素之中，以职业概念为基础的理性行为这一要素，正是从基督教禁欲主义中产生出来的”②。无独有偶，桑巴特（Werner Sombart）也认为资本主义是由欧洲精神的深处发生出来的。18世纪的启蒙运动同样震撼了欧洲，在法国，启蒙运动的中坚力量是“百科全书派”的一群哲人，以孟德斯鸠（Montesquieu）、伏尔泰、狄德罗（Denis Diderot）、卢梭等为代表；在英国，“苏格兰启蒙运动”的主要代表是休谟（David Hume）、亚当·斯密和弗格森（Adam Ferguson）；在德国，康德是启蒙运动的集大成者，他的道德哲学无疑为现代道德秩序立法。启蒙运动所强调的观念价值的主要维度包括：“理性、经验主义、

① 莫尔顿．人民的英国史：上［M］．谢琏造，等译．北京：三联书店，1962：241．
② 韦伯．新教伦理与资本主义精神［M］．于晓，等译．北京：三联书店，1987：141．

科学、普遍主义、进步、个体主义、宽容、自由、人性的一致、世俗主义等。”[①] 这些范畴不仅是作为解释性的构思，同时也是社会历史的建构性力量。一方面启蒙运动使“宗教、自然观、社会、国家制度，一切都受到了最无情的批判；一切都必须在理性的法庭面前为自己的存在作辩护或者放弃存在的权利。……以往的一切社会形式和国家形式、一切传统观念，都被当做不合理性的东西扔到垃圾堆里去了”[②]。另一方面，启蒙思想培养和造就了一批批资产阶级的领导人和革命家，并通过各种渠道广泛传播，成为法国大革命爆发的思想动力。法国大革命尽管历经政权跌宕，但通过了“旧制度的死亡证明书”——《人权和公民权宣言》（简称《人权宣言》），最终彻底打碎了封建制度，确立了资本主义制度的基本框架。《人权宣言》以美国的《独立宣言》（1776 年 7 月 4 日）为蓝本，采纳了启蒙思想和自然权利理论，宣布自由、财产、安全和反抗压迫是天赋不可剥夺的人权，人们具有言论、信仰、著作和出版自由，法律面前人人平等，私有财产神圣不可侵犯。《人权宣言》揭示了天赋人权、自由平等的思想，否定了封建等级制度，成为资产阶级夺取和巩固政权的思想武器，它实际上宣告了旧封建王权的灭亡和资产阶级政治制度的诞生。

从经济上看，现代化的基础是工业化和市场化。自蒸汽机发明与使用以来，工业化生产迅速增加了效益和利润，使生产规模迅速扩大。工业化是一种新的生产组织形式、新的生产制度。经济市场化是工业化的必然产物。同时工业化也带动了城市化，城市化伴随着人口集中、农村地区不断转化为城市地区的过程。城市化是工业化的主要副产品，工业化是城市化发生和发展的最基本动力或者说决定性因素。一方面工业化导致工商服务业在特定地域集聚；另一方面农业生产工业化的趋势必然会改变传统农业的生产条件和劳动方式，农业的机械化与自动化必然推动农村地区的城市化。可见，现代化是一个连续不断的历史过程，有起点，但是没有终点；现代化也是整个社会结构体系协调发展的过程，现代工业化的发展、经济的增

---

① HAMILTON, PETER. The enlightenment and the birth of social science//Formation of modernity (edited by Stuart Hall& Bram Gieben). Cambridge: The Open University Press, 1992: 21－22.

② 恩格斯．反杜林论［M］//马克思，恩格斯．马克思恩格斯选集：第三卷．3 版．北京：人民出版社，2012：391－392.

长是与现代民族国家的建立、现代政治制度、组织制度等一系列制度创新密切关联的。现代化作为一种世界性的历史进程，其发展过程是通过“社会结构的日益分化和整合、现代科学技术发展、工业化、城市化、理性化等过程实现的”①。

现代化与现代性是相辅相成的，现代性是现代化的理论抽象和概括，现代化则是现代性的推演铺陈和具体实现。现代性的基本理念是理性主义。“人是理性的动物”昭示出人不是神，也有别于其他的物，理性实质上是一个社会的文化价值观念的体现，是人的思维能力和创造能力，是人们按照对象世界的本来面目去认识对象世界，是为了实现更高的效率对目标和手段进行的选择，是动机与效果的统一。启蒙思想家们的理性主义原则以人文理性与科学理性、工具理性与价值理性统一的力量开创并缔造了现代文明，按照马克斯·韦伯的理解也可以说，现代文明的一切成果都是理性化的产物。马克斯·韦伯对新教伦理与资本主义精神的研究揭示的便是西方文化特有的理性主义的问题。他看到西方社会近代以来诸多理性化的神秘观照——“理性化的经济生活、理性化的技术、理性化的科学研究、理性化的军事训练、理性化的法律和行政机关，所有这些领域均可按照完全不同的终极价值和目的来加以理性化。”② 而采取某种理性行为却最终要取决于人的能力和精神气质，每个人的精神气质又是资本主义精神的反映。韦伯引用本杰明·富兰克林（Benjamin Franklin）的话“切记，时间就是金钱；切记，信用就是金钱；切记，金钱具有滋生繁衍性……”来表现典型的资本主义精神，最后指出“其根本要素与我们这里所表明的清教世俗禁欲主义的内涵并无二致，只不过它已没有宗教的基础，因为在富兰克林的时期，宗教基础已经腐朽死亡了”③。可见资本主义精神又是在欧洲文明的深处生发出来的。韦伯对人的理性化、理性主义的内容做了概括，在《经济与社会》中，韦伯分析的合理的、理性的经济行为的典型规则是“（1）不管出于什么原因，有计划地分配经济行为者，认为可以指望拥有的当前和未来有用效益。（2）有计划地分配可以支配的有用效益，按其估计的重要性先后顺序，根据边缘效应，分配给若干应用

① 郑杭生．社会学概论新修［M］．5版．北京：中国人民大学出版社，2019：336.
② 韦伯．新教伦理与资本主义精神［M］．于晓，等译．北京：三联书店，1987：15.
③ 同②141.

可能性。(3) 有计划地获得——生产和运输——那些全部获得手段都在经济行为者自己支配权力下的有用效益。(4) 通过与现有的支配权力的拥有者或者获得的竞争者进行社会化，有计划地获得对这样一些有用效益的有保障的支配权力或参与支配的权力。”① 而理性主义的内容大致包括如下几点：首先，明确意识到行动的目的，把所追求的具体目标做价值上的排列，并根据价值的大小对它们进行比较。其次，预测并计算后果来权衡行动的必要性，考虑目的与效果之间的关系，对效果负责。再次，根据目的选择手段，并对各种手段进行比较和选择，以付出最小而收益最大为选择标准。最后，在行动过程中表现出严格的首尾一贯性等。作为一种文化价值观念，理性主义体现在诸多方面，“在认识领域，理性主义造就了现代科学的基本精神……在日常生活领域，理性主义恢复了人性的尊严……在经济生活领域，理性主义建立了科学的工业生产体系和创新的市场经济体制……在社会管理领域，理性主义导致了以效率为中心的科层管理制度和现代法律制度”② 等。理性主义是现代性的基本理念，科学化、人性化、民主化、法制化等都是社会理性化过程的产物和具体表现。与此同时，理性化的过程也迫使人们从道德规范和道德自抑中解脱出来，带来了陌生人社会去道德化的后果。鲍曼是这样分析的：“文明化进程是一个把使用和部署暴力从道德计算中剥离出去的过程，也是一个把理性的迫切要求从道德规范或者道德自抑的干扰中解放出来的过程。提升理性以排除所有其他的行为标准，特别是使暴力的运用屈从于理性计算的趋势，早已被认定是现代文明的一个基本因素——大屠杀式的现象就必须被看成是文明化趋势的合理产物和永久的潜在可能。”③ 在现代官僚体系中，理性化趋势这种普遍的成就已经被顺理成章地法律化和制度化，使道德保持缄默是理性化趋势的主要关怀，也是它作为行为的理性协作工具获得成功的基本条件。“当奥斯维辛制造尸体和处置尸体的问题被阐释为一个医学问题时，科学自愿接受的道德沉默毕竟已经展示出了其更少宣传的方面。”④ 这种分析无疑是深刻的。

---

① 韦伯．经济与社会：上卷［M］．林荣远，译．北京：商务印书馆，1997：92.

② 周穗明．现代化：历史、理论与反思［M］．北京：中国广播电视出版社，2002：167.

③ 鲍曼．现代性与大屠杀［M］．杨渝东，史建华，译．南京：译林出版社，2002：38.

④ 同③40.

（二）现代化与现代性是陌生人社会的实践场域和理论背景

现代化与现代性研究的一代宗师帕森斯曾经建构了关于传统与现代五对模式变量的模型。帕森斯认为，每个人在社会中的行动都受到共有价值和规范性标准的调整，这些共有价值和规范性标准对人们选择行为的目标和手段起着支配作用。行动者的取向由动机取向和价值取向构成，动机取向又包括认知方面、情感方面和评价方面三项内容，价值取向则包括认知方面、欣赏方面和道德方面三项内容。根据这两大因素、六个方面的不同组合，行动者在任何社会情境中面对他人时都会采取对应的五种选择。即所谓的"五对模式变量"，具体为：（1）情感与情感的中立；（2）自我取向与集体取向；（3）普遍主义与特殊主义；（4）先赋性与自致性；（5）专一性与扩散性。帕森斯认为，在传统社会与现代社会，行动者的行为动机、选择取向、价值标准、角色评价与角色关系都不相同，其中每一对变量都代表着传统社会与现代社会的对立（见表1-2）。

表1-2　帕森斯"五对模式变量"对传统性与现代性的辨析

模式变量	传统性	现代性
行为动机	有情感	情感中立、无涉性
选择取向	集体取向	个体、自我取向
价值标准	特殊主义	普遍主义
角色评价	先赋性	自致性
角色关系	扩散性	专一性

帕森斯用上述五对模式变量进行对比，描绘了两种不同的社会系统，同时也可以理解为是对陌生人社会人们在观念形态和行为方式上的抽象和概括，比如情感中立、"情感无涉性"、行为的自我倾向性等，即是陌生人之间的相对独立的个性与人格以及情感冷漠性的表现。可见，五对模式变量也是对陌生人社会结构与社会秩序状态的描述和概括。

按照吉登斯的理解，现代性"指社会生活或组织模式，大约17世纪出现在欧洲，并且在后来的岁月里，程度不同地在世界范围内产生着影响"[①]，是

① 吉登斯．现代性的后果［M］．田禾，译．南京：译林出版社，2000：1.

指 17 世纪以来出现在欧洲并且其影响随之向世界各地蔓延的社会生活方式和组织方式。现代性是历史发展的非延续性或断裂性的结果，现代社会的基本制度是前现代社会没有或与之根本不同的。现代性的本质特征之一，是将时间和空间组织起来从而连接在场与缺场的条件完全不同于各种传统社会，时间和空间在这一过程中高度延伸，在现代性条件下社会关系脱离了具体的互动环境，在更为广阔的时间—空间范围内被重新建构。可见，现代性直接体现在人们社会生活和社会组织方式的转变上，与传统社会出现了明显的差异。吉登斯把时空伸延、脱域机制和反思特性视为现代性动力论的三个来源，其中"脱域机制"准确地描述了从熟人社会向陌生人社会转变的特征。脱域是指"社会关系从彼此互动的地域性关联中，从通过对不确定的时间的无限穿越而被重构的关联中脱离出来"①。当然这种脱离是依托两种重要的脱域机制即象征标志与专家系统的确立来进行的。脱域机制把社会关系和信息交流从具体的时间—空间情境中提取出来，同时也为新的社会关系的重新进入提供了新的机会。这对于理解陌生人社会关系的复杂性和交往可能性提供了一种合理的解释。吉登斯试图在陌生人社会中发现那种使社会关系重新建构的因素，并指出这些因素依然在发挥作用。

现代化进程是一个"祛魅"的过程，同时也是一个解构权威的过程。当然，同样是传统社会，东西方亦有别。中国的传统社会是一个熟悉的乡土社会，乡土社会受制于血缘和地域的限制，以村落为单元形成一个个小的社会团体，社会关系的远近亲疏就像从己推出去的一轮轮波纹的差序，"以己为中心，像石子一般投入水中，和别人所联系成的社会关系，不像团体中的一分子一般大家立在一个平面上的，而是像水的波纹一般，一圈圈推出去，愈推愈远，也愈推愈薄"②。这种社会结构就是乡土中国的"差序格局"。西方传统社会则是团体格局的，费孝通将其比喻为"捆柴"——"几根稻草束成一把，几把束成一扎，几扎束成一捆，几捆束成一挑。"③ 由若干人组成一个个团体，团体的结合体构成社会的整体形态，人与人之间的关系由一种共同力量所掌控，每个人都在寻求一定的团体以证明自己的存在，并获得团体的庇

---

① 吉登斯．现代性的后果［M］．田禾，译．南京：译林出版社，2000：18.

② 费孝通．乡土中国［M］．北京：三联书店，1985：25.

③ 同②22.

护，这种团体是超越于个人的，因此需要由有形的东西去象征它，最终引出宗教的权威性，就算世俗化的俱乐部与社团也是由不同的教派衍生出来的。由此，乡土中国差序格局的社会是熟人社会，西方团体格局的社会也是一种熟人社会，偶尔有陌生人，主要是空间意义上和价值信仰不同的外团体的陌生人，是熟人社会和团体社会之外的成员，陌生人只是一种特例。

进入现代社会以来，现代性充斥其中，“社会领域的世俗化；社会关系的制度化、法制化；经济领域的工业化、市场化；政治领域的民主化；人类生存状态的都市化；文化的个性化”① 等不断地扩展，传统的社会格局被打破了，用马歇尔·伯曼（Marshall Berman）的话说即是“一切坚固的东西都烟消云散了”②。鲍曼则用“流动的现代性”指称这种社会性状，认为现代性以海神普洛透斯的方式变换着自己的形态，现代生活方式的倾向是脆弱性、暂时性和持续的变化性，旧的社会结构已失效，取而代之的新社会结构却只是另一次被承认为暂时性的、“有待进一步通知”的短暂安排。流动的现代性“是对变化就是恒久而不确定性就是确定性的更大确信，一百年前成为现代意指追求最终的完美状态——现在却是指永无休止的改进，既没有终极状态也别无所求”③。相对于固定性而言，流动性正是以往现代化过程中对固定性的追求所引发的液化效应，正是其“渗流、渗漏和流动的变动不居状态在推动着冷却、阻尼、铸模的诸种努力”④。在流动的现代性中，个体熟悉的生活空间、熟悉的生活方式、熟悉的人际关系都被打破了，人类的生存状态由乡村转变为城市，人们在城市生活中游走，虽然不断地相互接触、相互交往、相互协作，但是似乎再也找不到“人们在共同体里与同伙一起，从出生之时起，就休戚与共，同甘共苦”⑤ 的感觉了。梅奥（George Mayo，又译为“梅岳”）在《工业文明的社会问题》中曾做了这样的描述和分析，“在比较简单的社团里，那儿主要从事于农业、打鱼或其他直接取自于自然的活动，他们具有稳

---

① 周穗明．现代化：历史、理论与反思［M］．北京：中国广播电视出版社，2002：175.

② 伯曼．一切坚固的东西都烟消云散了：现代性体验［M］．徐大建，等译．北京：商务印书馆，2003：15.

③ 鲍曼．流动的现代性［M］．欧阳景根，译．北京：中国人民大学出版社，2018：5.

④ 同③5.

⑤ 滕尼斯．共同体与社会［M］．林荣远，译．北京：商务印书馆，1999：53.

定的社会秩序；而这种稳定的社会秩序已不再是高度发展的工业中心的特点了”①。在这些社团里，每个人都比较了解各种不同的经济活动和社会职能，而且基本上是参与这些活动和职能的。家庭和亲属关系的纽带把每一个人和每一个社会机会联系起来，有效的合作能力也达到了较高的水平。在这种状况下，不单纯是社会有力地控制着个人，相反社会规范和个人的愿望基本上是一致的，个人的利益服从于团体的利益，而且是出于自己的热望。在这种朴素的社会里，成员个人在孩提时期就能很明白地预先知道他成人之后将在团体里尽什么义务。这种期待安排他在成长时期的活动和思想，最后在他长大后很自然地就可以接受一个社会的岗位并得到一种满足感。他知道他的活动是社会所需要的，是社会继续生存所必需的。他的一生和团体是休戚相关的。科学和工业的急速发展使个人对团体的一致感和对工作的满足感消退殆尽。涂尔干曾详述个人对他所住的地方和对这地方上的人已不再有那种休戚相关的情谊，一个人为了进学校受教育而离开了家庭，他是否要因此离开他的家乡而上别的地方去已无关紧要，具有重要意义的现代的变革是，家庭的纽带削弱了，而且大半没有新的正在成长的团体关系去接替它。普通教育水平的提高自然是一件完全值得赞美的成就，但是提高到这样一个水平的代价却是私人与团体关系的淡薄，这个代价是否值得是令人怀疑的。个人和家庭离散之后又常常发生另一种情形：为了寻找工作，个人又被迫离开他从小就在一起的团体，工作不一定能找得到，但是社会瓦解却更进了一步。我们看到那些完全失去了社会关系和责任感的人——忧郁的、自杀的、孤独的或是犯罪的人。陌生人越来越多地在生活中出现，与陌生人之间的关系已成为现代社会生活中的主要社会关系，陌生成为社会的常态，陌生人社会得以形成。

① 梅岳．工业文明的社会问题［M］．费孝通，译．北京：群言出版社，2013：5－6．

第二章　陌生人社会秩序、社会制度与价值基础

社会学的兴起源于对现代社会秩序的关注，秩序问题从霍布斯那里开始，经孔德、涂尔干，在帕森斯那里达到巅峰。新功能主义对社会行动与社会秩序的关系做了辩证再解释，吉登斯提出并阐释了"结构、行动与制度秩序"的关系，哈耶克则对社会秩序做了精致的类分。不同时代的社会思想家以自己的智慧敏锐地洞察特定时代的秩序问题，求解社会秩序之可能的机制与方法，因此形成了诸多与社会秩序紧密相关的范畴与理论，诸如个人与秩序、行动与秩序、自由与秩序、系统与秩序、结构与秩序、制度与秩序等都已成为社会学的基本问题。社会秩序依赖于价值基础，价值基础对社会秩序的建构发挥着价值导向与价值整合功能。另外，社会制度与社会秩序的关系最为密切，社会制度是维系陌生人互动与合作的基本力量。

一、社会秩序问题是社会学的恒久主题

社会秩序问题是社会学的恒久问题，社会学的兴起源于对现代社会秩序的关注。吉登斯将秩序问题视为"社会思想史的四个神话"中最重要的一个，同所有神话一样，它们都包含某种正确的成分，也出现了一定程度的歪曲。"也同所有神话一样，它们又是众多学者集体所精心勾画的产物"[①]。福山（Francis Fukuyama）也说"研究秩序是如何产生的，是我们这个时代最有趣

① 吉登斯．为社会学辩护［M］．周红云，等译．北京：社会科学文献出版社，2003：122．

味、最为重要的一项智力发展”①。秩序问题的神话从霍布斯那里开始，在帕森斯那里获得了它最有力、最权威的表达。关于秩序问题的研究大致可以划分为如下三个阶段。

（一）第一阶段：霍布斯—孔德—涂尔干的社会秩序论

1. 霍布斯开启秩序问题的神话

霍布斯的“秩序问题”提出得比较早，在《利维坦》中，他把自然状态中的人与国家状态中的人截然分开，自然状态中的人是平等的，这种平等体现在体力上和智力上。而身心方面能力的相似性导致人们认为达到目的的希望与可能性也是平等的，这也恰是人们彼此间变成仇敌的原因。“任何两个人如果想取得同一东西而又不能同时享用时，彼此就会成为仇敌。他们的目的主要是自我保全，有时则只是为了自己的欢乐。在达到这一目的的过程中，彼此都力图摧毁或征服对方。”② 这样，自然状态就变成了一种相互敌对的战争状态。人类彼此敌视争战不休的原因存在于人类的天性中，造成争斗的主要原因有三种，“第一是竞争，第二是猜疑，第三是荣誉。第一种原因使人为了求利、第二种原因使人为了求安全、第三种原因则使人为了求名誉而进行侵犯”③。可见在自然状态下，人性会使人们彼此离异、相互为敌、互相侵犯摧毁，人们处在所谓的战争状态，“这种战争是每一个人对每一个人的战争”④。这样自然人的生活孤独、贫困、残忍、龌龊、粗暴而且短寿，长期处于暴力死亡的恐惧和危险中。同时，在这种状态下人们不会有是非以及公正与否的观念，也没有财产和统治权，没有你的与我的之分，人的天性使人处于这样恶劣的状况。当然霍布斯的这种自然状态理论是超阶级和超历史的，实际上并非真正存在。那如何超越这种自然状态？社会秩序如何可能呢？霍布斯认为，“一方面靠人们的激情，另一方面要靠人们的理性。使人们倾向于和平的激情是对死亡畏惧，对舒适生活所必需的事物的欲望，以及通过自己

① 福山．大分裂：人类本性与社会秩序的重建［M］．刘榜离，王胜利，译．北京：中国社会科学出版社，2002：7.

② 霍布斯．利维坦［M］．黎思复，等译．北京：商务印书馆，1985：93.

③ 同②94.

④ 同②94.

的勤劳取得这一切的希望。于是理智便提示出可以使人同意的方便易行的和平条件”[①]。每个人都有一种天赋的自然权利，即每个人按照自己的方式运用自己的力量保全自己的生命的自由与权利。人们只有运用理性，创造自然法，才能真正摆脱自然状态，实现自我保存，诸如寻求和平、信守和平，利用一切可能的办法保卫自己；为了和平与自卫的目的必要时自愿放弃对一切事物的权利；应当履行诺言、遵守契约等。其中让出权利可以是单纯的放弃也可以是转让给其他人，权利的互相转让就是所谓的契约，而且契约、信约是要由强力作为后盾来保证实施的，“不以强力防卫强力的信约永远是无效的”[②]，或者说“没有武力，信约便只是一纸空文”[③]。社会秩序之可能就必须使人们遵守自然法，消除自然状态的战争状况，必须建立强大的权力和权威，建立强大的利维坦即国家。正是出于理性，人们间相互订立契约，放弃个人的自然权利，托付给某一个人或一个由多人组成的集体，那么这个人或这个集体就代表一种统一的意志或统一的人格，就是主权者。“像这样统一在一个人格之中的一群人就称为国家。这就是伟大的利维坦的诞生。”[④] 霍布斯力求依靠国家建构和维持社会秩序，以实现社会之可能的理论创见，在一定意义上开启了现代社会学研究的秩序论传统，也即自然状态下放手追求个人利益的个人，何以建构一个相互协调的社会秩序，这是自 17 世纪自然法学派到 18 世纪启蒙学者共同关注的问题，其实质即是行动的个人与社会秩序的关系问题。以霍布斯为代表的自然法理论的解决方式基本上是把社会秩序等同于政治秩序，只有通过国家、政治权威的力量才能实现和保障公共利益与社会秩序。法国启蒙学者狄德罗、伏尔泰始终坚持个人主义的理性主义和哲学上的怀疑论。卢梭的思想中确有大量的关于社会秩序的思考，在《社会契约论》和《论人类不平等的起源和基础》中，卢梭分析了财产的起源与社会分工、社会不平等以及社会冲突的关系，相信社会是自然状态下自然人的本能与理性相结合的产物。人类理性有能力设计一种个人利益与公共利益相互协调的社会秩序。孟德斯鸠则倾向于认为社会是以客观结构为中心构成的体系，把社会

---

① 霍布斯．利维坦［M］．黎思复，等译．北京：商务印书馆，1985：96－97.

② 同①106.

③ 同①128.

④ 同①132.

秩序等同于社会整体结构的力量，将其看作决定个人行动的强制力量。

2. 孔德："进步无非是秩序的发展"

社会学的创始人孔德从秩序、进步的原则出发建构他的社会学理论。与18世纪启蒙思想家的观点不同，孔德认为秩序是一切进步的基础或前提，他反对空想与批判，主张建立积极、肯定性的实证主义的新学说，把重整法国大革命后社会动荡的希望寄托在工业社会自身的秩序重建上。孔德认为人类理智、思维的性质和发展阶段决定着社会秩序的构成和社会进步的类型，人类理智与思维的发展经历了神学阶段、形而上学阶段和实证科学阶段，与之相对应的社会组织与社会秩序形式则是军事社会、法律社会和工业社会，相应的政权组织形式则是神权政体、王权政体与共和政体。孔德把研究社会稳定与秩序的社会学称为社会静力学，社会静力学类似于解剖学，是对社会结构的剖析。他认为家庭是真正的构成社会的单位，是社会最持久的因素，因此也是社会重建的最有效的工具。家庭变成部落，部落变成国家，以至于整个人类都可以被视为家庭的逐步发展，社会机体的各种特质都可以在家庭中找到萌芽，正是通过家庭，人才得以摆脱单纯个人的人格，并学会用另一种人格去生活。孔德认为使社会结合起来的另外一种重要的因素就是社会分工，分工使得社会内部形成职业团体与阶级，而且分工有利于形成和发展人的专业技能、道德情感与团结精神。如果说家庭秩序是基于家庭成员的亲情，那社会秩序则是基于具体的社会分工。另外孔德也强调了宗教在确保感情统一与缔造社会秩序中的作用。以社会静力学为基础，社会动力学要揭示人类社会历史的变迁与发展规律，在孔德看来，"进步无非是秩序的发展"，进步和秩序一样，"都是现代文明的两个基本条件之一"[①]。在秩序与进步的关系上，"秩序向来是进步的基本条件，而反过来，进步则成为秩序的必然目标，正如在动物力学中那样，平衡与前进，作为基础或作为目标，彼此不可或缺"[②]。当然这种进步主要是指观念和思想上的进步。实证精神在社会范围内给予秩序以强有力的直接保证，不仅体现在科学方面而且还体现在逻辑方面，"首先更新方法，然后革新学理，凭此尽可能深刻地建立逻辑上的和谐"[③]。孔德对

---

① 孔德．论实证精神［M］．黄建华，译．北京：商务印书馆，1996：37．

② 同①40．

③ 同①40．

社会秩序的关注、对社会有机整体以及社会功能的分析长久影响了社会学的结构主义和功能主义传统。

3. 涂尔干：唯实论的社会秩序观

涂尔干继承了孔德的实证主义传统，坚持社会唯实论和社会整体观，认为社会是具有客观性的独立实体，社会先于个人并决定着个人的本质。社会的实体性必须由社会整体性加以辅证和说明，社会整体观的哲学基础是整体不等于或大于部分之和，注重各组成部分之间的结合方式及其产生的新现象和新属性。正是由这些不能由个人特性直接加以说明的新现象、新属性体现着社会的独立性和实体性，也坚持着整体观与唯实论相统一。而且涂尔干强调，作为整体的社会，其成员之间的关系更主要的是一种精神性的结合。社会秩序问题是他一生致力于研究的学术主题。涂尔干认为社会秩序是非物质形态存在的社会事实，具有社会事实的一般性特点，即具有外在性、客观性、强制性、普遍性等。面对 19 世纪后半叶法国动荡不安的社会现实，他希望帮助社会维系整合，达到安定。他的三部主要著作《社会分工论》《自杀论》《宗教生活的基本形式》都紧密围绕着社会秩序与社会整合的主题展开，分别回答社会秩序、社会团结和整合的依据是什么，社会秩序、社会整合与个人的关系是什么，团体意识对社会和个人的作用是什么。涂尔干认为，传统社会的成员具有相似性和同质性，同样的谋生手段、习俗、信仰这些共同性使大家认同并归属一个集体，靠“机械团结”来维系。该团体的首要任务是使成员们尊重团体的信仰和各种传统，即维护共同意识，维持一致性。现代社会由于人口密度过大导致迁徙和分工制，“社会容量和社会密度是分工变化的直接原因，在社会发展的过程中，分工之所以能够不断进步，是因为社会密度的恒定增加和社会容量的普遍扩大”①。随着社会分工的发展，人们的意识、生活方式、信仰上的差异日益增大、异质性增强，分工使社会像有机体一样，每个成员都为社会整体服务，同时又不能脱离整体。“分工不仅为社会提供了凝聚力，而且也为社会确定了结构特性。”② 涂尔干强调“在劳动分工的同时，应该制定好许多职业道德和法律规定”③。分工就像社会的纽带取代

---

① 涂尔干．社会分工论［M］．渠东，译．北京：三联书店，2000：219.

② 同①153.

③ 同①260.

了传统社会的共同意识，同时由于职业规定的特殊性，又使得它不仅不会阻碍个人自由的变化和发展，而且使得职业群体的共同习惯变得更加普遍，个人间的异质性发展具有了更多的余地。

成熟期的涂尔干继续研究人类社会秩序与整合问题，在《自杀论》中，涂尔干试图从社会与个人的关系上解释自杀的原因。他把自杀划分为“利他主义的自杀”“利己主义的自杀”和“异常的自杀”三种类型，其中“利己主义的自杀”和“异常的自杀”都起因于“社会没有充分起作用”。“对利己主义的自杀来说，社会缺乏真正的集体活动，使活动没有目的和意义。对异常的自杀来说，社会不能影响真正的个人情欲，使情欲得不到调节和控制。”[①]尽管这两种自杀类型并不来自同样的群体和社会环境，但是社会秩序混乱、没有足够的整合作用、社会规范缺失或失效、社会成员的欲望与手段不协调、行为混乱而无节制等是共同的致因。而且“只有利己主义自杀和反常自杀的发展可以被看成是病态的”[②]，是社会必须关心的。纠正社会弊病的唯一办法是“使各种社会群体具有足够的稳定性，以便这些群体更加牢固地留住个人，个人更加依恋群体”[③]。而最具有稳定性、最容易使人们产生团结一致的感情的群体在涂尔干看来既不是政治团体，也不是宗教团体和农业群体，而依然是基于分工形成的“同类劳动者、履行同样职责的合作者联合起来形成的职业团体或行会”[④]。

《乱伦禁忌及其起源》(1898) 是涂尔干晚期思想转向的标志，同时它也追溯了道德准则的起源。该书以“乱伦”——“在绝大多数社会中，不仅是被禁止的，而且是所有不道德行为中最严重的一种”[⑤]——作为核心议题，指出这种非道德事实是要受到规制与惩罚的。涂尔干认为乱伦禁忌就是社会规制的最初形式，其形态表现即为“外婚制”，外婚制普遍存在于低级社会，极为严格也极为粗陋，“外婚制乃是针对乱伦的婚姻禁忌体系的最原始形式”[⑥]，是对乱伦的规制，其前提条件就是“家庭关系要得到社会的承认，并

---

① 迪尔凯姆．自杀论［M］．冯韵文，译．北京：商务印书馆，1996：240.
② 同①354.
③ 同①355.
④ 同①360.
⑤ 涂尔干．乱伦禁忌及其起源［M］．汲喆，等译．上海：上海人民出版社，2006：3.
⑥ 同⑤27.

被社会组织起来”[1]。由此可以说乱伦禁忌的发展脉络与外婚制的生成逻辑是一致的，就其最基本的状态来看，外婚制没有超越母系氏族，但是“它从这里延伸开去，起初只是在部分上，继而就是在整体上扩展到了父系氏族；有时候，它甚至所及更远”[2]。同时，外婚制与图腾崇拜紧密关联，外婚制只不过是某种宗教制度的特例，在所有原始宗教的基础中都能找到这种制度，由此又可以溯及原始图腾崇拜的仪式与仪轨，即“塔布”（tabou），塔布就是“在制度的高度上组织建立起来的戒绝”[3]。在仪式与仪轨中，又可以探究出集体表象、道德的起点。由此可见，以外婚制为基础，“各种习惯纷纷形成，这些习惯至今仍然构成了我们道德性情的一部分”[4]。比如家庭关系就是一张由道德规定的义务之网，虽然不再有家神，但是“人们对家庭也会始终不渝地充满了宗教之情；家庭是不容触动的一方圣土，其原因就在于家庭是学习尊敬的学校，而尊敬又是最重要的宗教情感”[5]。同时，家庭也是全部集体纪律的聚合。

涂尔干晚期的宗教研究探析了古老宗教的组织状况，其目的不仅在于理解人的宗教本性，“展示人性本质的、永恒的方面”[6]，也是致力于寻求共同意识对于社会秩序建立的必要性。他认为宗教是“一种与既与众不同又不可冒犯的神圣事物有关的信仰与仪轨所组成的统一体系，这些信仰与仪轨将所有信奉它的人结合在一个被称为教会的道德共同体之内”[7]。信仰和仪式是宗教的两个基本范畴，信仰由教义、神话等组成，仪式则是某些明确的行为方式，信仰与仪式“这两类事实之间的差别，就是思想与行为之间的差别”[8]。所有已知的宗教把人类所能想到的所有事物，无论是真实的还是理想的，都划分为“凡俗的与神圣的”两类，这是宗教思想的显著特征。信仰不仅表达了“神圣事物的性质，也表达了赋予神圣事物的品性和力量，表达了神圣事

① 涂尔干．乱伦禁忌及其起源［M］．汲喆，等译．上海：上海人民出版社，2006：11.
② 同①27.
③ 同①52.
④ 同①62.
⑤ 同①54.
⑥ 涂尔干．宗教生活的基本形式［M］．渠东，汲喆，译．上海：上海人民出版社，2006：1.
⑦ 同⑥42.
⑧ 同⑥33.

物之间或神圣事物与凡俗事物之间的关系”①。仪式也具有这样的性质，仪式可以划分为积极的与消极的两类。消极膜拜要求崇拜者脱离凡俗世界是为了更加接近神圣，从而把人们引向宗教生活。积极膜拜者则相信“他们与宗教力之间维持着一种积极的、双向的关系，一套仪式仪轨的功能就是对这种关系的规则和组织”②。积极仪式的意义就在于其道德性与社会性，“这些仪式在道德上重新塑造了个体和群体，而且人们坚信仪式拥有着支配各种事物的力量”③。可见宗教的神圣性来自社会，是被实体化、人格化了的团体力量，即道德力量。社会是宗教的起源，社会的观念是宗教的灵魂，当人们感受到身外存在的一种力量既是强制的又是需要依赖的时候，便会对之敬畏，然而又不能充分理解其性质和来源，于是便萌发了某些观念来象征这些力量，这些观念就是宗教。这些神圣象征物即宗教的功能不仅在于帮助人们感到社会实体的存在，更在于维系社会秩序，促进社会整合。“最本质的是，人们被集合起来，他们不仅共同感受到了情感，而且还通过共同行动将这些情感表达了出来。”④ 群体团结必须具备的条件就是共同的思想和行动。而社会对于个人，则是“社会把人提升起来，使人超越了自身；甚言之，是社会造就了人”⑤。这在一定程度上就像神对于其崇拜者一样，没有了神圣性就不可能有社会生活。由此，涂尔干强调社会生活在其每一方面、在其每一个历史时期，都需要有一个较大的象征体系或说精神力量，这种象征体系会传达和维护着一种自豪、坚定和崇敬的情感，同时这种情感又是“被支配和维护他们的一种伟大的道德力在个体意识中唤起的，这就是集体力”⑥。在涂尔干看来，社会学注定要开辟一条通往人的科学的新途径，社会就是物质力量与精神力量的最强劲的组合，“只要认识到在个体之上还有社会，而且社会不是理性创造出来的唯名存在，而是作用力的体系，那么我们就有可能通过一种新的方式来解释人类”⑦。这也是涂尔干晚年思想中最大的转变。

---

① 涂尔干．宗教生活的基本形式［M］．渠东，汲喆，译．上海：上海人民出版社，2006：33.
② 同①311.
③ 同①354.
④ 同①366.
⑤ 同①399.
⑥ 同①367.
⑦ 同①423.

（二）第二阶段：帕森斯——新功能主义的社会秩序论

1. 帕森斯：秩序神话的巅峰

经典社会学家开创的社会秩序研究传统，在现代社会学中一直持续并受到重视，尽管帕森斯“对待社会秩序问题——甚至是霍布斯那里的秩序问题——的方式在多大程度上可被接受仍不确定”①，但是他的功能主义的秩序论研究仍是难以超越的巅峰。帕森斯的秩序论是从功能主义的分析视角切入的，功能主义分析从孔德的“生物有机体类比”开启，斯宾塞发展了该类比使之更加系统化，涂尔干使“有机论的原则几乎存在了四分之三世纪”②。伴随着马克斯·韦伯“对主观含义和社会结构类型或理想类型的强调，研究社会有机体属性的方法也同样地塑造了现代功能主义”③。默顿和帕森斯便是现代功能主义的“成熟传统”的代表。

帕森斯在对19世纪末20世纪初的各种思潮进行检视的过程中，选取了“在思想传统、社会环境和个人性格上尽可能有代表性”④ 的四个人即马歇尔(A. Marshall)、帕累托（Vilfredo Pareto)、涂尔干以及韦伯，他们差不多同时代，但是他们的思想“彼此并无直接影响的痕迹”⑤。帕森斯从这四位思想家的理论中深入到近代社会思想史中“唯意志论的行动理论”问题，看到了他们理论中理性的、目的论的、“意志自主的行动”之共性，却没有发现他们对社会结构、社会秩序对个人行动的影响与制约关系的合理解释。如果说每一个理论体系，包括它的理论命题、经验见解“都可以看作是一片黑暗中的光照点。一般来说，这种黑暗的逻辑名称叫做‘剩余性范畴’”⑥，那么帕森斯则希望用手电筒把那些黑暗中的“剩余性范畴”以及已经被发现的熠熠发亮的光点用“一个理论体系联系起来，它们才有科学上的价值”⑦。他的理论构想无疑是宏大的，具体研究是从对“社会行动”的“解剖”着手的，即

① 吉登斯．为社会学辩护［M］．周红云，等译．北京：社会科学文献出版社，2003：123.

② 特纳．社会学理论的结构：上册［M］．邱泽奇，等译．北京：华夏出版社，2001：13.

③ 同②18.

④ 帕森斯．社会行动的结构［M］．张明德，等译．南京：译林出版社，2003：15.

⑤ 同④16.

⑥ 同④17.

⑦ 同④19.

“以行动的图式作为基本的根据，把具体的个人当做能使手段适应于目的的人来看待”[①]。同时，按照行动图式尽量对社会结构进行分析和表达。帕森斯认为，社会行动不仅以个体性、主体性为特点，而且以整体性、社会性为特点，行动构成一个系统，单元行动由行动者、各种目标与手段以及一个包括各种自然与社会因素、规范与价值的情境组成。每个构成要素都发挥着各自的功能，比如情境中最重要的因素“规范与价值”，直接决定或影响行动者对目标与手段的选择；情境中包含着许多行动者之间的互动关系，单位行动者之间的互动结构就是社会系统。这样，社会行动的结构研究就回到了经典的霍布斯问题上来了，即社会秩序是如何建立起来的？为什么其规范与价值为单位行动所遵守，行动者与他人或集体行动之间的互动又是如何被固定化的等。

帕森斯的行动分析不断拓展和深化，创造了结构功能主义理论，认为社会行动系统由四个相互联系的子系统即行为有机体系统、人格系统、社会系统和文化系统组成。其中，在最抽象的意义上，帕森斯定义了人格系统整合到社会系统的两种机制，即“社会化机制，社会控制机制”[②]。每一个系统又可以划分出更小的子系统，同时每个系统及其子系统又承载着特定的功能——所谓“AGIL 功能模式”，具体为适应功能（adaptation）、目标达成（goal attainment）、整合（integration）以及潜在模式维系（latent patten maintenance）功能。四种基本功能的正常发挥，使得系统处于均衡状态，呈现稳定性与秩序性。当然，“这种均衡不一定是无限的，而只会在一定的界限内达成。因此，当系统环境中存在可变性时，有效的内在过程就会启动，以使系统均衡免受这种可变性的影响。”[③] 也就是说如果均衡被打破，那么社会系统就会自发调整或者重新建构新的平衡与秩序。帕森斯“试图发展出有关社会行动体系的一套分析性理论的科学”[④]。他的功能主义以及功能主义秩序论分析影响深远，一度被西方社会学公认为社会学理论的主导或统治范式。20 世纪 60 年代以后，结构功能主义理论的主导地位衰退，但是冲突理论、交换理论、互动理论等都是在不同程度上批判或补充其理论过程中产生的。

---

① 帕森斯．社会行动的结构［M］．张明德，等译．南京：译林出版社，2003：34.

② 特纳．社会学理论的结构：上册［M］. 邱泽奇，等译．北京：华夏出版社，2001：35.

③ 沃特斯．现代社会学理论［M］．杨善华，等译．北京：华夏出版社，2000：155.

④ 同①867.

80年代中期以来，社会学家们又积极行动起来，对各派理论进行新的综合，以弥补各种理论纷争在个人与社会、行动与秩序、冲突与稳定等不同理论维度上的鸿沟。以亚历山大（Jeffrey C. Alexander）、艾森斯塔德（Eisenstadt）、斯梅尔塞（Neil Smelser）为代表的新功能主义就是在这种新的理论综合过程中产生和发展起来的理论思潮。亚历山大希望“发扬新的包容精神，以建立新的理论综合”①，重建战后社会学理论传统。他“提出了新功能主义，在多元化的学术环境中，新功能主义代表了一种学术取向，即抛弃帕森斯分析方法中的功能需要观念，保留其中有用的部分”②。新功能主义的崛起在一定程度上也是功能主义的回归。

2. 新功能主义：对社会行动与社会秩序的辩证再解释

新功能主义针对帕森斯社会行动理论倾向于强调单位行动受社会规范制约，偏向于采取规范性行动致使行动者仿佛变成了一个其内部主观状态不够明朗的“黑箱”的问题。亚历山大吸取了符号互动论、本土方法论以及社会现象学等思想，提出了一个更具体的微观行动理论模式，即认为人的行动总是具有理解、解释和谋划两个不可分割的方面，解释又具体包括“类型化”与“发明”两个不同的过程。类型化也就是归类，人们习惯于将一个新的事物的印象归结到已经形成的某种理解的类型，与之相对应的不断学习掌握各种类型的过程就是社会化的过程。现实中总有一些新事物，其性质特点与功能用已有的分类方法无法应对，就需要创设一些新的概念范畴和类型，这个过程就是发明。谋划就是策略计划，是构成行动过程的另一个方面，行动者通过行动不仅要理解现实，同时也通过实践作用于现实，在实践行动过程中总要引入策略性的思考，即类似于理性人对投入与产出的算计，尽可能使成本最小化和追求最大化的效果。亚历山大认为行动过程中理解与谋划这两个方面相互交错、相互制约，谋划以解释为前提，谋划又制约了对现实的解释与理解过程。亚历山大认为这种对行动理论的解释学重建揭示了帕森斯行动理论中处于“黑箱”状态的行动的内部过程，改变了原来理论中简单遵循文化与社会环境要求和制约的规范性行动的被动形态，进而转变成了主动应对

---

① 亚历山大．社会学二十讲：二战以来的理论发展［M］．贾春增，等译．北京：华夏出版社，2000：91．

② 特纳．社会学理论的结构：上册［M］．邱泽奇，等译．北京：华夏出版社，2001：45．

客观社会环境的具有积极性和能动性的理性的行动。

针对帕森斯的结构功能主义理论，亚历山大从行动与行动环境的区分入手，认为具体行动是不能区分为某些系统要素的，帕森斯的人格系统、社会系统及文化系统不是作为行动本身的要素，而是作为行动的外部环境因素为行动提供目标、手段、规则等，进而对行动产生影响的。行动不仅受这些因素制约，而且与环境之间相互作用。新功能主义的其他学者也从不同方面对帕森斯的理论进行批判、修正和完善。罗西（Lossi）质疑和批判了帕森斯的文化绝对论倾向，并对 AGIL 模型中的四种功能进行了“辩证再解释”，认为四个子系统是既区别又联系并相互建构的；芒奇（Munch）则把符号的复杂性与行动的偶然性两个因素引入 AGIL 模型，其对应关系见表 2-1 所示。

表 2-1　芒奇对 AGIL 模型的拓展表

四种功能	符号复杂性	偶然性
适应功能（A）	高	高
目标达成（G）	高	低
整　合（I）	低	低
潜在模式维系（L）	低	高

由表 2-1 可以看出，在执行适应功能的行动领域内，行动同时具备高度符号复杂性和偶然性；在执行目标达成功能时，行动具备高度符号复杂性和低度偶然性；在执行整合功能时，行动同时具备低度符号复杂性和偶然性；在执行潜在模式维系功能时，行动则具备低度符号复杂性和高度偶然性。这样就使得行动在结构系统中的自由度增加，弱化了 AGIL 模型的决定论意义。新功能主义的另一位代表人物艾森斯塔德则是通过吸收一些冲突社会学思想，把其中的利益群体、群体冲突等概念引进来，认为社会系统的不同功能与具体社会群体的利益需求是紧密联系在一起的，社会结构不单是一种简单的功能关系结构，同时也是一种利益关系结构。社会的结构功能分化实际上也正是一种社会阶级阶层的分化过程。艾森斯塔德在《制度化与社会变迁》《社会变迁、分化与进化》中认为，在经济发展、人口增长、资源稀缺等现实环境中，社会必然会产生冲突与失序。社会结构在做出回应的过程中必然产生社会分化，由此社会系统就会分化出相互联系的诸多子系统，这种结构分化既是功能性的也是利益性的。尽管为了应对冲突，社会会创设出一些用来控制

符号和资源流动的基础性规则以维系社会秩序，但是也并没有真正解决秩序问题，只是把冲突与失序转移到了一个新的水平上。可见分化的同时又会产生新的冲突，冲突和失序导源于行动者对自身利益与目标的无止境的追求，所以社会冲突不会彻底终结。这样就把帕森斯的结构功能分析与冲突论的利益—冲突—强制功能分析结合了起来。当然，针对社会分化问题，亚历山大又进一步提出了功能性分化和相对自主的亚系统，即精英的出现一方面会导致现代社会冲突的数量增加，但是另一方面也会缩小冲突的范围。斯梅尔塞也认为分化出来的制度也为各个利益群体提供了重新组合的现实基础等。可以看出，经过上述学者的补充、修正，功能主义已经向着一个更具多维性质的综合性理论方向推进了，其中的确可以感受到新功能主义的新意所在，由于“新功能主义者们的努力，功能主义社会学的理论空间确实被大大地拓展了”①。当然，20世纪90年代末期以后，新功能主义的影响日渐弱化了，但是功能主义的理论视角和传统依旧不失其存续的意义和价值。

（三）第三阶段：吉登斯的结构、行动与制度秩序

吉登斯的结构化理论同样源于社会学的经典问题。吉登斯认为，社会理论的基本问题就是要解释清楚“人们如何可以借助社会关系跨越时空的伸延，超越个体在场的局限性”②。吉登斯具体解释的过程是通过创建他的结构化理论来进行的。面对长期以来社会科学中的社会决定论、社会性与个人性的争端，吉登斯在《社会的构成》中提出的结构二重性学说一定程度上可以视为找到了一个较为合适的交叉点，“在结构化理论看来，社会科学研究的主要领域既不是个体行动者的经验，也不是任何形式的社会总体的存在，而是在时空向度上得到有序安排的各种社会实践”③。他的思路沿着两条相互交汇的线路展开，一条是涂尔干、帕森斯的线路，另一条是马克斯·韦伯、戈夫曼的线路。尽管他自己说“在发展和完善结构化理论概念体系的同时，我并不打算提出一种潜在的新正统共识来取代旧的正统共识。不过，对于正统共识的缺陷，对于上述各种相互融汇中的理论发展的意义，结构化理论都给予了敏

① 杨善华，谢立中．西方社会学理论：下卷［M］．北京：北京大学出版社，2006：48.
② 吉登斯．社会的构成［M］．李康，李猛，译．北京：三联书店，1998：101.
③ 同②61.

锐的关注"[①]。结构化理论中的结构指的是社会再生产过程中必然涉及的规则与资源，规则具有两种性质即规范性要素和表意性符码。资源有两种类型即权威性资源和配置性资源，权威性资源源于对人类行动者活动的协调，而配置性资源则出于对物质产品或物质世界各方面的控制。结构就是反复不断被组织起来的规则与资源，它"除了作为记忆痕迹的具体体现和协调作用之外，还超越了时空的限制，其特点就是主体的不在场"[②]。社会系统被纳入结构过程中，并且包含了人类行动者在具体情境中的实践活动。结构二重性观点就在于说明，社会系统的结构性特征相对于由结构反复组织起来的实践来说，既是实践活动的中介也是实践活动的结果。相对于行动者个人来说，结构并不是外在之物，而是作为记忆痕迹又内在于人的活动体现在各种实践中。结构化理论的核心便是要说明行动与结构的辩证运动。由此可以看出吉登斯的行动理论受到了马克思主义实践理论的影响。

在结构化理论中，秩序问题体现为社会系统如何能"束集"时间与空间，包容并整合在场与不在场。整合就是指行动者或集合体之间实践的交互关系，面对面在场状态下的互动体现的是社会再生产的系统性，而跨越时空范围不在场状态下的人们之间的交互关系则体现为系统的再生产，由此形成结构二重性的框架图[③]（见图 2－1）。

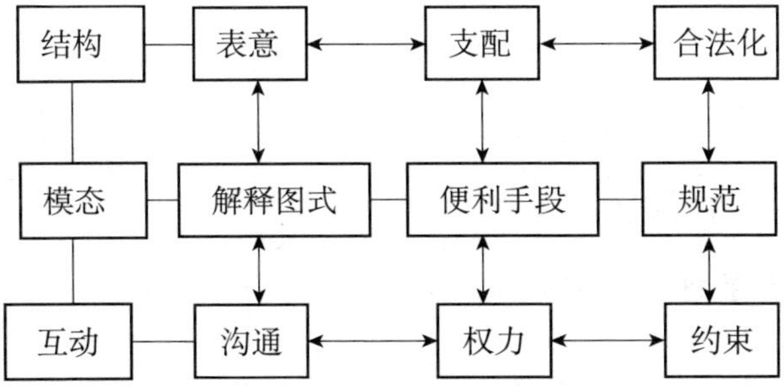

图 2－1　结构二重性框架图

由图 2－1 可以看出，社会系统的结构性特征是由表意、支配与合法化三个维度构成的，表意是以符号理论为前提的，其对应的是符号秩序；支配以

① 吉登斯．社会的构成［M］．李康，李猛，译．北京：三联书店，1998：35.
② 同①89.
③ 同①94.

资源权威化理论与资源配置理论为前提，其对应的是社会中的经济制度与政治制度；合法化则以规范调控理论为前提，其对应的是法律制度。支配与权力又可视为人们的社会行动、社会交往中的内在组成部分，由此也形成了制度秩序的分类体系（见表2-2）。

表2-2 制度秩序分类体系

S（表意）—D（支配）—L（合法化）	符号秩序
D（权威性资源）—S（表意）—L（合法化）	政治制度
D（配置性资源）—S（表意）—L（合法化）	经济制度
L（合法化）——D（支配）——S（表意）	法律制度

结构化理论的主要实质形式还体现为人们在日常生活连续性中组织起来的各种实践活动。所有的社会系统，无论其多么宏大，都必然体现着日常社会生活中的惯例，“充当着人的身体的物质性与感觉性的中介，而这些惯例又反过来体现着社会系统”①。这样，结构化理论所揭示的两个主题之间的关系就辩证地结合起来了，即“一是作为结构性关系之转换关键的各种实践是如何在日常惯例中相互交织在一起；二是考察制度化实践将社会整合与系统整合联系起来的方式”②。吉登斯所强调的结构是给予社会生活以形式和框架的东西，但它本身并不是具体的形式和框架，结构是转换的规则和资源，能使社会系统中的时空束集起来，类似于某种虚拟秩序，作为记忆痕迹引导着具有认知能力的行动者的行为。对结构的这种理解虽然超越了以往结构主义的认识，但是“吉登斯的不刻板却不时透露出他的结构理论的现象学色彩”③。由此可以看出，吉登斯是通过结构与行动的关系来阐释社会秩序问题的，而且更加偏向于制度秩序的探究。

（四）哈耶克的社会秩序类分

在当代社会理论家中，哈耶克的自由主义思想即便受到诸多质疑和批判，但是对社会秩序的系统研究还是特别值得关注的。在《致命的自负》一书中，哈耶克区别了秩序的两种基本含义：一是“事实的秩序”，是人们“设想客体或事件在一定时间内所具有的或人们赋予它的一定的物质格局”。另一种是

① 吉登斯．社会的构成［M］．李康，李猛译．北京：三联书店，1998：102.

② 同①53.

③ 于海．西方社会思想史［M］．上海：复旦大学出版社，1993：546.

“理念的秩序”，就是“可以用来指根据我们的感觉从不同方面对事物或事件加以排列或划分的精神活动的结果”①。事实秩序虽然是客观的，但是要认识它必须通过心智的力量。秩序与社会的概念结合起来也有两种不同的含义，一是结构和系统水平上的社会秩序，即社会内部各个部分或各个体系之间的协调与平衡，比如帕森斯意义上的社会秩序；另一种是行为或个人水平上的社会秩序，是在制度和规范的制约下人们之间可以形成对互动与合作关系的合理预期。社会秩序在本质上便意味着个人的行动是由成功的预见所指导的，这亦是说人们不仅可以有效地运用他们的知识，而且还能够极有信心地预见到他们能从其他人那里所获得的合作。这种秩序的建立依托个人间的相互调适以及人们对那些直接作用于他们的事件的积极回应的过程中。

此外，哈耶克根据进化论的理性主义与建构论的唯理主义框架，把所有社会秩序划分为生成的和建构的两种类型，即自生自发秩序和组织的、人造的秩序，此二者的区别见表 2－3。

表 2－3　　自生自发秩序与组织的、人造的秩序的区别

差别	自生自发秩序	组织的、人造的秩序
有序性产生方式不同（首要区别）	产生于诸多并未明确意识到其所作所为会有如此结果的人的各自行动，是人之行动的非意图的后果	组织中的合作与和谐是集中指导的结果，是一致行动的结果
依赖的协调手段不同	秩序要素在回应它们的即时环境时遵循某些规则的结果	协调某一个组织中的劳动分工的社会结构是一种命令与服从的等级关系，命令详尽规定了每个成员的具体活动
在目的实现中的功能不同	为不同的个人实现其各自目的提供了有助益的条件	有助于实施某个先行确定的具体的集体工具
所依赖的行为规则的性质不同	否定性行动规则，只界定个人行动的合法领域，允许行动者在限度内自由选择与决定	确保组织协调的命令，通过尽可能地规定其成员的具体活动的方式来推进预定的集体目标
外延不同	道德、宗教、法律、语言、书写、货币、市场等	家庭、农场、工厂、商号、公司、各种团体、包括政府在内的所有制度或机构等

① 哈耶克．致命的自负［M］．冯克利，等译．北京：中国社会科学出版社，2000：12.

哈耶克认为“自生自发秩序”不仅是经济学的第一原则，而且将其视为自由主义社会理论的核心概念，并认为社会理论的整个任务就在于“重构存在于社会世界中的各种自生自发的秩序”①。自生自发秩序的出现与进化的非计划性与非意图性，就会引发各种真正需要面对和解决的问题，必定会引起研究者的好奇，因此在解释自生自发秩序的过程中才需要有相应的社会理论的建构与发展。哈耶克对自生自发秩序的肯定其实是对个人自由与个人理性选择的积极肯定。

由前述社会秩序问题的研究可以看出，社会秩序问题的确是一个创造了社会学学科的问题。尽管社会学研究存在诸多思想传统、学术流派，相互之间存在诸多的理论分歧，但是以经验事实作为立论根据和理论基础，是各种社会学传统与流派共同坚持的基本立场。不同时代的社会思想家以自己的智慧敏锐地洞察特定时代的秩序问题，求解社会秩序之可能的机制与方法，因此形成了诸多与社会秩序紧密相关的范畴与理论，诸如个人与秩序、行动与秩序、自由与秩序、系统与秩序、结构与秩序、制度与秩序等，这些都已成为社会学的基本问题。社会秩序可以依据不同的标准划分出不同的类型，现代社会作为一个未完成的系统谋划与工程，人为设计建构的社会秩序更明显。

二、社会秩序依赖于价值基础

（一）社会秩序的基础

概括地说，社会秩序就是“表示社会有序状态或动态平衡的社会学范畴”②。其基本内容包括三个方面，一是社会结构的相对稳定性，即所有社会成员都被纳入一定的社会关系体系，每个人都被置于确定的社会地位，而且各个成员及其地位之间的关系被社会明确规定。二是各种社会规范被广泛遵守和执行，得以正常实施和维护，遵守与维护这些规范与规则就是遵守和维护有关的社会秩序。三是把无序和冲突控制在一定的范围之内。由社会秩序

---

① 哈耶克．自由秩序原理［M］．邓正来，译．北京：三联书店，1997：7.

② 中国大百科全书：社会学［M］．北京：中国大百科全书出版社，1991：353.

的基本内容可以看出，用以支撑、维系和建构社会秩序的基础主要是社会规范、规则的确立与对其的有效遵守和执行，社会秩序与规范及遵循规范之间的关系见图 2-2。

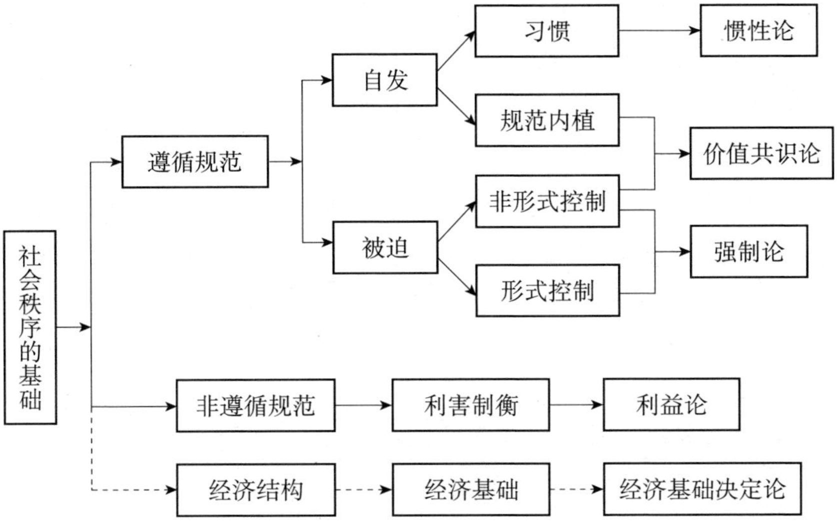

图 2-2 社会秩序的基础

图 2-2 中的实线部分引自张德胜的研究[①]，虚线部分是笔者添加的。由图 2-2 可以看出，社会秩序的基础可以分为两类，一类是与规范相关的，另一类则是纯粹从利益考虑的。遵循规范又表现为自发遵循和被迫遵循两种情况。遵循规范的动力可以划归三类，“一是就范，专指在威逼或利诱的情况之下的遵循；二是认同，个人认同某人或某群体，从而遵循其所信守的规范；三是植入，通过教化过程，把社会的规范内植于个人心中”[②]。而在上述三种动力中，“植入”的作用最为持久有效，因为规范已经内化，动力是发自内心的，基于习惯自发地遵循规范，最终形成惯性论的解释观点。“认同”的效力介于“就范”和“植入”二者之间，个人认同某人或某群体，从而遵循其所信守的规范，不需要以赏罚为后盾，但认同的对象又存在于外。认同的方式既体现为规范内植，也包括道德、舆论等非形式控制，最终形成价值共识论的解释观点，而价值共识论就成为社会秩序的价值基础。“就范”的动力完全

---

① 张德胜．儒家伦理与社会秩序：社会学的诠释［M］．上海：上海人民出版社，2008：34．
② 同①34．

是外在的、被迫的，具体手段为形式控制和非形式控制，最终形成强制论的解释观点。除了遵循规范以外，通过利益、利害制衡也构成社会秩序的基础。对此国与国之间、社会组织之间、利益群体之间以实力相互牵制，可以形成国与国间、组织间、利益群体间的社会秩序，最终形成利益论的解释观点。

除了这些基础之外，根据马克思主义社会学的社会结构、社会秩序原理，广义上的社会结构就是社会的各个基本活动领域，即经济、政治、文化和社会生活领域之间相互联系的一般状态。在各种基本活动领域中，经济结构起着最基础性的作用，对政治结构、文化结构等具有决定性的影响和制约，是社会的经济基础，具有将其他领域结合为一个有机整体的作用，最终形成马克思主义的经济基础决定论的解释范式。因此，笔者认为有必要在原图基础上再加上虚线的内容才完整。

（二）社会秩序、社会模式与价值基础

社会秩序通过互动成为可能，在社会中，“人们通过持续不断的社会互动，通过共享、交流与合作，通过创造一个共同的身份认同和社会承诺，通过相似的思考及行动方式来互相了解”①。社会不同于国家，“最终社会是由人们相互之间持续不断地社会互动，和人们在一起行动及工作中发展形成的社会模式组合到一起的”②。社会秩序依赖于社会模式，社会模式是“一直被建立起来的惯例、共同的期望、可预测的行为、思维和行动的方式，以便使得持续的合作成为可能”③。通常有三个重要的社会模式，即文化、社会结构和社会制度。任何一种具有合作性的秩序都会要求个体进行一定程度的自控，以便与这些既存的社会模式保持一致。文化由规则、价值观和信仰这三个更小的模式组成。规则又包括风俗、法律、禁忌、道德、程序和非正式的期望。文化中的价值观念、信仰、风俗、道德等一经形成，就构成特定社会秩序的价值基础。“确实存在一系列基本价值观，它们成为每一个既定社会的基础。”④ 这与前述由规范内植和非形式控制而形成的价值共识论成为社会秩序

① 查农．社会学与十个大问题［M］．汪丽华，译．北京：北京大学出版社，2009：42.

② 同①43.

③ 同①47.

④ 波普诺．社会学：第10版［M］．李强，等译．北京：中国人民大学出版社，1999：70.

的价值基础是一致的。

价值观是“一个社会中人们所共同持有的关于如何区分对与错、好与坏、违背意愿或符合意愿的观念。价值观是决定社会的目标和理想的普遍和抽象的观念。价值观通常是充满感情的，它为一个人的行为提供正当的理由”①。对个体来说，基本价值观的确立源自家庭环境和社会化的教育与培养，不是自发产生的，而是通过日常生活形成和强化的，也会随着社会结构的变迁而改变。价值观是个人行为选择与态度的指南，价值观念的形成依托于社会道德规范的确立。

道德本身就是一种特殊的社会价值形态。人是社会性的存在，为了面对和实现各种需要，个人与他人、群体进行交往与互动，具体联系的过程中必然形成一定的秩序与要求，当人们明确意识到这些秩序与要求的时候，这些秩序与要求就成为行为的应当，并获得普遍性的意义。应当是对行为主体而言的，但是却指向行为活动的客体，是与主体相联系的他人或社会群体，因此应当体现的是主体与自身的关系，也是对他人和社会群体的关系。应当也是一种客观的力量，具有普遍性的规定，要求人们按照这种应当的方式去生活和行为，具有约束性和有用性。经年累月，当人们对各种应当有了自觉后，应当则凝结成为各种行为规范。最初的习惯与习惯法，成为人类社会最初出现的行为规范。随着私有制的出现与阶级的产生，原始行为规范发生分化，出现了道德、法律等规范。道德“继续保持着行为应当的价值内涵，始终以行为该不该的评价方式而存在和发展着。它借助于人们的传统习俗、社会舆论和内心信念来维系，表现在人们的视听言动、行为品格和习性之中，并通过人们的义务感和良心感，构成人们的自我调节、自我约束和自我评价，从而发挥自己特有的社会作用”②，成为人类社会生活中特有的规范调节方式，也正是这种规范调节方式，凝结成为人们的善恶价值观念和具体的价值评价标准。

（三）价值基础对社会秩序的导向与整合功能

1. 价值基础为社会秩序确立价值导向

价值导向是一定社会或阶级为实现其政治经济目的及所倡导的社会生活

---

① 波普诺．社会学：第10版［M］．李强，等译．北京：中国人民大学出版社，1999：69.

② 唐凯麟．伦理学［M］．北京：高等教育出版社，2001：38.

而形成的、总的、具有指导意义的价值原则和观念。自进入文明社会以来，任何社会都有自己的价值导向，价值导向的主体往往是作为整体的国家与社会。人类社会发展的不同历史时期各有不同的价值导向，且往往是一元性的。奴隶制是人类历史上的第一个阶级社会，是一个以公开的不平等和最直接的奴役形式存在的社会，奴隶对奴隶主的人身依附关系是社会关系的最基本形式。奴隶社会的价值原则与规范也是人类历史上第一个阶级道德的形态，奴隶主阶级力图依靠国家的力量把自己的价值原则与规范变成全社会的价值取向，维护奴隶对奴隶主的绝对屈从、隶属关系是奴隶主阶级道德的基本原则和价值导向。柏拉图就提出，统治者在铸造的时候被注入了黄金，辅助者的身上被加入了白银，而在农民和其他技工身上则被加入了铜和铁，“须知，神谕曾经说过‘铜铁当道，国破家亡’”[①]。亚里士多德也认为，奴隶制度是合乎人性的，主人同奴隶的区别就像灵魂同躯体的区别一样，主人应该像支配自己的四肢一样支配奴隶。孔子也强调“唯上知与下愚不移”[②]，把犯上作乱、违背奴隶制统治秩序的行为视为“天下无道”“大逆不道”。当然，奴隶反对奴隶主的阶级斗争、奴隶与奴隶主之间道德的对立一直持续着。正是奴隶的反抗和斗争推动着价值原则与规范的改变并向前发展。

在奴隶制崩溃的废墟上建立起来的封建社会，是从一种剥削形式向另一种剥削形式的转变，农民和地主阶级的矛盾成为社会的主要矛盾关系。地主阶级的价值原则与规范是封建社会占统治地位的道德，它是对奴隶主阶级道德的继承与改造，也是封建社会生产关系、宗法等级制度的产物。封建社会是一个等级森严的社会，自天子以至庶人形成了一个以宗法等级关系为核心的社会结构状态，维护封建宗法等级特权与等级依附关系既是封建社会最基本的政治原则，也是最基本的道德原则，忠君、孝亲是最核心的价值导向，等级服从是最高的价值评价标准。中国封建社会是“以人伦为出发点、以礼义为中心、天人合一、家国同构”[③] 的特殊秩序模式。中国文化重视社会秩序，是学者们的共识，培拉（R. Bellah）认为，中国的中心价值体系重“整合性价值”，并以“一种调适的平衡为中国社会的理想”；史华慈强调中国文

---

① 柏拉图．理想国［M］．郭斌和，张竹明，译．北京：商务印书馆，1986：129.

② 《论语·阳货篇》.

③ 唐凯麟．伦理学［M］．北京：高等教育出版社，2001：125.

化“秩序的优位性”；张德胜则用“秩序情结”来解释：“中国社会自秦始皇统一天下以来的文化发展，线索虽然很多，大抵上还是沿着秩序这条主脉而铺开。用弗洛伊德的术语，中国文化存在着一个秩序情结，换作潘乃德（Ruth Benedict）的说法，则中国文化的形貌，就由追求秩序这个主题统合起来。”[①] 而中国传统社会秩序的价值基础便是以礼义规范为核心的儒家伦理，孔子以正名循礼重建社会秩序，强调社会生活中必须有一套礼义规范，同时教化人们要认同规范并自觉遵守。儒家伦理重视实现规范内植与个人修养，《大学》中说：“自天子以至于庶人，壹是皆以修身为本”。秩序的确立需要划分等级与权威，而家庭是理想社会的缩影，秩序的建构从家庭开始，视社会为扩大的家庭。中国传统社会如梁漱溟所指出的，其社会结构与西洋最主要的差异在于个人、家庭及团体三者之间，西洋的团体与个人两端强大，中间的家庭相形见小，重点在个人，是谓个人本位；中国刚好相反，团体与个人不彰，家庭则分外显著。但是不能因此就说中国是“家族本位的社会”，“若说家族本位既嫌狭隘，且嫌偏在一边”[②]，而是“伦理本位的社会”，伦理本位的社会就是指“就家庭关系推广发挥，以伦理组织社会”。具体说来，“举整个社会各种关系而一概家庭化之，务使其情益亲，其义益重。由是乃使居此社会中者，每一个人对于其四面八方的伦理关系，各负有其相当义务；同时，其四面八方与他有伦理关系之人，亦各对他负有义务。全社会之人，不期而辗转互相联锁起来，无形中成为一种组织”[③]。乡土社会村落内部依托家法族规高度整合，多数的村落往往只是一个家族，在一块土地上同宗同源，忠和孝的关系实质上就是国家和家庭的关系。同时封建社会道德政治化、宗教化也是重要特点，尤其是欧洲中世纪的政教合一，更是直接把道德诉诸宗教。宗教把逆来顺受、俯首听命视为最高的道德准则。封建道德给封建政治蒙上纱幕，而宗教又给封建道德罩上了神圣性的光环。

当资本主义制度取代封建制度后，资产阶级的价值原则与规范就成为社会上占统治地位的道德，资产阶级从人的利己、自私本性出发，直接诉诸利己主义的价值导向和价值原则，表现在道德意识上，就是攫取财富，欲壑难

---

① 张德胜．儒家伦理与社会秩序：社会学的诠释［M］．上海：上海人民出版社，2008：序 2.

② 梁漱溟．中国文化要义［M］．上海：学林出版社，1987：79.

③ 同③80.

填；表现在人与人的关系上，就是金钱万能的现金交易；表现在人的行为上，就是“一切人反对一切人的战争”状态。当然资产阶级的价值原则和规范在资本原始积累时期、自由资本主义时期和垄断阶段还是有一些差别的。随着无产阶级的发展壮大，消灭私有制和阶级对立，建立和发展公有制，对维护私有制和阶级对立的旧的资产阶级道德传统进行否定，无产阶级的社会主义道德原则和价值导向得以建立，其核心在于坚持集体主义的价值原则，形成人与人之间真正平等、团结、互助、友爱的社会关系。其最高价值目标是人的自由全面的发展。社会主义道德体系体现出彻底的革命性、严谨的科学性与高度的实践性，是对历史上优秀道德遗产的继承和发展。社会主义价值原则与规范在社会主义社会主导地位的确立，成为推动当代社会秩序建构的价值基础。

2. 价值基础促进社会整合

社会整合就是通过一定的方式使社会个体或社会群体结合为社会生活共同体的过程，也就是实现社会一体化的过程。社会整合的基本对象是社会利益，利益又可以区分为共同利益和特殊利益，与之相对应就会形成两种不同的社会整合方式，即认同性社会整合和互补性社会整合。除利益之外，还有情感、组织、价值观念和各种社会规范等同样可以发挥社会整合作用。涂尔干用社会团结、社会凝聚的概念来阐释社会整合，在《社会分工论》中，面对大量的社会失范现象，涂尔干感叹：“如果说失范是一种罪恶的话，那是因为它使社会遭尽了磨难，社会没有凝聚力和调节力，就无法存在下去。”① 面对失范问题，涂尔干从与社会凝聚和社会整合密切相关的社会团结概念着手进行分析，认为社会团结本身是一种整体上的道德现象，其内在性致使分析起来比较抽象，因此需要寻找到外显的、看得见的符号即法律规范作为主要表现形式进行分析。“正因为法律表现了社会团结的主要形式，所以我们只要把不同的法律类型区分开来，就能够找到与之相应的社会团结类型。”② 在机械团结的社会，也就是相似性所致的团结，公民们所有的最基本的相似性都得到体现，其法律现象的表征就是“有组织的压制性制裁”，与压制法相对

① 涂尔干．社会分工论［M］．渠东，译．北京：三联书店，2000：第二版序言 17.
② 同①31.

应；强烈的集体意识与集体感情高于法律，“只有集体感情的性质才能够对惩罚做出解释，进而对犯罪做了解释”[①]。这种社会状态下的法的功能就在于通过维护一种充满活力的共同意识来极力维持社会凝聚力量，而且这一点是可以实现的，只不过形成的却是低级社会。相对于机械团结的社会，有机团结的社会则是高级社会，“文明是社会容量和社会密度不断发生变化的必然结果”[②]，社会密度增加主要体现为人口越发密集、城镇形成并发展、沟通手段增多而且传播数量大、速度快。“所有社会生活都是由一系列事实构成的，这些事实来源于许多个人之间结成的持久而又积极的关系。因此，社会生活所构成单位之间的互动越多，它的强度越大，这种现象发生得就越频繁、越有力。”[③] 社会密度增加的同时也致使社会内部关系增加，社会成员之间的联系越发密切，相互影响也增大，即社会容量增大。文明是作为分工的副产品存在的，分工越发展，集体意识越微弱、越模糊。但与这种社会相适应，又可以形成以分工为主导因素的团结，即有机团结的社会类型。劳动分工的专业化与多元化一方面引致个体脱离并独立于原来的集体，但同时不同劳动工种、工序、行业与部门之间又必须进行协作、交换、沟通，这样又必然形成新的更稳定的相互依赖与团结。与这种团结相对应的法律规范现象的表征则是恢复法，包括民法、商法、诉讼法、行政法和宪法，即法律制裁的目的在于把已经变得混乱不堪的关系重新恢复到正常状态。这样，“劳动分工逐步替代了共同意识曾经扮演过的角色，高等社会的统一完全要靠分工来维持了”[④]。可见，依托不同的法律规范，同样可以实现社会凝聚与社会整合。同时，涂尔干也看到了职业群体在治愈社会病态方面所具有的重要作用——这一点与《自杀论》的结论相一致，并进一步强调，建立一套现在所匮乏的规范体系，实现整体社会的健康已经成为迫在眉睫的问题。

帕森斯的 AGIL 模型就明确阐释了社会整合的功能，在其《社会系统与

---

① 涂尔干．社会分工论［M］．渠东，译．北京：三联书店，2000：67.

② 同①295.

③ 同①297.

④ 同①134.

行动理论的演变》（1977）一书中，他阐述了社会整合的含义：一方面，包括社会体系内各部门的和谐关系，使体系达到均衡状态，避免变迁；另一方面，包含体系内已有成分的维持，以对抗外来的压力。帕森斯还认为，社会要达到整合的目的，必须具备两个条件：一是有足够的社会成员作为社会行动者受到适当的鼓励并按照其角色体系行动；二是使社会行动控制在基本秩序的维持之内，避免对社会成员做过分的要求，以免形成离异和冲突状态。

按照 G. 米德（G. Mead）的解释，从社会的观点来看，所有人类个体共同具有的基本的社会性——生理冲动、价值观念与行为倾向——主要可以分为两类："一类导致个体之间的社会合作，另一类则导致个体之间的社会对抗；一类在各种社会情境所包含的人类个体之间导致友好的态度和关系，另一类则在这些人类个体之间导致敌对的态度和关系。"① 要维系社会秩序，就必须对那些对抗性的态度、观念和力量进行约束和控制，以实现整合，也可以通过价值导向引导社会成员达成共识，以实现社会整合：一方面以价值导向积极引导那些对抗性的态度和力量，使其为组织预先确定的明确的社会目的与社会意图服务；另一方面从整体利益出发，加强和强化个体的社会团结与合作意识，避免分裂和破坏性的行为。当然一个高度发达的有组织的社会，本就是一个其个体成员错综复杂且以多样化形态存在的社会，个体之间的矛盾与冲突往往不只是基于冲动、价值观念，还有各自的自我和人格。而这些自我与人格之间的冲突则需要"通过重建这些特定的社会情境，通过修改这种既定的、由各种社会关系组成的框架——就一般的人类社会生活过程而言，这两种冲突类型都是在这些社会情境和社会关系框架中出现，或者说发生的——而得到解决或者消除。"② 可见社会过程总是伴随着一定的冲突和整合，要建构和维系社会秩序，就必须调控那些矛盾冲突和对立，价值基础的功能就在于以法律的或道德的规范、价值观念等调节冲突、凝聚共识，以实现社会整合。

---

① 米德．心灵、自我与社会［M］．霍桂桓，译．北京：华夏出版社，1999：327.

② 同①331.

三、社会制度是支撑和维系陌生人社会秩序的基本力量

(一) 社会制度与社会秩序的关系最为密切

社会制度同样是人与人相互交往的产物，是为了满足人类基本的社会需要、规范人类活动的社会规范体系，也是相对稳定和持久的社会关系的定型化。社会制度通常包含三个层次，即总体社会制度层次，由生产关系的性质决定，如资本主义制度、社会主义制度；社会中不同领域制度层次，如经济、政治、文化、教育制度等；具体行为模式制度层次，如职业规范守则等。社会学对社会制度的研究是从 H. 斯宾塞的《第一原理》（1862）开始的，W. G. 萨姆纳分析了制度的构成，此后 C. H. 库利（C. H. Cooley）和 K. 戴维斯（Kingsley Davis）做了更细致的研究，认为制度是大量规范的复合体，是社会为适应其需要用合法形式建立起来的，强调社会规范的重要性及制度在社会结构中的地位，这种观点被沿袭并形成广泛共识。社会制度一经确立，会保持相对稳定性，同时任何一种制度都不是孤立存在的，它必须与不同层次的制度相互关联和配合形成一套制度体系，共同发挥制约、导向、协调社会行为的功能，以实现社会整合、建构社会秩序。按照马克思主义社会学的理解，社会制度是在物质生产基础上形成的规定社会关系、制约社会行动的具有普遍性和稳定性的规则。虽然制度未必产生社会秩序，但是一种秩序的建构与维系，却必定依托合理的社会制度。

(二) 社会制度是维系陌生人互动与合作的基本力量

陌生人社会秩序是通过陌生人之间的交往与互动建构起来的，社会制度是支撑和保障陌生人社会中人们互动和合作的基本力量。社会制度的本质属性赋予其多种展开形式，这种多样性植根于人们社会行动的多样性。长期以来，人们在日常生活中积习而成的各种习惯、习俗与惯例等非正式制度是自发形成的，借助文化认同、价值评价、社会舆论和道德自律发挥作用。在传统的熟人社会状态下，尽管非正式制度具有一定的模糊性，但对人们的日常生活与社会行动发挥着主导性的规约作用。传统熟人社会由家庭、亲戚、朋

友、邻里构成社会关系网络，人们共同遵守约定俗成的甚至被认为是天经地义的风俗、习惯与惯例，彼此真诚友善、相互信任，通过熟人间的肯定评价得到社会声望，获得心理报偿和尊严满足。如果有人为一己私利，采用偷窃、说谎、欺骗等不诚信的方式，就会受到熟人的谴责、唾弃与蔑视，从而失去面子和尊严，声望和地位不保。可见在熟人社会中，来自社会关系网络中的非正式的行为规范就可以抑制各种不道德的行为，从而维持其内部的秩序与和谐。

进入陌生人社会以后，由原来的亲戚、朋友、邻里组成的社会关系网络功能弱化，非正式制度的协调和约束力量弱化。在陌生的城市生活中，几乎每个人都必须与陌生人或组织交往，有的是转瞬即逝的互动，有的是长期稳定的交往，要保证交往与合作的秩序，陌生人之间只有依靠普遍的、一般性的制度才能施以相对平等的约束。随着工业化、组织化、理性化等现代化特质的增强，在生产过程、市场交易、企业经营、政府行政、文化教育和社会管理等层面上大量的正式制度已经建构起来。一般性制度是以普遍性和预防性的方式对人们的行为施以约束和限制的，不仅对行动的规定具有清晰的限制和界定，而且制度的实施需要借助于组织措施、行政手段或某种权力，这样就使得陌生人的行为有章可循、可以预期，增加了彼此交往与合作的确定性。另外，社会制度不仅可以协调和制约人们的社会行动，而且可以避免许多社会矛盾。当一些社会矛盾发生或者出现一定程度的分歧以后，人们可以根据相关制度规定采取有效措施化解矛盾，以保持社会稳定。当然，陌生人社会虽然以正式制度为主导来维系社会秩序，但是自发性的非正式制度因其内化到人们的心理结构，往往具有超常的稳定性，在人们的日常生活中依旧会发挥重要的作用。

第三章　陌生人社会秩序价值基础的解释范式

陌生人社会是相对于熟人社会而言的，同时，陌生关系是随着人类文明的现代化进程开始出现，并随着资本主义社会的建立与发展日益强化的。齐美尔说："在经济的整个历史上，外乡人似乎都是作为商人出现的，或者商人是作为外乡人出现的。"① 因为在自给自足的小农经济占主导地位的传统社会中，一个空间狭小的熟人圈子就可以交换出彼此的产品，是不需要中间商人的，而只有那些在熟人圈子之外生产出的产品才需要有商人，因此商人都是以外乡人、陌生人的身份出现的。商品生产和商品交换、市场经济的发展是自由资本主义社会秩序的主要特质。对陌生人社会秩序价值基础的研究，长期以来形成了几种经典的解释范式，主要包括自由主义的解释范式、社群主义的解释范式、后现代主义的解释范式以及马克思主义的解释范式。本章重点关注作为古典自由主义之代表的亚当·斯密的解释范式以及马克思主义的解释范式。

一、陌生人社会秩序价值基础的几种解释范式

关于陌生人社会秩序价值基础的解释在一定意义上是与探寻现代社会秩序的道德合理性基础问题相一致的。现代社会秩序道德合理性基础证明是道德社会学的核心问题之一，它包括两种不同的提问方式："其一，如果我们认

① 齐美尔．社会是如何可能的［M］．林荣远，编译．桂林：广西师范大学出版社，2002：342．

可启蒙运动和恩格斯关于现代道德特殊性的论断，那么，问题的实质就是如何为现代社会提供新的道德合理性基础证明的问题。而这正是自启蒙运动以来，西方自由主义思想家们一直在努力探究的中心问题之一。其二，如果我们认可马克斯·韦伯和麦金太尔关于现代道德与传统道德之连续性同一性的论断，那么，问题的实质就是如何证明传统道德与现代社会的适应性和密合性问题。”[①] 这两种提问方式都直接指向现代社会秩序的价值基础问题，自从16世纪前后人类社会便日益进入现代陌生人社会状态，西方社会思想史上已经出现了多种不同的有关现代社会、现代化、现代性的道德合理性基础的解释，概括地说主要包括四种，即自由主义的价值解释范式，含古典自由主义与现代自由主义；以麦金太尔、桑德尔等为代表的社群主义（也有概括为新历史主义）的价值解释范式；以哈贝马斯等为代表的现代主义与后现代主义的价值解释范式以及马克思主义批判形态的价值解释范式。[②]

（一）自由主义的解释范式

自由主义是对现代社会之价值合理性基础进行辩护的最深刻的理论思潮，是在反对宗教神权和封建君权过程中形成的思想体系。其基本主张是提倡人权，主张自由，以平等的法律契约规定个人与个人、与组织、与社会之间的关系；主张限制政府权力，反对任何形式的专制，无论是国家的、教会的还是社会习俗的、舆论的，生命、自由和财产是公民不可剥夺的基本权利，在法律许可的范围内公民享有广泛的自由权，国家应实行代议制民主，国家权力必须受到限制，国家为保护公民权应实行法治与分权。自由主义在17世纪约翰·洛克的《政府论》（1690）发表时已成气候，孟德斯鸠《论法的精神》最早提出以法律限制君王权力的原则，经过伏尔泰、卢梭等法国启蒙思想家的努力，到18世纪晚期已发展成为几乎所有西方发达国家的主导意识形态。另外以大卫·休谟和亚当·斯密为代表的苏格兰启蒙运动的思想家团体为自

① 万俊人．现代社会道德合理性基础论证：兼及中国现代化运作中的道德问题［J］．北京大学学报（哲学社会科学版），1996（2）．

② 这几种解释范式的概括参照万俊人《现代社会道德合理性基础论证：兼及中国现代化运作中的道德问题》（《北京大学学报》1996年第2期），以及高兆明、李萍《现代化进程中的伦理秩序研究》（2007）之“现代性谋划：是与非”的论述。

由主义思潮做出了重大贡献，同时，为自由主义思潮做出突出贡献的还有德国的启蒙运动哲学家康德。自由主义经历了古典自由主义和现代自由主义两个阶段，从古典到现代，自由主义思想家可谓群星灿烂。

古典自由主义的价值基础解释范式可以具体分解为三种形式：一种是以洛克和斯密为代表的原始自由主义和个人主义的价值解释，其核心是肯定个人自由权利和利益的道德正当性与价值合理性，并以此作为现代社会秩序的价值基础。这种解释范式与西方自由资本主义的社会生产方式和生活方式相适应，带有较为明显的道德利己主义倾向，后文将详析亚当·斯密的解释范式。第二种是以法国“启蒙运动”和康德为代表的现代理性主义的价值解释，其核心观念是个人的自由、平等、人权，带有较多的理性色彩和道义精神。第三种是以边沁、穆勒为代表的功利主义的价值解释，其核心观念是所谓“最大多数人的最大幸福”原则。

随着现代化进程的加快，古典自由主义遭遇现代资本主义发展的现实困境并被理性反思和重释，以罗尔斯、诺齐克、哈耶克以及弗里德曼为代表的新自由主义得以确立，并建构起新自由主义的价值解释范式。罗尔斯重新检视了古典自由主义，对洛克、卢梭和康德等人的思想进行了批判，尤其是对功利主义思想做出改造，提出了以“作为公平之正义”为核心的新自由主义的解释范式。罗尔斯的《正义论》包括两个组成部分：“（1）一种最初状态的解释和一种可用于其间的选择的各种原则的概述；（2）一种对实际上要采用哪个原则的论证。”① 在确证个人自由权利优先性的同时，强调“差异原则”，这些原则要支配权利与义务的分配，调节社会和经济利益的分配。两个原则按先后次序排列，意味着“对第一个原则所要求的平等自由制度的违反不可能因较大的社会经济利益而得到辩护或补偿。财富和收入的分配及权力的等级制，必须同时符合平等公民的自由和机会的自由”②。基于正义原则，罗尔斯把现代社会秩序价值基础的标准从“最大多数人的最大幸福”之最大化社会效益层面移植到“惠顾最少数最不利者”的最起码的社会道德正当合理性的层面上来。因此，这一论证或解释范式的重心不再是个人价值目的论，而

---

① 罗尔斯．正义论［M］．何怀宏，等译．北京：中国社会科学出版社，1988：50.

② 同①57.

是社会公平道义论，是社会的公平、秩序和稳定。在新自由主义的阵营里，罗尔斯也遇到了以诺齐克为代表的激进自由主义的批评，激进自由主义主要是不满意于罗尔斯对个人自由权利恰当限制的思想，而是要坚持更为彻底的个人自由权利立场。

（二）社群主义的解释范式

20 世纪 80 年代以来，新自由主义与社群主义之间的争论持续不断，尽管社群主义者的出发点各异，批判的角度与重点不同，理论取向也不一致，但是都以“共同体”作为理论建构的基点审视正义与善、个人与共同体、权利与利益、普遍主义与历史主义、团结与多元性等问题。姚大志将社群主义概括为哲学社群主义（桑德尔）、政治社群主义（沃尔策）、古典社群主义（麦金太尔）以及新社群主义（埃齐欧尼）四个流派。笔者没有进行这么细致的区分，而是认为以麦金太尔、桑德尔和查尔斯·泰勒为代表的社群主义解释直接对应当代新自由主义的解释，对现代社会做了价值合理性证明。麦金太尔通过历史和文化解释主张重返古典亚里士多德主义的美德伦理传统，桑德尔主张道德共同体主义，泰勒强调新黑格尔主义的伦理理论。他们的共同倾向是，反对罗尔斯等的“自由主义的个人主义”，主张从人的历史、文化、传统、社会共同体关系或身份，以及人的社会生活实践等“情景”中解释现代社会的价值基础问题。现代社会的“无公度性”（麦金太尔）、“无约束个体”的无根性和“单元性”（泰勒、桑德尔）已经导致了社会秩序的价值合理性危机，因而必须转向历史传统，寻找理论资源和历史证明。麦金太尔区分了理智传统、社会传统、构成性传统和被构成性传统的概念，认为“一种与理智传统和社会传统不可分离的合理性探究概念——该合理性概念具体体现在这种理智和社会的传统之中才能不被误解”①。同时从被构成性传统和构成性传统的立场来看，一种学说所主张的理论和观点恰是其实际上如何设定和发展的问题。那么“无论是理论合理性，还是实践合理性，本身是带有一种历史的概念”②。亚里士多德式的正义与实践合理性解释从古希腊城邦的冲突

---

① 麦金太尔．谁之正义？何种合理性？[M]．万俊人，等译．北京：当代中国出版社，1996：11.

② 同①12.

中产生出来以后，历经各种传统如奥古斯丁的基督教传统的对抗、综合，进入 17 世纪苏格兰传统的共生、颠覆，最后到现代自由主义的批判。“它在与所有传统的对抗中产生，但也已经逐步使它自身转化成了现在即使是它的一些信奉者们也可以清楚认识到的更为传统的传统。”① 麦金太尔主张“我们可以用使我们自己的道德态度、社会态度和承诺重新恢复合理性与可理解性这一方式，让亚里士多德的传统得以重释”②。

桑德尔对罗尔斯的《正义论》和《政治自由主义》做出了回应，认为《正义论》引发了三种争论，其中第一种争论发生在功利主义者与坚持权利取向的自由主义者之间，长期以来功利主义一直是英美道德哲学、道德社会学与政治哲学中占支配地位的观点，自《正义论》刊行以来，坚持权利取向的自由主义逐渐占据上风。第二种争论发生在坚持权利取向的自由主义阵营内部的诸派别之间，是罗尔斯的平等派与以诺齐克和哈耶克为代表的激进派之争，与捍卫市场经济、拥护福利国家的争论基本相呼应。第三种争论集中在激进派自由主义与平等派自由主义所共享的一种理论假设上，即政府应该对各种相互竞争的善生活观念保持价值中立的理念，由此得出“权利优于善”或者说权利对善的优先性的主张。

针对罗尔斯提出的“权利优于善”及对“权利优于善”的辩护与捍卫，桑德尔做出了回应：政治自由主义主张“权利对善的优先性并不以任何特殊的个人概念为先决前提——甚至也不以他在《正义论》第三部分中所阐发的那种个人概念为先决前提”③。但是，“没有这种个人观念，它根本就一事无成”④。对此，桑德尔从三个方面进行驳斥：首先，政治价值固然重要，但是为了政治的目的而将各种完备性道德学说和宗教学说的要求悬置起来是不合理的。其次，权利优于善依赖于现代民主社会的理性多元论事实，这种事实不仅存在于道德与宗教问题上，同样也会存在于正义问题上。最后，政治自由主义对其所关注的公共理性的限制也是不合理的。在公共理性限制的问题上，桑德尔认为自由主义的公共理性“除了有道德代价之外，还要花费某些政治代

① 麦金太尔．谁之正义？何种合理性？[M]．万俊人，等译．北京：当代中国出版社，1996：14.
② 同①前言 1.
③ 桑德尔．自由主义与正义的局限 [M]．万俊人，等译．南京：译林出版社，2001：230.
④ 同③232.

价”。民主政治不可能长期把一种公共生活从道德目的中抽象出来，也没有办法将其与道德目的分离开来。因而，桑德尔认为罗尔斯“其公共理性见解太贫乏简单，以至于无法含摄一种活生生的民主生活的道德能量，因之它造成了一种道德空白，给不宽容的、琐碎的和其他误导性的道德主义打开了方便之门”[①]。

正是通过对罗尔斯道义论的自由主义、权利优于善的批判，桑德尔实现了超越，走向共同体主义。“罗尔斯具体安置道义论自我的尝试，使我们超越了道义论，进入了一种共同体的观念，这种共同体的观念标示出正义的局限，指出了自由主义理想的不完善性。”[②] 不是自由主义者所倡导的利己与利己主义的存在使得道义论更具合理性，而是因为陌生人的存在，道义论的正义原则才显得非常重要，“逼近道义论共和国的公民不是利己主义者，而是陌生者，有时候则是那些仁慈的陌生者；正义之所以产生，是因为我们无法很好地相互了解，或是无法很好地了解我们的目的，以至于单单靠共同善来管理我们自己远远不够。这种状况不可能完全消失，而只要它不会完全消失，正义就是必需的。但是，我们不能永远保证正义总占有先定的支配地位，且迄今为止它并未如此，共同体将是可能的，而对于正义来说，这一切都是一种不可确定的表象”[③]。当然，桑德尔也明言，对这种共同体主义不能存在误解，“在阿拉斯戴尔·麦金太尔、查尔斯·泰勒、迈克·沃兹尔和我自己的著作中，对当代权利取向的自由主义提出了挑战，这种挑战有时被描述为‘共同体主义’对自由主义的批判，然而，当‘共同体主义’这一术语的意思，是指权利任何时候都应依据既定共同体中普遍流行的价值或偏好时，该术语就会引起误解。果真有在这种意义上对权利的优先性提出挑战的共同体主义者的话，那也是凤毛麟角。问题不在于权利应不应该得到尊重，而在于权利能不能以一种不以任何特殊善观念为先决前提的方式，而得到人们的认同和正当合理性证明”[④]。共同体主义更强调的是对权利与善之间关系的合理理解与把握，即对正义的反思要与作为善生活本性和最高的人类目的反思相结合；在诉诸善观念的情况下，对正义和权利的反思要与既定的文化与传统相结合。

---

① 桑德尔．自由主义与正义的局限［M］．万俊人，等译．南京：译林出版社，2001：265.

② 同①18.

③ 同①221.

④ 同①226.

查尔斯·泰勒的社群主义源于他对“现代性的隐忧”的解释，他看到了现代社会迅猛发展所引发的人类深刻的伦理价值及政治危机，现代社会的繁荣背后隐藏着分裂的风险。现代性的隐忧主要体现在个人主义、工具主义理性的后果以及前二者所导致的政治层面的后果，同时泰勒认为现代性是可以自我孕育出批判性力量的。泰勒认为“自由和秩序的伦理源于一种将缓冲的自我置于中心的文化”[①]。缓冲的自我具有主观和客观两个方面，“一个缓冲的主体意味着关闭内部（思想）和外部（自然，物质世界）之间可渗透的边界，这是生活在祛魅世界中的一部分”[②]。个人主义使得人们总是孤独地面对外面的世界，与外部世界分离，成为原子化的个人。人们在这种缓冲的认同状态中会“抵挡住一切超越人世之外的东西，而在封闭自己以求安全的同时，又会产生一种可能阻塞了什么东西的感觉”[③]。在祛魅世界中存在广泛的隐忧，其中内在隐忧最为普遍，体现在人们可能会觉得日常生活太过平淡，也可能觉得周围的事物死气沉沉，也可能觉得所进行的各种设计安排毫无意义上，面对无意义的世界，人们甚至可能会感觉恶心。内在隐忧有三种形式：“（1）意义的脆弱感，追寻一种更长远的意义；（2）对于我们将生命中那些关键时刻庄严化的尝试感到徒然；以及（3）日常之彻底空虚和平淡。”[④] 面对这种内在隐忧，需要对内在和外在的多重探索与理解，才能补偿主体意义的缺失，而这种主体意义的缺失就是一种主体内在的分割。对意义的需求是人所必需的，如同尼采在《道德的谱系》中所处理的问题，人们无法忍受的不是苦难，而是无意义的苦难，也如同现代人文主义对宗教的渴望。对意义的需求可以通过回到超越性来满足，但也可以无需求诸宗教，而是“通过挖掘自我的深度，在日常、自然和周遭万物中寻找共鸣”[⑤]。后一种比如在某种目标、某种生命力、某种成就感中感受到意义，这种做法往往更有效。泰勒将20世下半叶以来称为“本真性时代”，个人主义又产生了新形式即“表现型个人主义”，虽然这种形态不是全新的，其新颖处仅在于“这种自我定向似乎

① 泰勒．世俗时代［M］．张容南，等译．上海：上海三联书店，2016：346.
② 同①346.
③ 同①350.
④ 同①357.
⑤ 同①357.

已经成为大众形象”[①]。表现型个人主义对于缓冲的身份认同的作用在于必须尊重他人的信仰，必须遵守密尔所谓的“伤害原则”，即没有人有权为了我的善而干涉我，人们只能阻止我去伤害他人。基于这些限制，可供人们选择的道路“既有那些要求某种社群践行信仰的道路（社群甚至可以是民族共同体或自称的国家教会），也有仅要求很松散联系的群体（或只是诸如提供建议和资料的服务机构）的道路”[②]。工具主义理性所带来的隐忧是由“纯粹工具理性立场被用于世界或人之生命”[③] 造成的，“工具理性的立场通常被斥为导致我们与自然隔绝，以及与我们身内身外的生命之流截断”[④]，即“强调精心算计的理性会隔断我们与他人之间的和谐”[⑤]。理性和规训秩序的现代形式所分割的内容更广泛，“运用理性的心智与其自身欲望的本性分开，与其社群分开（由此社会有分崩离析的危险），与自然的伟大生命洪流分开”[⑥]。可见工具主义理性所带来的分割明显地把两项置于相互对立状态，理性对情感、个人对社群、人类对自然，但与此同时，其中也蕴含了对立双方更丰富和复杂的统一，在化解双方矛盾的同时也保留了各项。这种叙事方式从黑格尔到马克思再到现代许多人文主义思想家，一直延续着。

个人主义与工具主义理性对于政治产生强大的侵蚀性，因为人一旦封闭在自我的世界中，而且工具性地审察自我与他人、与外在的关系，就会对政治缺乏公共参与的热情，从而让政府获得不受监督的权力并沦为托克维尔（Alexisde Tocqueville）所谓的温和专制主义，反之当个人面对强大的国家机器时，就会感到脆弱无助，不被承认。对于承认的需要或要求，是现代政治和文化多元主义的重要议题，得不到承认或被扭曲地承认，都会对人造成伤害和压迫，并影响人们正常的认同，进而越发退缩到私人领域。面对现代社会参与政治萎缩的问题，泰勒认为为了凝聚一个国家的公民忠诚感，必须在法律的框架下，以一些不同的社群来面对国家的权威，而这些社群内部又可以拥有自己的共同体价值，从而让个人得到承认，形成群体认同，一方面使

---

① 泰勒．世俗时代［M］．张容南，等译．上海：上海三联书店，2016：536.
② 同①555.
③ 同①365.
④ 同①365.
⑤ 同①363.
⑥ 同①363.

个人不至于与社会相分裂，又使得国家政治充满活力。可见，社群主义的解释范式将西方现代社会秩序的价值基础转向历史和传统，转向社群和共同体主义，力求从中寻找到新的理论资源和历史证明，成为现代社会秩序价值基础的重要解释范式。

（三）现代主义与后现代主义的解释范式

现代资本主义由工业社会进入后工业社会，其价值合理性基础已经发生了系列改变。丹尼尔·贝尔（Daniel Bell）认为后工业社会的意义在于四个方面："它强调科学的作用与认识的价值为社会基本结构之必须；它使决策更具有技术性；它使现有的脑力劳动科层化倾向不断加深，从而造成传统意义上的知识的目的和价值发生一系列变化；它产生和发展了技术知识分子，从而提出了技术知识分子与文科知识分子的关系这样一个重大问题。"① 贝尔同时看到正在到来的后工业社会出现了各种矛盾问题，其中最尖锐的紧张关系就是文化与社会结构之间的矛盾："前者的中轴方向是反体制的，反对遵从道德法则的；而后者则是要按照经济化模式和科技治国论模式而确立的。这种紧张关系最终将成为后工业社会中最根本的问题。"② 这种文化与社会结构之间的矛盾在一定程度上反映的就是后工业社会时期价值合理性基础的问题。20 世纪 80 年代以来，关于陌生人社会秩序价值基础的"现代主义"与"后现代主义"的争论成为现代资本主义社会价值解释范式的进一步扩展与延伸，争论是在哈贝马斯为代表的现代主义派与利奥塔（Jean-Francois Lyotard）为代表的后现代主义派之间展开的。利奥塔等认为，西方发达社会已经跨入"后工业社会"的时代，因此关于现代主义的基本理念如"现代进步""合理性""意义（价值）"等都已经不能描述和解释"后工业"或"后现代"社会的全新状况，这一断言实际上也意味着对现代道德的基本精神的否定。后现代主义注重对现代化、现代性的批判和反思，当然并不是对现代化及现代性的否定。就其要确立的价值精神而言，如大卫·格里芬（D. R. Griffin）所说："现代性的激进的个人主义最初是以未来的新名义使人们摆脱了过去，但

---

① 贝尔．后工业社会的来临［M］．高锋，译．北京：商务印书馆，1984：54.

② 同①54.

它却最终削弱了人们对未来的关注，使他们毫不夸张地说是自我拆台式的关注于目前。后现代精神并不是要回到前现代的传统主义，在前现代的传统主义中，人们失去了现代人所具有的那种对新事物和未来的积极向往，只是恢复了人们对过去的关注和敬意。"①

与之相对，哈贝马斯等则认为，人们过于匆忙地断定了现代性的发展命运，事实上，直至今天人类也并没有完成"启蒙运动"的理想谋划，人类社会的现代化目标还远远没有达到。因此，"进步""合理性""意义"等理念不仅不是毫无意义的，而且是尚未完全展开或尚未充分实现的社会理念，因此要努力探究一种新的社会道德合理性基础。这一基础就是现代社会人们在交往行为实践中建立"理想语言""理想语境"和"理想话语"的交流系统与程序之条件下的伦理辩谈的合理化。哈贝马斯对现代社会的剖析是以批判著称的，他以批评实证论为起点，针对科学主义和科学的政治观，以共识真理论建构起一个具有普遍性的"规范基础"来理解现代社会结构。他看到人类存在是以双向理解的沟通作为基础的，由此建构了"沟通理性""交往行动理论"，以此检视西方现代化的历程，便可以得出有别于韦伯等的经典现代化理论。交往行动理论——"不是理论的理论，而是一种试图提出批判尺度的社会理论的开端。"② 哈贝马斯基于波普尔三个世界即物理状态的、精神状态的和人类精神产品的理论，认为"三个世界整个地构成了一个在交往过程中共同从属的关系体系。参与者借助这个关系体系确定了，从根本上来说，只有通过这个关系体系我们才能够理解事物"③。就是说，参与交往的人需要与客观世界、社会世界和主观世界建构起联系，通过阐述和沟通才能达成对事物的理解。人类的行为按照不同的理解如经济学中的目的论行动、涂尔干和帕森斯的规范调节的行动、戈夫曼的拟剧行动、米德和加芬克尔（Harold Garfinkel）的日常交往行动各自具有不同的合理性内涵，同时语言的解释构思也不同。在这些行动中人们借助语言媒介，通过对话达到人与人之间的理解和一致的交往合理化。沟通行为和生活世界相辅相成，生活世界是一组庞大而并不明确的背景资料和知识，由文化、社会和人格三种结构构成，是生

① 格里芬．后现代精神［M］．王成兵，译．北京：中央编译出版社，1998：23.
② 哈贝马斯．交往行动理论：第一卷［M］．郑佩郁，等译．重庆：重庆出版社，1994：5.
③ 同①119.

活在一起的人们所共同享有的，生活世界可以促使个人社会化，促使社会稳固和秩序的确立。同时与生活世界相对应的作为社会的制度或组织即为系统，生活世界和系统都经历了理性化的过程，而现代社会的困境则是系统控制了生活世界，即“生活世界殖民化”。哈贝马斯希望通过真诚的交往行动来规避晚期资本主义社会国家对生活世界的殖民，使交往者回归生活世界，进而建构和维系美好生活秩序；希望以最佳的力量代替权力和策略为沟通准则，“这是理想的道德力量，也是理性在扭曲沟通里显现的倔犟”[①]。后来在《事实与规范之间》(1992)，哈贝马斯主张建立一个法律与民主的商谈理论。总体看哈贝马斯是为现代主义辩护的。时至今日这些解释范式依旧存续，依旧产生着不同程度的影响。

下面重点分析亚当·斯密的古典自由主义价值基础解释范式与马克思主义社会学的价值基础解释范式。

二、合情利己主义：亚当·斯密的古典自由主义的价值解释范式

亚当·斯密无疑是经济学、伦理学等社会科学领域永恒的话题，按照英国学者亚历山大·格雷的说法，他是“18世纪的一个卓越的奇才，19世纪他在本国和全世界都有巨大的影响”[②]。斯密的价值学说、分工理论、货币理论，他的“看不见的手”“经济人”与“道德人”之间关系的辩难……都是社会思想史上耳熟能详却又争论不休的问题。研究陌生人社会秩序的价值基础同样绕不过斯密对自由资本主义社会秩序价值基础的探析。

(一) 启蒙运动：探寻自由资本主义社会秩序之可能的时代课题

自由资本主义是指早期资本主义。15世纪末的地理大发现使欧洲历史进入了双重动力的接合，“贸易和掠夺——对财富的一场大角逐从此开始了”[③]。

---

① 杨善华，谢立中．西方社会学理论：下卷［M］．北京：北京大学出版社，2006：74.

② 赵凌云．富国裕民的梦寻：经济学的进化与当代图景［M］．天津：天津教育出版社，2002：91.

③ 博德．资本主义史：1500—1980［M］．吴艾美，等译．北京：东方出版社，1986：6.

文艺复兴运动的宗旨是人文主义，代表着正在兴起的资产阶级反对封建贵族和天主教会，否定蒙昧主义、禁欲主义和神学思想，使理性化、世俗化的思潮推动了人们对现世人生幸福的合理追求。文艺复兴在反对宗教神权的同时，也摧毁了一千多年来以神权为核心所建构并维系着的世俗社会秩序。宗教改革尽管使出了浑身解数，马丁·路德的因信称义、加尔文的新教改革都无法给日益祛魅的世俗社会提供有效的价值辩护，于是新兴资产阶级力求在世俗世界中寻求解释“社会何以可能”这一时代课题，启蒙运动的序幕便拉开了。启蒙运动是继文艺复兴后的又一次思想解放运动，按照康德的理解，启蒙运动就是“要有勇气运用你自己的理智！这就是启蒙运动的口号”①。启蒙运动所强调的观念价值的主要维度包括理性、自由、科学、进步、个体主义、普遍主义、宽容、人性的一致、世俗主义等，这些范畴不仅是作为解释性的构思，同时也是社会历史的建构性力量。其中两大范畴占据主导地位：一是人类的推理能力；另一个是自然秩序。当时以牛顿为代表的科学革命确立了秩序与协调的自然秩序的基本原理。根据人类的推理能力，启蒙思想家们则努力去探寻社会秩序、经济秩序之可能的根据及其运行规律，其实质即是自然状态下放手追求个人利益的行动的个人，何以建构起一个相互协调的社会秩序，即自由的资本主义社会秩序何以可能的问题。从霍布斯、洛克到休谟、亚当·斯密，以至于其他启蒙思想家的思想，都必然脱不开这样一个特定的社会背景与时代主题。18 世纪下半叶，大卫·休谟、亚当·斯密、弗格森等一批苏格兰启蒙运动的学者对霍布斯的“秩序问题”提出了另外一种假设，即社会秩序是在个人丝毫不考虑公共利益的情况下追求各自最大利益而无意识造成的，这种观点更早来源于伯纳德·曼德维尔（Bernard Mandeville）的《蜜蜂的寓言》。弗格森认为民众的一举一动带有盲目性，国家的建立带有偶然性，这是人们行动的结果，而不是执行人设计的结果。斯密用“看不见的手”的隐喻来说明个人利己主义的利益不知不觉地转化为公共的社会福利，“成功地调节着市民社会即包括财产所有权、分工和社会阶级的复杂结构的离心倾向，使之保持利益的和谐与均衡”②。弗格森和斯密的社会行动无意后果

① 康德．历史理性批判文集［M］．何兆武，译．北京：商务印书馆，1990：22.

② 斯温杰伍德．社会学思想简史［M］．陈玮，冯克利，译．北京：社会科学文献出版社，1988：23.

论，“超越了孟德斯鸠对社会所下的共时性分类概念的静态界限，包含着社会既是结构又是过程的社会观”①。当然弗格森、米勒、斯密的观点在19世纪社会学真正建立起来之后就被正统的社会学理论给湮没了。

亚当·斯密作为苏格兰启蒙运动的主要代表，他对资本主义社会经济秩序的关注和思考代表了苏格兰启蒙思想家的独特性，也更加全面和深入。苏格兰启蒙运动既属于整个18世纪启蒙运动思想谱系中的有机构成，又有其自身的特性。与法国启蒙运动相比，其差别在于：苏格兰启蒙运动不像法国启蒙运动“一味强调对理性的建构，认为在此之外还应该尊重社会既有的习俗和习惯”②，因此更能认识到理性本身在驱动或实现社会变化方面的局限性。另外在未来社会的构建理念上，法国启蒙运动强调自由、平等、博爱，而“苏格兰启蒙思想家认为未来社会的基础是市场、法律和道德这三大要素”③。这也是苏格兰启蒙思想家们对现代社会所做出的伟大贡献。亚当·斯密对自由资本主义社会秩序的理解，概括地说就是由许许多多基于合情利己主义之道德基础的经济人在追求利己欲望的满足中彼此互动、竞争，受到“看不见的手”的调适所产生的“未预期结果”。这个“未预期结果”就是后来哈耶克所谓的“自生自发秩序”。按照哈耶克的理解，自由资本主义经济秩序是一种“自生自发秩序”，这种秩序的形成是“适应性进化”的结果。这种秩序“只能产生于作为社会要素的个人间的相互调适以及他们对那些直接作用于他们的事件的回应的过程之中”④。由此可以看出自生自发秩序的几个要点：其一，自发秩序中的构成要素即作为参与者的个人其行动是自由的；其二，参与者是通过发挥其主动性交往互动、适时调适、彼此协调的；其三，参与者在回应其特殊情境时往往受到一些常规性的限制，“正是这种常规性使秩序的形构具有了可能”⑤。在上述诸要点中，“自由是自发秩序存在的必要条件——一般性规则（规则表现为一般性、确定性和适用于人人的平等性）是

① 斯温杰伍德．社会学思想简史［M］．陈玮，冯克利，译．北京：社会科学文献出版社，1988：24.

② 赫尔曼．苏格兰：现代世界文明的起点［M］．启蒙编译所，译．上海：上海社会科学院出版社，2016：中文版序ⅲ.

③ 同②中文版序ⅲ.

④ 哈耶克．自由秩序原理［M］．邓正来，译．北京：三联书店，1997：200.

⑤ 同④201.

自由得以存在的必要条件（法制下的自由）——竞争（自由进出意义上的）是有助益的自发秩序之进化的必要条件；它也依赖于一般性规则而存在”①。这种自发社会秩序也是默顿所认为的经济人行动的“隐性功能”。作为经济学家和伦理学家的斯密，就是要扮演未预期结果的“诠释者”或者隐性功能的“挖掘者”的角色，这是斯密的使命。

（二）合情利己主义：自由资本主义社会秩序的价值基础

亚当·斯密的伦理思想直接继承了哈奇森（Francis Hutcheson）和休谟的道德情感论传统，但哈奇森的情感论以至于他的功利主义和自由主义思想及主张，并没有对当时已经暴露出来的社会矛盾和阶级冲突做出解释，也“没有用自由主义把伦理学和经济学贯穿起来，并从经济关系中找到道德感和伦理原则的根据，这个任务是由斯密来完成的”②。而斯密与休谟的情感理论，总会达成共识性的理解，休谟“继哈奇森和巴特勒之后，强调了同情和仁爱的作用，试图用合情的利己主义来补充合理的利己主义”③，同时又吸纳了洛克和曼德维尔的利己主义和功利主义，基于此把斯密的道德情感论称为“合情利己主义”比较合适。斯密的合情利己主义不仅把政治经济学和伦理学贯穿了起来，而且也为自由资本主义经济社会秩序的建构奠定了价值基础。

首先，人类本性是利己与同情的统一。在《道德情操论》一开篇，斯密就写道：“无论人们会认为某人怎样自私，这个人的天赋中总是明显地存在着这样一些本性，这些本性使他关心别人的命运，把别人的幸福看成是自己的事情……这种本性就是怜悯或同情。”④ 同情是与利己并存的本性。同情的本义是对他人的痛苦抱有同感，说明同情是一种情感，是对他人的怜悯。同情也是评价他人感情或行为的基础，对他人的感情或行为表示同情，往往表示赞同他人的感情或行为，人们情感的一致与否就成为判断行为合宜与否的标准。同情的发生源于人同此心、心同此理这种感同身受的想象力，或者源于人们切实的生活经验，或者源于对具体情境的观察。但是并不能因此就把同

① 哈耶克．自由秩序原理［M］．邓正来，译．北京：三联书店，1997：27.
② 罗国杰，宋希仁．西方伦理思想史：下卷［M］．北京：中国人民大学出版社，1988：233.
③ 同②215.
④ 斯密．道德情操论［M］．蒋自强，等译．北京：商务印书馆，1997：5.

情视为与行为者本人的情感完全一致，斯密认为必须站在公正旁观者的角度进行分析，秉持旁观者的客观性与公正性。在旁观者和当事人之间，同情既能增加快乐，同时也能减轻痛苦。

其次，基于同情确立的美德。在现实生活中，旁观者和当事人若都做出努力，“即旁观者努力体谅当事人的情感和当事人努力把自己的情绪降低到旁观者所能赞同的程度”①，那么就会确立两种美德：一种美德是温柔有礼、和蔼可亲、公正谦让和宽厚仁慈；另一种美德是崇高庄重、自我克制，使得出于本性的行为服从于自己的尊严荣誉和社会规范。以此为基础，斯密又进一步分析了情感与美德的内在关系，认为应该从两个不同的角度考虑个人的品质，“第一，它对那个人自己的幸福所能产生的影响；第二，它对其他人的幸福所能产生的影响”②。与此相对应，就会形成三种美德，“对自己幸福的关心，要求我们具有谨慎的美德；对别人幸福的关心，要求我们具有正义和仁慈的美德”③。谨慎的美德最初源于人们的利己心，约束自己以免受到伤害，谋求健康、财产、地位等方面的安全。而“自我控制”在大多数场合又几乎是由“合宜感”也就是对想象中的那个公正旁观者的情感的尊重提出来的要求，它使人们的行为举止适度，以得到他人的尊重。可见，谨慎的美德源于人的自私情感，以增进个人幸福；同时也源于对利己情感的合理控制，以达到与公正旁观者的情感共鸣，进而获得尊重。仁慈的美德是同情感的外化，是由内心生出的一种自然力量，它不受道德和法律的约束，也不能以暴力相逼。如果缺乏仁慈，只会引来反感与不快。在所有仁慈的责任中，只有友谊、慷慨或慈善是最接近所谓完全纯粹的义务的。第三种美德正义是一种不可抗拒的巨大力量，对它的遵守并不取决于个人的意愿，它甚至可以用压力强迫人们遵守。只要违背正义，就会招致愤恨并受到惩罚。“在大多数情况下，正义只是一种消极的美德，它仅仅阻止我们去伤害周围的邻人。”④ 可见，同情——同情心、同情感是人所共有的本性，以此为基础并对之进行合理的调节和控制，就可以生发出谨慎、仁慈以及正义的美德。而“按照完美的谨慎、

① 斯密．道德情操论［M］．蒋自强，等译．北京：商务印书馆，1997：24.

② 同①271.

③ 同①342.

④ 同①100.

严格的正义和合宜的仁慈这些准则去行事的人，可以说是具有完善的美德的人”①。正是这些具有完善美德的人，不仅会关心自己的幸福，也会关心他人的幸福。“在出于热爱、感激、友谊和尊敬而相互提供了这种必要帮助的地方，社会兴旺发达并令人愉快。所有不同的社会成员都通过爱和感情这种令人愉快的纽带联结在一起，好像被带到一个互相行善的公共中心。”②

再次，利己是人们行动的动机，也是社会经济发展的原动力。斯密对人性利己的认识是一贯的，《国富论》是从分工谈起的，分工“仿佛成了一面历史棱镜，斯密通过这面镜子来观察各种经济过程”③。分工同经济人和经营活动的动机紧密联系，回溯分工最直接的动因，是人类几乎随时随地都需要他人的协助，这种相互帮忙往往是通过契约、交换和买卖取得的，而要获得他人协助最有效的办法，就是刺激他们的利己心。“他如果能够刺激他们的利己心，使有利于他，并告诉他们，给他做事，是对他们自己有利的，他要达到目的就容易得多了。”④ 经济人行动的动机就是个人私利，追求的目标就是个人利益的最大化。经济活动按等价交换原则进行，但是商业交易的通义是“请给我以我所需要的东西吧，同时，你也可以获得你所要的东西”⑤。

最后，合情的利己，而不是纯粹、极端的利己主义，才能为经济秩序奠基。在斯密看来，利己和同情是人性的两个方面，利己是人性中的主要倾向，基于同情对他人的情感产生共鸣，而生发出的各种美德恰是对自私本性的合理控制，因此是合情的利己，而不是纯粹、极端的利己主义。这样，学界长期以来存在的所谓“斯密问题”，即“经济人”与“道德人”之间的辩难，其实是一个虚假命题，经济人与道德人本就是内在统一的，统一的根基便是人所具有的利己与同情的二重本性。也是基于此，斯密所建立的经济学体系与其道德哲学体系成为不可分割的两部分，其中体现的是人本精神与人文关怀。如阿马蒂亚·森所言：“实际上，道德哲学家和先驱经济学家们并没有提倡一种精神分裂症式的生活，是现代经济学把斯密关于人类选择的看法狭隘

---

① 斯密．道德情操论［M］．蒋自强，等译．北京：商务印书馆，1997：308.

② 同①105.

③ 阿尼金．科学的青春［M］．沈越，马文奇，译．哈尔滨：黑龙江人民出版社，1983：218.

④ 斯密．国民财富的性质和原因的研究：上卷［M］．郭大力，王亚南，译．北京：商务印书馆，1972：14.

⑤ 同③13.

化了，从而铸就了当代经济理论上的一个主要缺陷，经济学的贫困化主要是由于经济学与伦理学的分离而造成的。”① 利己与同情相统一的合情利己主义，给予资产阶级、新兴的资本主义制度以很大的鼓励，亚当·斯密以合情的利己主义为经济人的求利行为正名，由此才能够为资本主义经济秩序奠定价值基础。

（三）富国裕民：自由资本主义经济秩序的价值目标

首先，寻求富国裕民是政治经济学的价值旨趣。在《道德情操论》的创作过程中，斯密的研究兴趣已经发生了转变，而且越来越深地沉湎于政治经济学的研究，这不仅是他内在的学术志趣，更是他所处的社会和时代发展的需要。当时英国正处于资本主义的成长时期，手工制造业正在向大工业过渡，然而工商业的迅猛发展在很大程度上还受制于英国残余的封建制度和流行一时的重商主义政策的限制，经济问题日益涌现。“处在青年时期的英国资产阶级，为了清除它前进道路上的障碍，正迫切要求一个自由的经济学说体系。”② 斯密的《国民财富的性质和原因的研究》（即《国富论》）就是在这样一个特殊的历史时期、负载着这样的社会与时代的历史使命问世的。《国富论》就是斯密的政治经济学，斯密对政治经济学的旨趣有深刻的洞见，主要体现在两个方面：“第一，给人民提供充足的收入或生计，或者更确切地说，使人民能给自己提供这样的收入或生计；第二，给国家或社会提供充分的收入，公务得以进行。总之，其目的在于富国裕民。”③ 斯密努力建构的自由资本主义经济秩序必然以其政治经济学理论体系为核心，该经济秩序必然要努力去实现“富国裕民”的价值目标，其实就是个人利益和国家社会利益共赢的经济秩序。

其次，以“看不见的手”调适个人利益和社会利益，实现双赢的价值目标。从利己本性出发的经济人的逐利行为，何以同时创造出国家与社会的繁

---

① 森．伦理学与经济学［M］．王宇，等译．北京：商务印书馆，2000：32.

② 斯密．国民财富的性质和原因的研究：上卷［M］．郭大力，王亚南，译．北京：商务印书馆，1972：1.

③ 斯密．国民财富的性质和原因的研究：下卷［M］．郭大力，王亚南，译．北京：商务印书馆，1974：1.

荣？在这两种利益实现过程中依托的便是那只“看不见的手”自然发挥的调适功能。无疑，“看不见的手”是一个隐喻，该语汇在《道德情操论》和《国富论》中各出现过一次，斯密也不曾为其下过严肃确切的定义，以至于英国学者艾玛·乔治娜·罗斯柴尔德（Emma Georgina Rothschild）认为该语汇不是斯密经济学的重要概念，而是在开一个“反讽的玩笑”。但是更多的人还是认同“看不见的手”是对市场经济规律尤其是价值规律的概括，这种理解当然有其合理性。如果从资本主义经济秩序建构与维护的角度分析，“看不见的手”就是基于合情利己主义的价值基础的潜在的社会经济秩序调适机制，既对市场竞争中的供求关系做出调适，也对个人与他人、利己与利他的关系做出调适，尤其是对个人利益与国家社会利益做出调适，以维系该秩序的有序和协调运作。

《道德情操论》和《国富论》在协调个人利益和社会利益的问题上，都是通过“看不见的手的原理或自然和谐，以及个人天生自由的原理或公正权利”[①] 进行分析论证的。在《道德情操论》中，经济人受利己本性的驱动，不断追求个人利益的实现与满足，但与此同时，却不自觉地促进了社会利益的实现。比如，一个骄傲而冷酷的地主，面对自己的大片土地，只想独自消费从土地上获得的一切产品，但是受制于他有限的胃容量，他就不得不把自己消费不了的东西分配给其他人。同样的道理，富有的人雇用千百人来为自己劳动，不断地追求财富和满足自己贪婪奢侈的欲望，但是在物品的消费方面，他们还是同穷人一起分享他们所作一切改良的成果。“一只看不见的手引导他们对生活必需品做出几乎同土地在平均分配给全体居民的情况下所能做出的一样的分配，从而不知不觉地增进了社会利益，并为不断增多的人口提供生活资料。”[②] 可见，地主也罢、富人也罢，当他们出于利己的动机，并切实满足了奢侈欲望的同时，却无意中促进了社会的利益，为其他人的生存和发展提供了生活资料。

《国富论》做出了一个经济体通过经济要素间的协调运作以实现国民财富增加的分析模型，强调要增加社会财富，就必须加强分工、增加资本数量、

---

① 布鲁，格兰特．经济思想史［M］．邸晓燕，等译．北京：北京大学出版社，2014：59.

② 斯密．道德情操论［M］．蒋自强，等译．北京：商务印书馆，1997：230.

改善资本用途，斯密认为依托自由竞争的市场经济本身的自然力量的自发作用，就能够获得最大的成功，这一自然力量就是那只“看不见的手”。经济人要想获取更多的利益，创造更多的财富，就必须投资、生产、经营那些市场最需要的社会产品，“各个人都不断地努力为他自己所能支配的资本找到最有利的用途。固然，他所考虑的不是社会的利益而是他自身的利益，但他对自身利益的研究自然会或者毋宁说必然会引导他选定最有利于社会的用途”[①]。在投资方向上，人们更愿意把资本投在尽可能接近他家乡的地方，投在用来维持国内产业上等，虽然他没有打算促进公共利益，也不清楚会在什么程度上增进那种利益，他所追求的只是自己的利益，但是当他这样做的时候，就会有一只“看不见的手”引导他去达到另一个目标，“他受着一只看不见的手的指导，去尽力达到一个并非他本意想要达到的目的。也并不因为事非出于本意，就对社会有害。他追求自己的利益，往往使他能比在真正出于本意的情况下更有效地促进社会的利益”[②]。这一观点与 18 世纪早期伯纳德·曼德维尔在《蜜蜂的寓言》中所提出的“私恶即公利”——私人行为能够产生未预期的有益的公共影响——的观点相仿，但是斯密对人性利己的理解与曼德维尔视人性为自私、贪婪之私恶的理解是有明显出入的。

在市场分配过程中，也正是那只“看不见的手”的引导调适着资本自然而最有利的分配：“个人的利害关系与情欲自然会使他们把资本投在通常最有利于社会的用途。但若由于这种自然的倾向，他们把过多资本投在此等用途，那么这些用途利润的降落和其他各用途利润的提高，立即使他们改变这错误的分配，用不着法律干涉，个人的利害关系与情欲自然会引导人们把社会的资本尽可能按照最适合于全社会利害关系的比例，分配到国内一切不同用途。”[③] 可见，从利己出发，奉“自由竞争”为上策，看不见的手就会指导经济人把资本投向最有利可图的地方，当投入过多时，其行业利润就会降低，于是经济人会适时做出调整。即便没有任何法律政令的干涉，“看不见的手”也在发挥内在的平衡作用，而且越是向社会所需要的地方进行投资生产，所

---

① 斯密．国民财富的性质和原因的研究：下卷［M］．郭大力，王亚南，译．北京：商务印书馆，1974：25.

② 同①27.

③ 同①199.

得到的利润就越大，同时又满足了社会的需要，增进了社会的繁荣。因此，“看不见的手”调适的结果就是实现了利己、个人利益与社会利益的吻合。这样看来，“看不见的手”在一定程度上类似于牛顿的“万有引力”，随时调适着自由资本主义经济秩序的运行，并促使个人利益的实现和社会利益的增加，进而实现着富国裕民的目标。

（四）常规性规则限制：自由资本主义社会秩序的价值规约

斯密无疑是自由放任的拥护者，在自发的经济秩序中，每个经济人的资本应该投入哪一种劳动，哪种劳动产品具有最大的价值，经济人根据自己的当地情况，可以比任何政治家或立法家做出更好的判断，因此不需要国家和政府对其判断和选择妄加干涉。但是，斯密绝不是反国家的或无政府主义者，他的经济自由主义也不是绝对的、无限制的自由。“实际上，苏格兰自由主义者早已经知道，协调利益间的冲突需要依靠各种制度和传统的人为设置。”① 传统是经过长时期的历史积淀约定俗成而又因循传承下来的风俗、习惯等，对人们的行为发挥着无形的、潜移默化的影响或制约。“文明社会中的成员都遵循一些并非有意构建的行为模式，从而在他们的行动中表现出了某种常规性。这种行动的常规性并不是命令或强制的结果，甚至也不是有意识地遵循众所周知的规则的结果，而是牢固确立的习惯和传统所导致的结果。”② 可见，已然形成的习惯和传统无论行为人是否明确地意识到，都无时无刻不在发挥着作用，对这类习惯和传统的普遍遵守是社会秩序、经济秩序得以维持和存续的必要条件。关于制度，尽管不同学者有不尽相同的理解，如凡勃伦（Thorstein Veblen）将其定义为思想的习惯，康芒斯（John Commons）将其定义为组织对个体行动的制约等，但是一般来说，制度相对于传统则是有形的或者说硬性的控制，作为规定社会关系、制约社会行动的普遍性和稳定性的规则，其目的在于维系和护持社会秩序。

前述经济人在追求个人利益的同时促进了公共利益的实现，达到富国裕民的双重目标，除了那只“看不见的手”的自发调节作用之外，还依托“经

---

① 哈耶克．自由秩序原理［M］．邓正来，译．北京：三联书店，1997：69.

② 同①25.

过进化发展得以形成的种种确保生命、自由和财产的制度”[①]。作为英国古典经济学家的斯密“要比其后的批评者更为确当地知道，绝不是某种魔术，而是建构良好的制度的进化，才成功地将个人的努力引导到了有益于社会目标的实现方面，因为在这些制度的进化过程中，‘主张利益和分享利益的规则和原则’得到了彼此协调”[②]。也就是说斯密所主张的自由放任的前提是经济人对自由竞争中常规性规则的认同和遵守，比如尊重他人的权利、不能损害他人的利益、不能侵犯正义的法律和原则等，是不需要国家和政府干预的。斯密认为国家和政府要承担的恰当的职能与义务主要有三个方面：一是“保护本国社会的安全，使之不受其他独立社会的暴行与侵略”[③]；二是“为保护人民不使社会中任何人受其他人的欺侮或压迫，换言之就是设立一个严正的司法行政机构”[④]；三是“建立并维持某些公共机关和公共工程”[⑤]，这同时也是限定了国家和政府职能的边界。对于市场竞争、经济运行来说，“要使竞争发挥作用……尤其有赖于一种适合的法律制度的存在，这种法律制度的目的在于既要保存竞争，又要使竞争尽可能有利地发挥作用”[⑥]。这是国家和政府为保证自由资本主义社会经济秩序的存续必须要做的。可见，自由竞争是自发经济秩序建构的前提，传统与制度等一般性规则又是确保自由竞争正常进行的必要条件。这样自由竞争、自发经济秩序以及习俗、传统和各种规则、制度彼此间的关系就是辩证统一的。基于上述分析我们尝试着建构了斯密的自由资本主义社会秩序及其价值基础的分析范式（见图 3－1）。

图 3－1 是结合斯坦利·L. 布鲁（Stanley Brue）的“斯密的经济发展理论”图式做出来的。图中实线部分是布鲁的原图，按照布鲁的图式进行解析，斯密认为劳动分工刺激资本积累（箭头 a），并且通过共同作用提高劳动生产率（箭头 b 和 c）。劳动生产率的提高会增加国民产出（箭头 d），这会拓展市场，并进一步推动劳动分工和资本积累（箭头 f）。作为资本积累的一个结果，

---

① 哈耶克．自由秩序原理［M］．邓正来，译．北京：三联书店，1997：69.

② 同①69.

③ 斯密．国民财富的性质和原因的研究：下卷［M］．郭大力，王亚南，译．北京：商务印书馆，1974：244.

④ 同③272.

⑤ 同③284.

⑥ 同①27.

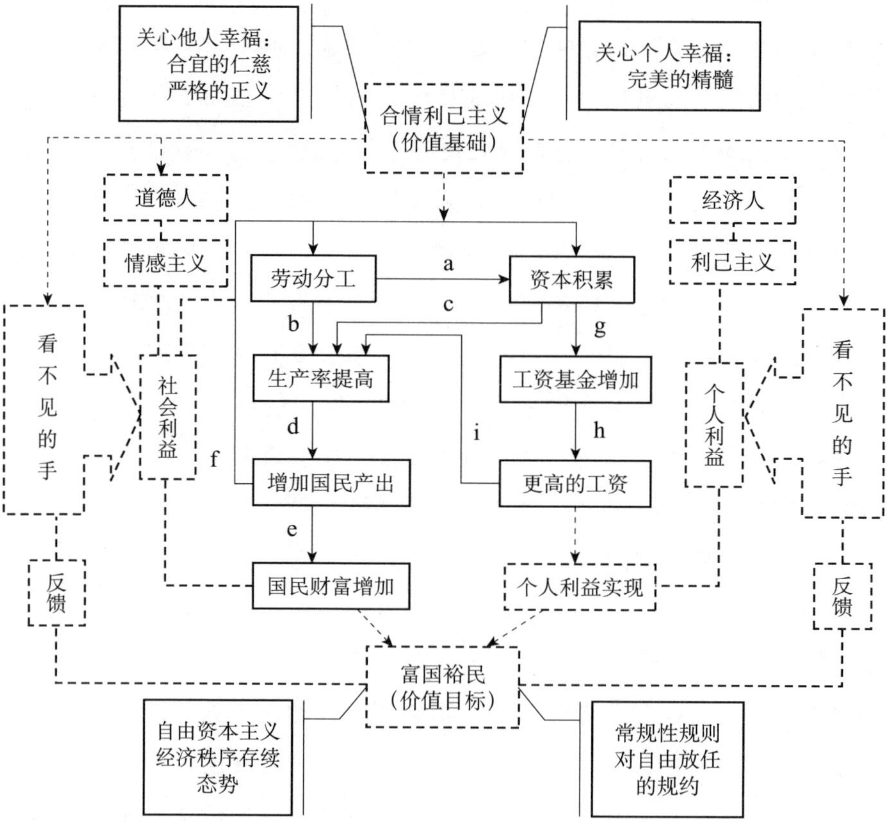

图 3－1　斯密的自由资本主义社会秩序及其价值基础的分析范式

工资基金会增加（箭头 g），工资会上升（箭头 h），更高的工资会激发更高的劳动生产率（箭头 i）。国民产出的提高会增加消费品，这些消费品构成了国民财富（箭头 e）。[①] 这无疑是对斯密政治经济学体系之精要的合理概括。以此为基础作进一步的完善，笔者增补了图中的虚线部分。合情利己主义是资本主义社会秩序建构的价值基础，根源于利己与同情的人性本质，自然引出经济人与道德人的类分，经济人以利己主义为价值原则，最大化地追求个人利益的实现与满足，道德人则遵循情感主义的道德原则，促进了社会的公共利益和公共善的实现，因对他人的情感能够产生同理心的体验而生发出对利己本性进行合理控制的美德，对己则是谨慎，对他人则是仁慈，对社会则是正义。社会以此为价值基础通过“看不见的手”对个人利益和社会利益进行

① 布鲁，格兰特．经济思想史［M］．邸晓燕，等译．北京：北京大学出版社，2014：72.

调节，利己、自由、竞争、调适等所催生的自发秩序，还需要有风俗、习惯等常规性、助益性的规则嵌入以及作为“守夜人”的国家、政府的制度保障，最终实现个人利益的满足和国民财富的增加，即富国裕民的价值目标。国民财富增加的状况和个人利益实现与满足的状况直接体现为经济与社会秩序存续的态势，该存续态势也是反馈整体经济与社会秩序运行状态的最终衡量标准。

斯密所建构的“合情利己主义—分工合作—自由放任、竞争—‘看不见的手’调适—富国裕民”这一秩序体系之所以成立并能引导英国乃至当时的世界资本主义社会经济秩序，一方面确实理论自成一体，逻辑也相对严密，另一方面也必须看到斯密理论建构的社会场景的特殊性。伴随着英国工业化进程的世界秩序是以殖民化为主要形式展开的，在这一进程中世界市场的无序为英国的自由贸易和竞争提供了广阔的舞台，他们在殖民地商业竞争中不仅巧取豪夺，而且肆无忌惮，这种状态对于缓解英国国内各阶层的矛盾、协调各阶层的利益起到了重要作用，斯密的理论无疑为这种开放的经济秩序及经济人的逐利行为进行了合理性正名，同时这样的社会背景也使得斯密的理论得以在相对充分的条件下展开并得到较充分有效的验证。20 世纪以来，随着殖民地国家纷纷走向独立，各民族国家的经济主权逐步确立，新的全球秩序日益形成，斯密的理论也自然被解构了。

三、马克思主义社会学的价值基础解释范式

（一）马克思主义社会学是与西方社会学传统相对立的理论体系

19 世纪上半叶欧洲资本主义的社会现实不仅催生了社会学学科的建立，同时也孕育了马克思主义社会学，马克思主义社会学是马克思和恩格斯共同创立的。马克思主义是集哲学、政治经济学、科学社会主义等哲学社会科学思想于一体的思想体系，这三个主要组成部分都包含了对人类社会及其发展规律的全面分析，马克思和恩格斯虽然不曾使用过社会学的概念，但是马克思主义对自然历史过程中的社会形态，对资本主义社会矛盾，对各种社会现象、社会问题及社会发展规律的揭示，都可以看出其理论与方法上的社会学

特质。尤其是在 19 世纪中叶，马克思、恩格斯创立了辩证唯物主义和历史唯物主义思想，这是社会历史观上的伟大变革。此后唯物辩证的社会历史观代替了此前占统治地位的唯心主义和形而上学的社会历史观，为科学社会学的产生提供了理论基础和方法论的指导。马克思、恩格斯所创立的马克思主义社会学是代表无产阶级利益、向资本主义社会挑战，并与西方社会学传统明显对立的。

在孔德写作《实证哲学教程》的几乎同样的时间段，马克思和恩格斯针对德国、英国等社会、政治、经济问题撰写并发表了大量的文章。马克思 1842 年发表的《评普鲁士最近的书报检查令》是开启反对君主专制制度的标志，早期的《黑格尔法哲学批判》《摘自〈德法年鉴〉的书信》《论犹太人问题》等说明他已经在用辩证唯物主义的方法解析资本主义社会现实了。恩格斯的《乌培河谷来信》直击德国资产阶级和僧侣的蒙昧和伪善，揭示了工人、手工业者贫困的根源。他的《英国对国内危机的看法》《英国工人阶级状况》《伦敦来信》等对英国社会结构、经济状况、工人状况等都做了深刻揭示。尤其是在《英国工人阶级状况》一书中，恩格斯用在伦敦和曼彻斯特等大城市做的大量工人状况调查的翔实的事实材料分析了产业革命在资本主义社会引起的阶级变化和全面分化，研究了英国的经济制度和政治制度，并以此为例揭示了资本主义制度内在的深刻矛盾，揭露了资产阶级对无产阶级的残酷剥削，指明了无产阶级和资产阶级之间矛盾的不可调和性，全书是对资本主义与资产阶级义正词严的控诉。恩格斯还强调指出社会主义必须同工人运动结合起来，认为即将到来的社会革命一定会实现真正的社会变革，而这种变革只有靠坚持共产主义原则才能实现。稍后，马克思和恩格斯合著了《德意志意识形态》，这部著作标志着唯物史观的创立。在这部著作中，马克思、恩格斯对以费尔巴哈、鲍威尔和施蒂纳为代表的各种唯心史观进行了深刻的分析和批判，对唯物史观做了第一次经典表述。其主要观点为：人类的物质生产是整个历史发展的出发点；人们在生产中结成的物质关系是整个社会历史的基础，它决定了整个社会的基本结构和基本矛盾的形成；社会存在决定社会意识，物质实践是社会历史发展及社会意识诸形式产生、发展的动力；物质资料的生产方式决定历史的每一阶段发展和特殊的性质；一定的生产力和积极参与反抗旧社会活动的革命群众是社会革命的物质因素。列宁曾指出："发现唯物主义历史观，或者更确切地说，把唯物主义贯彻和推广运用于社会现象领域，消除了以往的历史理论的两个主要缺点。第一，以往的历史理论至多只是考察了人们历史活动的思想动机，而没有研究产生这些动机的原因，没有探索社会关系体系发展的客观规律性，没有把物质生产的发展程度看作这些关系的根源；第二，以往的理论从来忽视居民**群众**的活动，只有历史唯物主义才第一次使我们能以自然科学的精确性去研究群众生活的社会条件以及这些条件的变更。”① 1848 年马克思和恩格斯又合作了《共产党宣言》，《共产党宣言》运用辩证唯物主义和历史唯物主义分析了生产力与生产关系、经济基础与上层建筑的矛盾，分析了阶级和阶级斗争，特别是资本主义社会阶级斗争的产生、发展过程，论证了资本主义必然灭亡和社会主义必然胜利的客观规律，以及无产阶级肩负的世界历史使命。每一历史时代主要的生产方式与交换方式以及必然由此产生的社会结构，是该时代政治的和精神的历史所赖以确立的基础，只有从这一基础出发，历史才能得到说明。马克思和恩格斯也受到空想社会主义者圣西门的影响，但是与孔德对待圣西门思想的态度相反，马克思主义对圣西门思想中有价值的内容做了继承，抛弃了其思想中唯心主义和空想的成分，进而使社会主义由空想变成了科学。尽管马克思、恩格斯没有运用社会学的概念，更没有一部完整的社会学著作，但是马克思主义社会学理论却是如此深邃丰富。

（二）马克思主义社会学的两种社会秩序论

马克思主义社会学对社会秩序问题的研究可以区分为两部分，一部分是“革命的批判性形态”的社会秩序论；另一部分是“维护的建设性形态”② 的社会秩序论。革命的批判性形态的社会秩序论是以揭露和批判资本主义社会秩序的弊病为主要任务、以推翻资本主义社会为目的的社会秩序论。马克思认为，资本主义社会是一个充满矛盾和对立的社会，一方面是资产阶级工业革命、现代的机器生产、社会化的生产方式创造了更多的社会财富，但是社

---

① 列宁．列宁选集：第二卷［M］．3 版．北京：人民出版社，1995：425.

② 革命的批判性形态和维护的建设性形态源于郑杭生《论马克思主义社会学的两种形态》（载《光明日报》，1985－01－29），后来这种观点被纳入《社会学概论新修》（中国人民大学出版社，1994 年版）。笔者援引这两个概念区分两种社会秩序。

会上的贫困依然大量存在，生产力的发展没有引起生产关系同样速度的变革，财富增长与大部分人的贫困终究会导致革命。占人口大多数的无产者就会形成一个强大的阶级，组织起来，登上历史舞台，改变生产资料的占有方式，建立新型社会秩序与社会关系。因此，资本主义的对抗性必然会导致资本主义制度自身的灭亡，取而代之的则是科学社会主义的胜利，进而建构起共产主义社会秩序。

维护的建设性形态的社会秩序论是以维护改善社会主义为目标，以社会主义和共产主义社会的有序运行和发展为目的的社会秩序论。马克思、恩格斯根据对生产资料私有制所带来的生产无政府状态、阶级矛盾与冲突的分析对未来新的社会秩序做了预测和阐释。理论上，共产主义社会秩序是一个以生产资料公有制为基础合理组织起来的社会，它消除了阶级，生产力极大发展，物质财富和精神财富极大丰富，社会成员具有高度的文明和自我约束力，平等地享受社会经济权利，人们不再将劳动作为谋生的手段，而劳动将成为人们的第一需要，人与人之间的关系与利益是协调一致的，维护好社会的公共管理就可以给人们带来最大的利益。相比较而言，资本主义社会是受异己的盲目性支配的必然王国，共产主义社会则实现了人类从必然王国进入自由王国的飞跃。共产主义社会秩序才是良性运行与协调发展的社会秩序。马克思主义社会学的两种社会秩序论是破与立的统一，革命的批判性形态的秩序论是以破为主的，而维护的建设性形态的社会秩序论是以立为主的，破是为了立，二者最终目标是一致的，都是为最终建立和维系科学的社会主义社会秩序服务的。

（三）马克思主义社会学对资本主义社会秩序价值基础的批判与探寻

1. 自由、平等、人权：自由资本主义社会秩序的价值基础

从 14 世纪到 18 世纪，文艺复兴运动、宗教改革运动和启蒙运动，尤其以《人权宣言》为核心所倡导的“人权”“自由”“平等”理念从理论上构筑了资本主义社会秩序的价值基础。马克思曾称誉美国《独立宣言》为世界上“第一个人权宣言”，但它仅确认了基本人权和人民主权两项宪法原则，主张的基本人权远不如 1789 年《人权宣言》那样广泛和系统。《人权宣言》不仅是法国历史上的第一部人权宣言，也是人类历史上第一部正式的人权宣言。

《人权宣言》第一条宣称："人生来就是而且始终是自由的，在权利方面一律平等。社会差别只能建立在公益基础之上。"第二条宣称："一切政治结合均旨在维护人类自然的和不受时效约束的权利。这些权利是自由、财产、安全与反抗压迫。"这些宣称表明，自由、财产、安全和反抗压迫是"人的自然的和不可动摇的权利"，任何政治结合的目的都在于保存这些权利，这就使基本人权原则成为《人权宣言》的核心内容。在此基础上，《人权宣言》宣告了人民主权原则，指出："整个主权的本原主要是寄托于国民。任何团体、任何个人都不得行使主权所未明白授予的权力"；还宣告了立法权属于人民，法律面前人人平等，为法治原则的确立做出了独特贡献。可以说，1789 年法国《人权宣言》郑重宣告的基本人权、人民主权和法治原则具有重要的历史意义。《人权宣言》揭示了天赋人权、自由平等的原则，否定了封建等级制度，成为资产阶级夺取和巩固政权的思想武器，它实际上宣告了封建王权的灭亡和资产阶级政治制度的诞生。同时《人权宣言》真正建构起来的是一套资本主义社会秩序的价值基础，它使得自由、平等、人权、民主的观念深入人心，这种价值理念所构成的价值基础不仅为欧美的资产阶级革命或改革所践行，也成为其他很多国家不懈追求的价值理想。然而，即便工业革命如火如荼地发展，在纺织机械、炼铁焦炉和蒸汽机的严明纪律下，人类劳动为资本家创造了比金矿发现和美洲大陆新世界的发现更大的财富，诚如马克思所指出的"资产阶级在它的不到一百年的阶级统治中所创造的生产力，比过去一切世代创造的全部生产力还要多，还要大"①，但是，以自由、平等、人权、民主为基础的社会秩序并没有随之变成现实，却更多地体现了自己的反面，因此马克思分析了资本主义社会中存在的诸多两重性："在我们这个时代，每一种事物好像都包含有自己的反面。我们看到，机器具有减少人类劳动和使劳动更有成效的神奇力量，然而却引起了饥饿和过度的疲劳。财富的新源泉，由于某种奇怪的、不可思议的魔力而变成贫困的源泉。技术的胜利，似乎是以道德的败坏为代价换来的。随着人类愈益控制自然，个人却似乎愈益成为别人的奴隶或自身的卑劣行为的奴隶。甚至科学的纯洁光辉仿佛也只能在愚昧无知的黑暗背景上闪耀。我们的一切发明和进步，似乎结果是使物质力量成为

① 马克思，恩格斯．马克思恩格斯选集：第一卷［M］．3 版．北京：人民出版社，2012：405.

有智慧的生命，而人的生命则化为愚钝的物质力量。现代工业和科学为一方与现代贫困和衰颓为另一方的这种对抗，我们时代的生产力与社会关系之间的这种对抗，是显而易见的、不可避免的和毋庸争辩的事实。"[①] 为什么会有这诸多的非对称性的发展？资本主义社会何以不自由、不平等？能实现自由和平等吗？可以说这是19世纪以来社会思想家们面对的一个共同的主题，对此许多学者从不同角度做出阐释，圣西门置身其中并深刻地感受到"一方面，政治革命带来的混乱，使现代社会出现了道德真空，需要一个强有力的道德中心；另一方面，在他看来，这种道德危机，只能依靠应用从对社会发展作经验研究所产生的实证科学的工业组织原理来解决"[②]。实证哲学家孔德希望运用"理性"和"实证精神"来确立"理性秩序，"并认为"这是其他一切秩序的基础"[③]。在寻求秩序问题上，孔德更加看重社会的连续性，特别是重视道德的作用。马克思是通过对资本主义政治经济的内在本质进行研究而揭秘其问题与冲突的，而且马克思无疑是现代社会中对于理论和现实影响最大的学者。

2. 马克思以批判诠释公平

马克思的公平观是通过对形形色色资产阶级、小资产阶级思想家的公平观的批判而建立起来的。在批判蒲鲁东"永恒的公平观"、杜林"浅薄而拙劣的公平观"、拉萨尔"不折不扣的公平分配观"等的过程中，马克思提出了无产阶级的平等要求。马克思的公平观是以辩证唯物主义和历史唯物主义为基础的，其内容是具体的、历史的；而且，马克思的公平观不是仅仅属于马克思主义的某一个具体学科的，而是属于作为"一整块钢板"存在的马克思主义理论体系的。马克思的著作中并未把公平作为一个专门的课题来研究，甚至也不曾为公平范畴做出一个经典的定义，但是"马克思一生中抨击得最多的是小资产阶级民主派的幻想和资产阶级的民主制度。马克思讥笑得最厉害的是关于自由平等的空话，因为这些空话掩盖了工人饿死的自由"[④]。可见在

---

① 马克思，恩格斯．马克思恩格斯选集：第一卷［M］．3版．北京：人民出版社，2012：776.

② 斯温杰伍德．社会学思想简史［M］．陈玮，冯克利，译．北京：社会科学文献出版社，1988：36.

③ 宋林飞．西方社会学理论［M］．南京：南京大学出版社，1997：15.

④ 列宁．列宁全集：第36卷［M］．北京：人民出版社，1986：179.

马克思的生命历程中，一直都没有停止过对资产阶级理论和资本主义现实的批判，也一直没有停止过对真正社会公平的追求。

（1）批判蒲鲁东“永恒的公平观”。从19世纪40年代开始，马克思、恩格斯与蒲鲁东的理论分歧就日益显著，于是，对蒲鲁东及蒲鲁东主义者的批判一直持续了几十年。蒲鲁东的主要代表作包括《什么是财产?》《论人类秩序的建立》以及《贫困的哲学》，在这些著作中他提出了一系列“非常有名”的命题，比如“财产即盗窃”“组定律”“个人领有”等，并套用黑格尔的三段论即“肯定—否定—否定之否定”推理模式来构建他的哲学、政治经济学以及社会理论。在蒲鲁东所建构的理论框架中，“永恒公平”是一个非常重要的范畴，甚至类似于“绝对观念”在黑格尔哲学体系中的地位和意义。然而面对马克思和恩格斯的分析和批判，这种观念终究逃脱不了破产的命运。

首先，批判“平等是天命的目的”。平等是蒲鲁东的理想，“他认为，好的东西，最高的幸福，真正的实际目的就是**平等**。”现实社会中的“分工、信用、工厂，一句话，一切经济关系都仅仅是为了平等的利益才被发明的”[①]。由此可以看出被蒲鲁东视为最高理想和最高目的的“平等”早已超越了作为一种思想观念存在的意义，而成为一种对现实的物质世界、社会经济关系起支配和决定作用的力量。由于这种公平观念没有植根于现实世界的土壤中，于是便具有了一种神秘的、超验的特性，“平等是**原始的意向、神秘的趋势、天命的目的**”[②]。蒲鲁东对“天命”表现出了非常亲切的关怀，说历史的进程是“天命的目的”，说羊群赶走人是苏格兰土地私有制的“天命的目的”，说以往各世纪及其完全不同的需求、生产资料等都是为实现平等而遵照“天命”行事等，这些正暴露出蒲鲁东公平观的唯心主义的特性，他的公平观是受那种神秘的客观精神驱使的。相反，马克思的公平观是建立在唯物主义基础上的。他认为，“人们按照自己的物质生产率建立相应的社会关系，正是这些人又按照自己的社会关系创造了相应的原理、观念和范畴”[③]，也就是说作为一种观念形态或价值形态存在的公平观，必然受制于生产力的发展、经济关系的变革。马克思的公平观不仅是唯物的，也是辩证发展的，其内容总是一定

---

① 马克思，恩格斯．马克思恩格斯选集：第一卷［M］．3版．北京：人民出版社，2012：230.
② 同①230.
③ 同①222.

历史时代和一定阶级的人的观念的反映，是随着社会历史的变迁与发展而不断变换的。“希腊人和罗马人的公平认为奴隶制度是公平的；1789 年资产者的公平要求废除封建制度，因为据说它不公平。在普鲁士的容克看来，甚至可怜的专区法也是对永恒公平的破坏。”① 这就是说，不同的公平观相对于其所处的时代和社会来说，都曾具有存在的合理性，但是这种合理性不是永恒的，生产关系适合于生产力发展、上层建筑适应于经济基础的规律是在任何社会状态下都起作用的，当一定社会的生产力与经济关系、经济基础与上层建筑发生矛盾的时候，其原有的社会结构平衡被打破，但是各种社会因素和社会力量经过冲突、整合，其最终结果必然是产生新的生产关系、新的社会制度以及新的上层建筑和新的人们的思想观念，并具有新的合理性。所以关于“永恒公平”的观念总是因时、因地、因人而异的，绝不存在什么绝对的、永恒的公平观。

其次，批判“平等是唯一的准绳”。如何看待和衡量社会生活中存在的平等与不平等、公正与不公正的现象？是否有一把永恒的标尺可以判断历史的发展？对此，恩格斯指出：“蒲鲁东在其一切著作中都用‘公平’的标准来衡量一切社会的、法的、政治的、宗教的原理，他摒弃或承认这些原理是以它们是否符合他所谓的‘公平’为依据的。”② 在蒲鲁东看来，“平等是我们唯一的准绳，也是我们的理想”③。这种观点贯穿于他的整个思想体系中，在《什么是财产？》中，他就以平等、公平为根据来评价经济关系的善恶是非，他认为肯定平等的就是每个经济关系的好的方面，否定平等和肯定不平等的就是坏的方面。因此，他根据“财产即盗窃”的命题，激烈地批判了私有制。同时他又宣称，他既反对财产，也反对共产主义，因为这两者所希望的都是好的，而结果都是坏的：私有制度违反平等，共产主义违反独立。他认为人类最终应该实现的是“个人领有”、使每个人都能得到“十足的劳动所得”的社会，它既不是私有制度，又不是共产主义，私产毁灭生命，而“领有”符合法权，它既意味着平等，同时又意味着独立。在《贫困的哲学》中，蒲鲁东从经济学的角度把他的平等观与李嘉图的价值论结合起来，引申出建立以

① 马克思，恩格斯．马克思恩格斯选集：第三卷［M］．3 版．北京：人民出版社，2012：261.
② 同①257.
③ 蒲鲁东．贫困的哲学［M］余叔通，王雪华，译．北京：商务印书馆，1998：9.

平等交换为基础的新社会的结论。他反复强调“平等是我们唯一的准绳”，并把平等看成交换的平等，是价值内所蕴含的矛盾的消除。他认为只要每一个生产者都严格地按照正确的比例进行生产并进行公平交换，那么社会就能够建立在平等、公正、正义的基础上。因此他主张“社会秩序就应该建立在严正的公平上面，绝不是建立在四海一家、舍己为人、爱人如己的天国感情上面”①。另外，蒲鲁东也非常坚信，这种建基于公平、平等之上的理想社会一定会到来，历史在经历了不平等之后，正以坚定的步伐向着公平、正义的社会迈进。

实际上，蒲鲁东的这种以平等、公平作为衡量历史发展尺度的观点与以抽象的理性或以善恶观念为尺度的观点其实质是一样的，都是一种主观唯心主义的观点，也是抽象人性论的历史观。社会上的不平等、不公正总是有其深刻的根源的，绝不会因为某些人要以平等为基础去消除它就能够消除。而且蒲鲁东所推理出来的“理想世界”也早已远远落后于资本主义大工业的迅速发展的脚步，正像恩格斯所指出的：“整个蒲鲁东主义都渗透着一种反动的特性：厌恶工业革命，时而公开时而隐蔽地表示希望把全部现代工业、蒸汽机、纺纱机以及其他一切坏东西统统抛弃，而返回到旧日的规规矩矩的手工劳动。哪怕这样做我们会丧失千分之九百九十九的生产力，整个人类注定会陷入极可怕的劳动奴隶状态，饥饿将成为一种常规，那也没什么了不起，只要我们能搞好交换，使每个人都能得到‘十足的劳动所得’并且能实现‘永恒公平’就行了！”② 按照蒲鲁东的这种“以抽象的平等观念为尺度”的逻辑，必然产生这样的结局：对历史总是怀着诗情画意般的眷恋，而对未来公平社会的向往也不过是一幅以曾经有过的平等为蓝本的理想化的图画罢了。所以说，蒲鲁东的理想只能是一种小资产阶级的理想。而在马克思看来，衡量社会进步的尺度只能是一定社会的生产力的发展、经济的进步，以及与之相应的政治的、文化的、科学的等方面的发展，而绝不是抽象的永恒的平等、公平的观念。

（2）批判杜林“浅薄而拙劣的公平观”。杜林的理论出现于 19 世纪 70 年

---

① 蒲鲁东．贫困的哲学［M］．余叔通，王雪华，译．北京：商务印书馆，1998：86.

② 马克思，恩格斯．马克思恩格斯选集：第三卷［M］．3 版．北京：人民出版社，2012：200.

代的德国，其代表性的著作有《国民经济学和社会主义批判史》《国民经济学和社会经济学教程》以及《哲学教程》等。在这些著作中，他大力鼓吹唯心史观和折中调和的社会主义和改良主义思想，企图创立一门新的“包罗万象的科学”。杜林的平等观是以唯心主义先验论——某一对象的特性不是从对象本身去认识，而是从对象的概念中逻辑地推论出来——作为理论基础的。以这种理论为前提，杜林提出了“两个人的意志完全平等”“暴力是不平等和奴役的起源”等观点，对此恩格斯一一进行了批判。

第一，批判“两个人的意志完全平等”。杜林认为，“两个人”是社会最基本的组成细胞，而且“两个人的意志，就其本身而言，是彼此完全平等的，而且一方不能一开始就向另一方提出任何肯定的要求”。于是“道德上的正义的基本形式”和“法律上的正义的基本形式”就被表述出来了。[①] 对此恩格斯指出，首先，两个人的意志完全平等不仅不是公理，甚至是夸张。如果两个人是一男一女，他们组成家庭，从事生产，使社会得以延续和发展，但是不符合杜林的要求。其原因是有了男女之别，这本身就是性别上的不平等，而且若是一夫一妻制的个体家庭，那么这种家庭作为父系氏族的产物，男子往往处于主导地位，不可能构造出男女之间在道德和法律上的平等地位。如果这两个人都是男人，那么由这样的要素组成的社会是一开始就注定要灭亡的。那么只好假定这两个男人是两个家长，但是同时就意味着家长和家庭的其他成员是不平等的。所以杜林用于证明平等的基本模式本身不是证明平等，却是证明了不平等。其次，作为杜林的法宝的“两个人平等”公理，是18世纪资产阶级学者所共有的，卢梭笔下的富人和穷人、亚当·斯密和大卫·李嘉图著作中的猎人和渔夫等，但是两个人由于各自从事不同的职业，所以本身也是不平等的。最后，杜林思想中的“两个人”只能是这样：“他们摆脱了一切现实，摆脱了地球上发生的一切民族的、经济的、政治的和宗教的关系，摆脱了一切性别的和个人的特性，以致留在这两个人身上的除了人这个光秃秃的概念以外，再没有别的什么了”[②]。作为两个“人”的概念，他们当然是完全平等的，而且是杜林招来的两个完全平等的可以任由他摆布的幽灵。

---

① 马克思，恩格斯．马克思恩格斯选集：第三卷［M］．3版．北京：人民出版社，2012：474.
② 同①475.

第二，批判“不平等和奴役起源于暴力”。杜林认为，如果“两个人”中的一方向另一方提出了命令，并以暴力迫使对方服从，那么不平等就产生了，杜林就用这种模式来说明全部以往的历史。对此，恩格斯用四个例子予以批判：首先，卢梭认为由于生产的发展，人们出现了私有财产，有了富人和穷人的分化，才有了奴役和不平等；其次，由于两人自身素质的差别，素质差的一方自愿服从素质好的一方，并长此以往形成习惯，便有了奴役和不平等；再次，欧洲中世纪，由于自由农民不得不以“自愿的形式”托庇于地主，而农奴制普遍存在；最后，普鲁士被拿破仑两次打败后，改革法令，但农民请愿，希望继续处于被奴役的地位。这些例子无非说明两个人的关系即使在不使用暴力的情况下，也可以是不平等和奴役的，也可以是平等和互助的。可见，杜林把奴役和不平等的起源归结为暴力是站不住脚的。其实暴力绝不是单纯的意志的行为，它也必须具有这种意志行为得以实现的现实前提。正如恩格斯所指出的，“暴力仅仅是手段，相反，经济利益才是目的。目的比用来达到目的的手段要具有大得多的‘基础性’，同样，在历史上，关系的经济方面也比政治方面具有大得多的基础性。”① 可以说，杜林是用这种理论掩蔽了不用暴力的奴役和不平等的存在，或者可以说，这也正是杜林平等观的“浅薄”所在吧。另外，杜林的平等理论总是“拙劣的”、自相矛盾的，为了摆脱在现实社会中所遇到的困境，杜林只好步步退却，承认一个个例外：他承认了两个人“在生理上的不平等”；“在道德上的不平等”；“在精神上的不平等”。这样，他苦心经营的平等理论终于化为乌有，从而也反映出杜林平等观的实质，实际上杜林是用表面上的平等掩盖实质上的不平等，把资产阶级的平等抽象化、永恒化，为资产阶级的社会制度做辩护，可谓用心良苦。

（3）批判拉萨尔“不折不扣的公平分配观”。1848 年欧洲革命失败以后，拉萨尔开始走入政治活动并做了一些理论研究，他抛出了一套“救世方略”，认为必须依靠国家帮助来建立生产合作社，通过实现“不折不扣的劳动所得”和“公平分配”来使工人成为自己的企业主，摆脱贫困，以迎接社会主义的到来。对此，马克思写了《哥达纲领批判》（1875），对拉萨尔主义做了彻底的清算，其中尤其是对社会主义公平分配原则的阐述，成为马克思公平观的

① 马克思，恩格斯．马克思恩格斯选集：第三卷［M］．3 版．北京：人民出版社，2012：539.

重要内容。

首先，批判“不折不扣的劳动所得”。“劳动所得”是拉萨尔为了代替明确的经济概念而提出的一个模糊概念，如果把它理解为劳动的产品，那么集体的劳动所得就是社会产品，但是，社会总产品绝不是“不折不扣的”，至少它应当扣除“补偿消耗掉的生产资料的部分”“用来扩大生产的追加部分”以及“用来应付不幸事故、自然灾害等的后备基金或保险基金”[①]，剩下的另一部分才用来消费，但是即便这一部分，在进行个人分配之前，还要继续扣除**“同生产没有直接关系的一般管理费用”“用来满足共同需要的部分”**以及**“为丧失劳动能力的人**等等**设立的基金”**[②]。其实在剥削阶级统治的社会中，劳动所得根本不可能不折不扣，也不可能归属于社会一切成员，劳动者所能得到的只能是维持劳动力再生产的那一点点劳动成果，而剥削阶级依靠生产资料的所有权则占有社会劳动成果的绝大部分，而且在剥削阶级无限的贪欲面前，工人只有一个命运——“让资本家来蹂”。

其次，批判“公平的分配”。对于什么是公平的分配，马克思提出了四个质问——“难道资产者不是断言今天的分配是‘公平的’吗？难道它事实上不是在现今的生产方式基础上唯一‘公平的’分配吗？难道经济关系是由法的概念来调节，而不是相反，从经济关系中产生出法的关系吗？难道各种社会主义宗派分子关于‘公平的’分配不是也有各种极不相同的观念吗？”[③] 显然公平的分配是资产阶级非常愿意接受的观点，他们认为，工人出卖劳动得到工资，资本家提供资本并占有生产资料得到利润，这种分配当然是最公平不过了。但是实际上马克思的剩余价值理论揭开了资本主义剥削的秘密，资本家购买的是劳动力，所支付的工资只不过是工人劳动所创造的全部价值中微不足道的一部分，而工人所创造的剩余价值全部被资本家无偿占有了。可见，所谓的公平的分配不过是一剂麻醉工人的药方，广大工人阶级必须摒弃英国工联主义者们的“做一天公平的工作，得一天公平的工资”的主张，树立起“消灭雇佣劳动制度”的观念。第三个质问说明拉萨尔主义者用唯心史

---

① 马克思，恩格斯．马克思恩格斯选集：第三卷［M］．3版．北京：人民出版社，2012：361-362.

② 同①362.

③ 同①361.

观的方法，认为用法的关系调节经济关系，因此根据公平、平等这些法的观念，就可以改变经济的分配关系。其实这完全是一种主观主义的幻想。马克思认为最后一个质问是说各种社会主义宗派分子从各自的立场出发，都曾经有过关于公平分配的论述，都曾提出过各自的观念和要求。比如圣西门派的代表就曾提出“按能力计报酬，按工效定能力”的口号；傅立叶派的代表提出“将社会劳动总收入按参加者的劳动、资本和才能进行分配，其中劳动占5/12、资本占4/12、才能占3/12”，并认为这样才是公平的等。虽然他们也看到了资本主义分配制度的不合理，也同情广大工人阶级的遭遇和命运，但是他们只想通过改变具体的分配制度来改善工人阶级的处境，而不触及资本主义剥削制度，没有从资本主义制度本身寻找不公平的根源，那么即便各种分配方案是美妙的，但是其结果也只能是浪漫的空想。由此说明拉萨尔所谓的“公平分配”，其性质也不过如此。

最后，关于“按劳分配”和“按需分配”。为了更彻底地批判拉萨尔的“公平分配”和“平等权利”，马克思具体阐述了共产主义社会不同发展阶段的公平分配原则即按劳分配和按需分配思想。在《哥达纲领批判》中，马克思第一次提出了共产主义社会发展过程中两个阶段的原理，由于发展阶段不同，所以具体的分配原则也不同，共产主义的第一阶段，“是刚刚从资本主义社会中**产生出来的**，因此它在各方面，在经济、道德和精神方面都还带着它脱胎出来的那个旧社会的痕迹”①。这个阶段也就是后来列宁所概括的：“在资本主义和共产主义之间有一个过渡时期，这在理论上是毫无疑义的。这个过渡时期不能不兼有这两种社会经济结构的特点或特性。”② 经济上的“旧社会的痕迹”主要是指社会的经济制度和经济结构等，比如市场经济作为资本主义社会最发达最完善的经济形式，在社会主义社会里必然存在，而且社会产品的分配、交换也必然采取市场经济的形式，即只能是一种形式的一定量劳动同另一种形式的同量劳动相交换，这是商品等价物交换中通行的“同一原则”。所以，在这样的社会中，分配原则只能是“每一个生产者，在作了各项扣除以后，从社会领回的，正好是他给予社会的。他给予社会的，就是他

---

① 马克思，恩格斯．马克思恩格斯选集：第三卷［M］．3版．北京：人民出版社，2012：363.

② 列宁．列宁选集：第四卷［M］．3版．北京：人民出版社，1995：59.

个人的劳动量。”而且，“生产者的权利是同他们提供的劳动**成比例的**；平等就在于以**同一尺度**——劳动——来计量”①，即按劳分配原则。诚然，这种以公有制为基础的按劳分配原则相对于资本主义社会中的分配来说是一个质的飞跃，是一种巨大的历史进步，但是这种分配原则也并未实现分配的完全平等，“这种**平等的**权利，对不同等的劳动来说是不平等的权利”“它默认，劳动者的不同等的个人天赋，从而不同等的工作能力，是天然特权。**所以就它的内容来讲，它像一切权利一样是一种不平等的权利**”②。也就是说这种按劳分配是以承认劳动者的自然差别的不公平和不平等为前提的，因此是“形式上的平等，内容上的不平等”。但是“权利决不能超出社会的经济结构以及由经济结构制约的社会的文化发展”③，就是说在共产主义第一阶段，由于现实的社会条件，又只能实行按劳分配。这种分配原则的确立虽然还有一定的缺陷，但是它毕竟是人类历史上分配制度的一次深刻的革命，是对长期以来建立在生产资料私有制基础上的人剥削人的分配制度的彻底否定。

要实现更为公平的分配原则，只有到共产主义的高级阶段才可能。在马克思看来，共产主义的高级阶段具有这样的特征：“在迫使个人奴隶般地服从分工的情形已经消失，从而脑力劳动和体力劳动的对立也随之消失之后；在劳动已经不仅仅是谋生的手段，而且本身成了生活的第一需要之后；在随着个人的全面发展，他们的生产力也增长起来，而集体财富的一切源泉都充分涌流之后，——只有在那个时候，才能完全超出资产阶级权利的狭隘眼界，社会才能在自己的旗帜上写上：各尽所能，按需分配!”④ 可见，只有具备了这些条件，旧社会遗留下来的经济的、道德的和精神的痕迹才能彻底消失，真正意义上的公平、平等才可能实现。纵观上述按劳分配与按需分配两种分配原则，无疑说明了这样的一个历史唯物主义基本原理：“消费资料的任何一种分配，都不过是生产条件本身分配的结果；而生产条件的分配，则表现生产方式本身的性质。”⑤ 简单地说就是生产方式的性质是由生产资料的所有制

---

① 马克思，恩格斯．马克思恩格斯选集：第三卷［M］．3版．北京：人民出版社，2012：364.
② 同①364.
③ 同①364.
④ 同①364－365.
⑤ 同①365.

决定的，生产资料归谁所有，谁就决定消费资料的分配。所以，绝不是像拉萨尔所认为的，只要改变一下分配方式，争取到分配的所谓的“公平、平等”，就能让工人得到“不折不扣的劳动所得”，实现社会主义。其实拉萨尔的观点也是为维护资本主义制度服务的。

（4）提出无产阶级的平等要求。社会公平总是根源于一定的经济基础的，在特定的阶级社会中，社会公平必然具有阶级性，无产阶级和资产阶级的平等观是根本不同的。按照马克思、恩格斯的理解，资产阶级的平等要求可以概括为三点：第一，资本主义商品经济的发展，国际贸易的扩大，需要有自由的、在行动上不受限制的商品所有者，而这些商品所有者都有进行交换的平等权利。第二，从手工业发展到工场手工业，需要一定数量的自由工人，这些自由工人一方面有人身自由，另一方面又被剥夺了一切生产资料，除了人身自由以外一无所有，他们为了谋生只能出卖劳动力。第三，人的劳动的平等，即人的抽象劳动是平等的。因为商品交换是以价值量为基础的，而商品的价值是商品中所包含的无差别的人类劳动的凝结，只有人的劳动平等，商品才能进行等价交换。这些自由平等的要求正像马克思在《政治经济学批判》中所揭示的：“平等和自由不仅在以交换价值为基础的交换中受到尊重，而且交换价值的交换是一切**平等**和**自由**的生产的、现实的基础。作为纯粹观念，平等和自由仅仅是交换价值的交换的一种理想化的表现；作为在法律的、政治的、社会的关系上发展了的东西，平等和自由不过是另一次方上的这种基础而已。”① 虽然资产阶级的自由、平等要求是为资产阶级的利益提出来的，实质上是资产阶级的权利，但是它却以“普遍的自由、平等、人权”的面目登场。在资本家占有生产资料、货币制度起决定作用的状况下，所谓的自由、平等、人权不过是掩盖资本家对工人剥削、奴役的幌子。

无产阶级的平等要求是消灭阶级。恩格斯指出：“从资产阶级由封建时代的市民等级破茧而出的时候起，从中世纪的等级转变为现代的阶级的时候起，资产阶级就由它的影子即无产阶级不可避免地一直伴随着。同样地，资产阶级的平等要求也由无产阶级的平等要求伴随着。从消灭阶级**特权**的资产阶级

---

① 马克思，恩格斯．马克思恩格斯全集：第 30 卷［M］．中文 2 版．北京：人民出版社，1995：199．

要求提出的时候起，同时就出现了消灭**阶级本身**的无产阶级要求”[①]。可见，无产阶级的平等要求就是“消灭阶级”，这一平等要求对于无产阶级来说具有双重意义：一方面，它是对资本主义社会极端的不公平的自发反应，既是对富人与穷人、主人和奴隶、骄奢淫逸者和饥饿者之间的对立的自发反应，也是对资产阶级的残酷剥削和压迫的强烈不满的自发反应；另一方面，除了无产阶级的这种自发反应的表现外，这种要求还是从对资产阶级平等要求的反应中产生的，是无产阶级利用资产阶级提出的诸如“自由、平等、博爱、人权”等口号，并从中吸取或多或少正确的东西加以发展的结果。恩格斯指出：“无产阶级平等要求的实际内容都是**消灭阶级**的要求。任何超出这个范围的平等要求，都必然要流于荒谬。”[②] 对于恩格斯的概括，列宁也曾给予高度的赞誉：“恩格斯说得万分正确：平等的概念如果与消灭阶级**无关**，那就是一种极端愚蠢而荒谬的偏见”，“如果不把平等理解为消灭阶级，平等就是一句空话。”[③] 无产阶级的这一公平要求可以说是在揭示了人类不公正的根本原因的基础上提出来的，它实现了一次对社会公平的认识与理解上的超越。

总之，马克思的公平观是以辩证唯物主义和历史唯物主义为基础的，其内容是具体的、历史的，是人们在社会上处于平等的地位，在政治上享有相同的权利，在经济上消灭阶级。无产阶级消灭阶级的平等要求是消灭生产资料私有制，消灭剥削阶级和一切阶级差别，实现“各尽所能，按需分配”的原则，实现事实上的平等。由此可以看出，马克思的公平观不是仅仅体现于他的所有经济学著作中，不是仅仅属于马克思主义的某一个具体学科，因为作为“一整块钢板”存在的马克思主义理论体系，既是理论结构的整体也是历史结构的整体，因此，应该说，公平观只有被置于整个马克思主义理论体系中才能得到准确的规定和把握，也只有在整个马克思主义理论体系所展示出来的主导精神的统摄下，才能获得完整的意义及理解。

3.《资本论》对资本主义社会秩序价值基础的批判与探寻

《资本论》是马克思主义的“百科全书”，“这部著作把道德社会学的内容蕴含在对现实的科学的经济学分析中，把科学与价值目标、经济规律和道德

---

① 马克思，恩格斯．马克思恩格斯选集：第三卷［M］．3版．北京：人民出版社，2012：483－484.
② 同①484.
③ 列宁．列宁选集：第三卷［M］．3版．北京：人民出版社，1995：816.

规律有机地统一地揭示出来了”[①]。从道德社会学的角度看，《资本论》从劳动力、剩余价值、不变资本和可变资本几个核心范畴着手，对资本主义社会秩序的价值基础的虚伪性进行了批判，同时也对未来社会真正自由、平等、人权的实现路径进行了探寻。马克思研究政治经济学的直接动因是为了解决《莱茵报》办报期间遇到的对所谓物质利益问题发表意见的“难事”，也是为了寻求对“市民社会”的解剖，他在《〈政治经济学批判〉序言》中写道：“法的关系正像国家的形式一样，既不能从它们本身来理解，也不能从所谓人类精神的一般发展来理解，相反，它们根源于物质的生活关系，这种物质的生活关系的总和，黑格尔按照18世纪的英国人和法国人的先例，概括为‘市民社会’”[②]。所谓市民社会，就是“物质的生活关系的总和”，也就是我们所谓的“生产关系的总和”，也就是社会的经济关系、经济基础。马克思认为，“对市民社会的解剖应该到政治经济学中去寻求”[③]。如同科学是一个多层次的连续体一样，马克思的政治经济学理论也是一个多层次的连续体。从理论的多层次性来说，马克思研究资本主义生产关系，而生产关系在马克思看来同时也是“法的关系”“资本家和雇佣者与土地所有者的关系”，此外生产关系还表现为社会关系。在《资本论》中，马克思也将资本称之为“以物为媒介的人和人之间的社会关系”，“一种历史的生产关系”，是一种建立在社会未来劳动的法的名义，即“占有他人的、无偿的劳动或产品的权利”。可见，从政治经济学理论中尽可以读出马克思的哲学、政治学、法学以及伦理学等闪烁着天才火花的思想。从连续性来说，一方面包括理论内容本身的内在连续性，“从最一般的形而上预设到较具体的意识形态的假定和模型，再到更经验的假定和方法论信念，直至纯粹经验性的命题和事实都包含于其中”[④]。另一方面是理论创设前期与后期的连续性，在很大程度上，他的晚期著作不过是对其早期著作的一种精致的和更为系统的说明。《资本论》作为马克思晚期的一部鸿篇巨制，其理论实际上“绝没有背离他在那些最初的成熟著作中建立

---

① 罗国杰．中国伦理学百科全书：马克思主义伦理思想史卷［M］．长春：吉林人民出版社，1993：591．

② 马克思，恩格斯．马克思恩格斯选集：第二卷［M］．3版．北京：人民出版社，2012：2．

③ 同②2．

④ 亚历山大．社会学的理论逻辑：第二卷［M］．夏光，等译．北京：商务印书馆，2008：前言2．

的理论”[①]。《资本论》对社会秩序价值基础的系统研究和揭示无疑就体现了马克思理论的连续统一性。

（1）劳动力、剩余价值、不变资本和可变资本：对资本主义社会秩序价值基础的批判。

在《资本论》中，马克思始终使用着古典经济学建立起来的一些范畴，诸如商品、劳动、价值、剩余价值等，以此为基础，他又创造了劳动力、不变资本和可变资本三个范畴。“这三个新范畴都是从马克思对政治经济学的基本贡献中引申出来的，这些新范畴都是在把劳动范畴分割为具体劳动与抽象劳动时产生的。对这一点无论怎样强调都不过分。”[②] 这几个核心范畴也正是理解马克思对资本主义社会秩序价值基础进行分析批判的锁钥。

首先，从劳动力商品的买卖中可以看到“天赋人权的真正乐园”。“劳动力这个范畴打开了许多新的理解门径”[③]，对资本主义社会秩序价值基础的批判之门也是从这里开启的，劳动力作为商品在市场上买卖那是“天赋人权的真正乐园”，无疑是对自由、平等、人权的最大嘲讽。然而对于劳动力何以成为特殊商品，马克思的分析是从商品开始的，商品形态决定了资本家和劳动者的关系和行动模式。马克思在《资本论》开篇就说：“资本主义生产方式占统治地位的社会的财富，表现为‘庞大的商品堆积’，单个的商品表现为这种财富的元素形式。”[④] 商品是资本主义经济的细胞形态，它具有使用价值和交换价值，人们关注的重心从使用价值向交换价值的转换，其中隐含着不同历史时期人们的行动模式。前资本主义时期是比较自然的，人们关心的是对象的“使用”、对象的“质”，在劳动基础上建构的是人与人的关系。比如中世纪，我们看不到独立的人，但是可以发现农奴和领主、家臣和封建诸侯、俗人和牧师，每一个人都互相依赖，“物质生产的社会关系以及建立在这种生产的基础上的生活领域，都是以人身依附为特征的”[⑤]，正是这种依赖关系形成了这个社会的基础。人与人在劳动上缔结的社会关系总是表现为他们自己的

① 亚历山大．社会学的理论逻辑：第二卷［M］．夏光，等译．北京：商务印书馆，2008：212.

② 杜娜叶夫斯卡娅．马克思主义与自由［M］．傅小平，译．沈阳：辽宁教育出版社，1998：93.

③ 同②89.

④ 马克思．资本论：第一卷［M］．中文2版．北京：人民出版社，2004：47.

⑤ 同④95.

人的关系，而不会假装为物与物、劳动产品与劳动产品间的关系。而在资本主义条件下人们的行动模式进入一种“非自然的”或者“人为”的状态，人们只关心对象的“量”。产品交换者实际关心的问题“首先是他用自己的产品能换取多少别人的产品，就是说，产品按什么样的比例交换”①。这样，劳动只具有纯粹量的意义了。人们通过产品发生的关系，现在产品采取的是商品的形式，所以这种关系是没有感情色彩的，人们不仅把物当成商品，而且“人们之间的关系采取了物的形式”，人们彼此之间也是商品关系。劳动产品取得商品形态时谜一样的性质，就是从这种形态本身发生的。由于商品形态本身促成了使劳动产品向商品的转换，使商品变成了可以感觉而又超于感觉的东西或社会的东西，因此商品世界便具有了“拜物教”的性质。而且，只要劳动产品是作为商品来生产的，那么这种拜物教性质就必然会黏附在劳动产品上，与商品生产不可分离。《资本论》关于商品拜物教的分析可以说是政治经济学编年史上最为光辉的一页。当货币从商品世界中分离出来成为一般等价物时，货币拜物教的谜其实就是商品拜物教的谜，没有什么特别。但是货币转化为资本的过程却复杂得多，由货币到资本的转化必须在商品交换内在规律的基础上加以说明，货币所有者“变为蝴蝶，必须在流通领域中，又必须不在流通领域中”②。这个过程是通过货币所有者在市场上发现了劳动力这种特殊商品实现的。

自由劳动者与货币所有者的相遇只有在资本主义生产方式的基础上才能生发出来。他们彼此都把对方视为手段，视为交换价值的源泉。他们之间的关系正是通过劳动力这种特殊商品的买卖和交换建构起来的，而且看似自由平等的交换关系却遮蔽了非自由平等的道德秩序的秘密。劳动力或劳动能力是体力和脑力的总和，它存在于活的人体中。劳动力要能够成为商品在市场上出卖，取决于劳动力的所有者们能够独立自主地占有、支配和处置自己的劳动力，即成为他的劳动能力、他的人身自由的所有者。这是二重意义上的自由：“一方面，工人是自由人，能够把自己的劳动力当作自己的商品来支配，另一方面，他没有别的商品可以出卖，自由得一无所有，没有任何实现自己的劳动力

---

① 马克思．资本论：第一卷［M］．中文2版．北京：人民出版社，2004：92.

② 同①194.

所必需的东西。”[①] 劳动力的所有者与货币所有者相遇，彼此以平等商品所有者的资格和身份发生关系，作为买者和卖者，完全是法律上平等的人。

劳动力的买卖是在流通领域或者说商品交换领域进行的。马克思尖锐地指出：“这个领域确实是天赋人权的真正伊甸园。那里占统治地位的只是自由、平等、所有权和边沁。自由！因为商品例如劳动力的买者和卖者，只取决于自己的自由意志。他们是作为自由的、在法律上平等的人缔结契约的。契约是他们的意志借以得到共同的法律表现的最后结果。平等！因为他们彼此只是作为商品占有者发生关系，用等价物交换等价物。所有权！因为每一个人都只支配自己的东西。边沁！因为双方都只顾自己。使他们连在一起并发生关系的惟一力量，是他们的利己心，是他们的特殊利益，是他们的私人利益。正因为人人只顾自己，谁也不管别人，所以大家都是在事物的前定和谐下，或者说，在全能的神的保佑下，完成着互惠互利、共同有益、全体有利的事业。”[②] 可以说这是《资本论》中对资本主义道德秩序最精彩的揭秘。表面上看劳动力的买卖在商品流通领域确实是建立在人们缔结合同、按照交换的永恒规律操作的，劳动力所有者也“和任何别的商品的卖者一样，实现劳动力的交换价值而让渡劳动力的使用价值”[③]，即自愿支配自己的个人财产尤其是支配自己的劳动力等权利，但是实际上资本所有者的自由平等与劳动力所有者的自由平等绝不是简单同一的。对资本家以至于资产阶级来说，所谓的“自由平等”是为他们享受更多的经济利益、获得更多的自由平等做道德上的辩护的；而对劳动力所有者或者无产者来说，所谓的“自由平等”却是自由的被剥夺和权利的被占有，是自由平等的否定。虽然劳动者相对于前资本主义时期的人身依附和等级特权，个人的确自由平等了，然而“事实上，他们当然更不自由，因为他们更加屈从于物的力量”[④]。而这种物的力量就是资本主义的经济关系。因此对于劳动者来说，自由平等首先是摆脱社会经济领域内的剥削的自由平等。要获得真正的自由平等，无产阶级必须摆脱这种经济关系的束缚。

---

① 马克思．资本论：第一卷［M］．中文 2 版．北京：人民出版社，2004：197.

② 同①204－205.

③ 同①226.

④ 马克思，恩格斯．马克思恩格斯选集：第一卷［M］．3 版．北京：人民出版社，2012：200.

马克思认为“自由贸易的庸人”之所以看不到这一点，是因为他们的目光只停留在市场上，停留在流通领域，而一旦离开“自由、平等、财产和边沁”原则统治的市场，人们就会看到，“剧中人的面貌已经起了某些变化。原来的货币占有者作为资本家，昂首前行；劳动力占有者作为他的工人，尾随于后。一个笑容满面，雄心勃勃；一个战战兢兢，畏缩不前，像在市场上出卖了自己的皮一样，只有一个前途——让人家来鞣。”[①] 一旦进入商品生产过程的深处，这种表面上的自由平等就消失了。可见不平等是在市场的平等之外产生的。因为“劳动力的占有者提供他的劳动，实际上只是提供他已卖出的使用价值。从他进入资本家的工场时起，他的劳动力的使用价值，即劳动力的使用，劳动，就属于资本家了”[②]。商品形式不仅仅是资本主义社会财富生产的实质，同时商品形式决定了资本主义历史时期的行动模式，“它规定着人们与物质客体以及人们相互之间的关系。在一个由商品形式所制约的社会里，人们必然按特定的方式行动。”[③] 资本家占有并支配着他的生产资料，而且只有当交换价值成为他唯一关心的东西时，他才完全作为一个资本家存在；无产者不占有生产资料，没有其他商品可以出卖，只能出卖自己的劳动力，通过劳动换取自己所需要的生活资料。只是无产者和资本家之间为了个人利益而发生的表面上平等和自由的交换，其实却因为一种特殊商品的存在而成为虚幻的自由和平等了，这便是资本主义商品形式的后果。平等和自由不仅在交换价值为基础的交换中受到尊重，而且交换价值的交换是一切平等和自由的生产的和现实的前提和基础。

其次，从绝对剩余价值和相对剩余价值的生产可以看到，“平等地剥削劳动力，是资本的首要的人权”。正是由于劳动力成为商品，货币转化为了资本，因资本家成为人格化的资本，他的灵魂便是资本的灵魂。他“不仅要生产使用价值，并且要生产价值，不仅要生产价值，并且要生产剩余价值”[④]。资本“只有一种生活本能，这就是增殖自身，创造剩余价值”[⑤]，对剩余价值

---

① 马克思．资本论：第一卷［M］．中文2版．北京：人民出版社，2004：205.

② 同①206.

③ 亚历山大．社会学的理论逻辑：第二卷［M］．夏光，等译．北京：商务印书馆，2008：217.

④ 同①218.

⑤ 同①269.

无止境的追求是资本家也是资本的本质。资本家对剩余价值的追求最初表现为无休止地延长工作日，即通过绝对剩余价值的生产来实现，“通过延长工作日，不仅使人的劳动力由于被夺去了道德上和身体上正常的发展和活动的条件而处于萎缩状态，而且使劳动力本身未老先衰和过早死亡”①。另外经过几个世纪劳动者和资本家之间的斗争，终于出现了所谓的“八小时标准劳动日”的规定。为了避免绝对剩余价值生产的种种弊端，加上工人阶级的斗争，资本家榨取剩余价值的方式转向了相对剩余价值的生产，“必须变革劳动过程的技术条件和社会条件，从而变革生产方式本身，以提高劳动生产力，通过提高劳动生产力来降低劳动力的价值，从而缩短再生产劳动力价值所必要的工作日部分”，即“通过缩短必要劳动时间、相应地改变工作日的两个组成部分的量的比例而生产的剩余价值，叫作相对剩余价值”②。纵观资本主义生产过程的形式，它经历了从协作—以分工为基础的协作或手工制造业—机器大工业的过程。协作是“许多人在同一生产过程中，或在不同的但互相联系的生产过程中，有计划地一起协同劳动，这种劳动形式叫作协作”③。协作像是一种历史形式，但是资本主义的协作与此前不同，在古代、中世纪偶尔也有大规模的协作，但是都是以直接的统治服从关系特别是奴隶制度、封建制度为基础的，而资本主义的协作形式却是“一开始就以出卖自己的劳动力给资本的自由雇佣工人为前提”④。手工制造业的分工，通过手工业活动的分解、劳动工具的专业化、局部工人的形成，以及局部工人在总机构中的分组和结合，为社会的生产过程创造了一种性质上的等级安排和数量上的比例均衡，因而创立了一个确定的社会劳动组织，由此还同时发展了劳动的新的社会生产力。“工场手工业分工作为社会生产过程的特殊的资本主义形式，——它在当时的基础上只能在资本主义的形式中发展起来，——只是生产相对剩余价值即靠牺牲工人来加强资本（人们把它叫作社会财富，“国民财富”等等）自行增殖的一种特殊方法。……它生产了资本统治劳动的新条件。因此，一方面，它表现为社会的经济形成过程中的历史进步和必要的发展因素，另一方面，它

---

① 马克思．资本论：第一卷［M］．中文2版．北京：人民出版社，2004：307.

② 同①366.

③ 同①378.

④ 同①388.

表现为文明的和精巧的剥削手段。”[①] 手工制造业分工的产物带来了劳动手段的革命，这种变革的劳动手段，在工厂有组织的机器体系内，取得了最具体最发展的形式。资本主义使用机器的第一个标语就是“妇女劳动和儿童劳动”，实现了对社会补充劳动力的占有，机器在扩大资本固有的剥削范围的同时，不仅加深了剥削的程度，而且又从根本上改变了劳动者和资本家在形式上确定资本关系的契约，因为这时候劳动者不仅要出卖他自己的劳动力，而且要出卖他的未成年的儿女的劳动力了。当然由于资本天生就是平均主义者，会在一切生产部门把劳动剥削条件的平等当作天赋的人权来要求，因此儿童劳动的条件也会“平等地”在各个产业部门受到法律的限制。机器一方面创造了新的条件发挥资本的增殖性，另一方面也创造了新的动机，加强了资本无尽的贪欲。机器原本是缩短劳动时间最有效的手段，现在却成为一种要把工人及其家人的全部时间转化为可以利用的、可以实现资本增殖的劳动时间的手段。机器把劳动日一切道德的和自然的界限全部遮蔽并消灭掉了。可见，资本主义无论采取哪一种生产形式，“平等地剥削劳动力，是资本的首要的人权”[②]。

再次，从不变资本和可变资本的类分中可以看到“死劳动对活劳动的支配”。如同劳动力商品在流通领域的买卖是自由平等的，但是一旦离开流通领域情况就改变了一样，马克思以前的经济学家仅从流通过程中按照资本各部分的不同作用，区分出固定资本和流动资本，从而遮蔽了剩余价值的真正来源。但是一旦深入生产过程，马克思就看到了不变资本和可变资本，而且正是可变资本部分创造了剩余价值。马克思把“变为生产资料即原料、辅助材料、劳动手段的那部分资本，在生产过程中并不改变自己的值量”叫作不变资本。相反，“转变为劳动力的那部分资本，在生产过程中改变自己的价值。它再生产自身的等价物和一个超过这个等价物而形成的余额，剩余价值。这个剩余价值本身是可以变化的，是可大可小的。这部分资本从不变量不断转化为可变量”[③]。马克思把这部分资本叫作可变资本。这两个部分从劳动过程的观点看，一方面是当作客观要素即生产资料来看的，另一方面是当作主观

---

① 马克思．资本论：第一卷［M］．中文 2 版．北京：人民出版社，2004：422.

② 同①338.

③ 同①243.

要素即劳动力来区别的。“资本家购买了劳动力，就把劳动本身当作活的酵母，并入同样属于他的各种形成产品的死的要素。”① 而且，当资本家把活的劳动力与各种生产资料相结合时，也就是把价值、把过去已经物化的死的劳动转化为了资本。资本用它的不变部分即生产资料部分来吸收可能的最大量剩余劳动的冲动。资本是死的劳动，像吸血鬼一样，必须吸收活的劳动才能活跃起来，并且吸收得越多，它的活力就越大，不断积累起来的劳动支配着活劳动，变成了与那些直接生产者相分离却又对他们进行剥削的力量。活劳动面对的死劳动是它的敌人，在资本主义条件下，一切生存条件都变得那样的集中和尖锐，以至于可以把一切生存条件都归结为两个因素，即日益积累起来的劳动和活劳动，也就是不变资本和可变资本，二者的对抗在资本家与工人的斗争中得到了人格化的表现。资本家对工人的统治不过是物对人的支配，是死劳动对活劳动的支配。

货币转化为生产资料看似一种单纯的转化，其实这种单纯的转化已经使得生产资料转化成一种对别人劳动和剩余劳动的合法的要求权利和强制权。这是资本主义生产所特有的并且可以作为特征来看的颠倒，是死劳动和活劳动的关系的颠倒。在生产过程中，资本发展成为对劳动也就是活的劳动力或者说劳动者的指挥权了：一方面是人格化的资本，资本家要求劳动者有序地保持一定的劳动强度去工作；另一方面资本也会进一步发展成为一种强制关系，强迫劳动者阶级从事更多更大量的劳动。同时资本也被当作剩余劳动的吸收者和劳动力的剥削者存在，它在精力、放肆无度和经济效益等诸多方面，都已经超过一切过去的建立在直接强迫劳动基础上的社会生产制度了。可见，劳动力成为商品，并且在商品交换领域自由买卖，揭示出天赋人权的真正乐园；由绝对剩余价值到相对剩余价值的生产，再到死劳动对活劳动的支配，揭示出资本主义生产关系的秘密，同时也是对资产阶级标榜和奉行的“自由、平等、人权”的社会道德秩序的批判。

（2）“个人的所有制”：对未来社会自由、平等、人权实现路径的探寻。

资本主义社会虽然使个人摆脱了封建的人身依附和等级特权的桎梏，然而受制于资本主义经济关系，自由、平等、人权的道德秩序并未建构起来。

① 马克思．资本论：第一卷［M］．中文2版．北京：人民出版社，2004：216.

在《资本论》中，马克思不仅揭露和批判了资本主义社会秩序价值基础的虚伪性，同时也对未来社会价值基础的实现路径进行了探寻。总体说来，在未来社会，实现自由平等主要是指“无产阶级摆脱经济力量及其拜物教的束缚，特别是指从驱使人们进入剥削和神秘化的雇佣劳动关系的那种社会条件的压力下解放出来”①，只有做到这一点，才能实现真正的自由和平等。

首先，无产者联合起来，“工人们必须把他们的头聚在一起”。在《资本论》中，“工作日”一章是马克思最独到的贡献之一。工人们为建立标准工作日而进行的斗争都会遭到国家政权和资本家强权的敌视和反对。但是这种隐蔽的内战使资本家不能过分忽视人类的生命。工人们懂得了劳动团结，把自己组织起来。“为了‘抵御’折磨他们的毒蛇，工人必须把他们的头聚在一起，作为一个阶级来强行争得一项国家法律，一个强有力的社会屏障，使自己不致再通过自愿与资本缔结的契约而把自己和后代卖出去送死和受奴役。”② 工人阶级的自由平等是需要工人们联合起来去争取的。这一点同马克思在《共产党宣言》中对无产阶级的分析是一脉相承的。无产阶级的发展经历了不同的阶段，他们反对资产阶级的斗争是与其存在同时开始和进行的，以至于为了建立真正自由平等的社会秩序，全世界的无产者都要联合起来。

其次，顺应资本主义的历史趋势，“剥夺者被剥夺”。顺应资本主义发展的历史趋势，自由平等的社会道德秩序必然能够建立起来。在“资本主义积累的一般规律”部分，马克思揭示了资本的增长对工人阶级命运的影响，尤其是资本有机构成的变化。在有机构成不变的状态下，资本主义扩大再生产或者积累的过程就是在不断地再生产资本关系，其中一极是再生产更大的资本家，另一极则是再生产更多的雇佣劳动者。然而随着资本集中化的发展规律以及科学日益被运用到技术方面，资本有机构成不断提高，“资本主义积累不断地并且同它的能力和规模成比例地生产出相对的，即超过资本增殖的平均需要的，因而是过剩的或追加的工人人口”③。这是资本主义生产方式所特有的一个人口规律，这种过剩人口或者说产业后备军是劳动供求规律发挥作

---

① 罗国杰．中国伦理学百科全书：马克思主义伦理思想史卷［M］．长春：吉林人民出版社，1993：601.

② 马克思．资本论：第一卷［M］．中文2版．北京：人民出版社，2004：349.

③ 同②726.

用的“后台”或“蓄水池”，他们的存在形式或者是流动的，或者是潜伏的，或者是停滞的，于是形成了资本主义积累的一般规律：“在一极是财富的积累，同时在另一极，即在把自己的产品作为资本来生产的阶级方面，是穷困、劳动折磨、受奴役、无知、粗野和道德堕落的积累。”[①] 这种对抗性的矛盾的积累是资本主义不可克服的，相对过剩的庞大的人口是相对于资本主义生产方式而言的，它的发展壮大既是资本主义生产方式存在的一个重要条件，同时又最终足以摧毁整个资本主义体系。在“所谓原始积累”部分，马克思对资本主义发展的末日做出了宣判，资本主义的起源即资本原始积累的过程是在对劳动者的“‘神圣的所有权’进行最无耻的凌辱，对人身施加最粗暴的暴力”[②] 的状态下进行的，随着资本主义的发展，由“资本主义生产过程本身的机制所训练、联合和组织起来的工人阶级的反抗也不断增长。资本的垄断成了与这种垄断一起并在这种垄断之下繁盛起来的生产方式的桎梏。生产资料的集中和劳动的社会化，达到了同它们的资本主义外壳不能相容的地步。这个外壳就要炸毁了。资本主义私有制的丧钟就要响了。剥夺者就要被剥夺了”[③]。可见资本主义社会运行的结果，就是它自身走向灭亡的规律，同时长期以来被这一制度所束缚和训练的工人阶级的力量将充分活跃起来，他们将会通过协作，在土地及各种由“劳动本身生产的生产资料的共同占有的基础上，重新建立个人所有制”[④]。而这种个人的所有制其实是劳动者本人的自由平等个性的发展，是克服劳动异化之后对他的劳动、劳动产品以及自身本质的占有。也只有在这个时候，劳动者才能真正地实现所谓的自由平等，而以自由、平等、人权为价值基础的社会秩序才能够充分地建构起来。

---

① 马克思．资本论：第一卷［M］．中文2版．北京：人民出版社，2004：743－744.

② 同①836.

③ 同①874.

④ 同①874.

第四章　陌生人社会秩序的伦理风险及其致因

陌生人社会秩序的价值基础缺失或者没有充分建构起来，就会引发陌生人社会秩序的伦理风险；伦理风险的存在，又会引致陌生人社会秩序的“意义共同性缺失”，由此造成陌生人社会的伦理困境与秩序裂痕。从社会个体的层面看，陌生人社会秩序的伦理风险是由个体化与个体道德空间封闭引起的，主要体现为信任危机、身份认同危机以及价值纷争等。化解陌生人社会秩序的伦理风险需要依托超越性的伦理理念、通过包容和允许获得的道德权威，以及重构责任理念等基本原则，同时需要重新发现和建构道德空间与道德共同体，这是陌生人社会秩序伦理风险的化解机制，也是建构陌生人社会秩序价值基础的重要手段。

一、风险与伦理风险

陌生人社会存在伦理风险。伦理指人伦之理，即人与人之间关系的道理或准则。风险在较早的阶段有勇敢和冒险的意思，这一概念可以追溯到 20 世纪 80 年代西方经济学家提出的一个经济哲学范畴，即从事经济活动的人在最大限度地增进自身效用的同时做出不利于他人的行动，或者说是当签约一方不完全承担风险后果时所采取的自身效用最大化的自私行为。自贝克的《风险社会》出版以来，“风险社会”“危机治理”等理论兴起，一些学者开始从“风险”的角度审视社会伦理问题，将原本限定在经济领域的“伦理风险”拓展到整个社会的道德生活。而陌生人社会交往的匿名性、行动的不确定性和关系的非持续性不仅使风险分析成为可能，而且具有一定程度的解释力。

贝克、卢曼、吉登斯等都是在反思现代性的语境下使用这一概念的。贝克认为“风险概念与早期风险相对，直接与反思性现代化的概念相关，风险可以被界定为系统地处理现代化自身引致的危险和不安全感的方式”①。卢曼认为“把风险从危险中分离出来的可能性必然源于现代性之社会特征”②，认为现代社会的风险主要是人为造成的。吉登斯对“安全与危险、信任与风险”做了仔细区分，认为“风险意味着危险，但不一定已经意识到了这种危险”，“风险和信任交织在一起”，“风险不只是个人的行动，有一些共同影响许许多多个体的风险环境”。③ 前现代社会的风险环境主要包括自然的威胁和危险、暴力的滥用以及宗教恐惧等；现代社会的风险环境与前现代相区别，主要产生于下述三个方面，即“（1）来自现代性的反思性的威胁和危险；（2）来自战争工业化的人类暴力的威胁；（3）个人之无意义的威胁，其源于将对现代性的反思性运用于自身”④。陌生人社会就是从人际关系方面透视的现代社会，陌生人社会的伦理风险同样产生于上述现代社会的风险环境。“反思”“反省”是人类行为的根本特性，这种特性在现代社会达到了前所未有的程度。涂尔干也曾说过：“随着环境的日益复杂和变化，已有的传统和信仰开始动摇，变成一种极其模糊而软弱无力的东西，而反省的能力却发展起来，但这种反省能力对于社会和个体使自己适应日益变化和复杂的环境是必不可少的。”⑤ 吉登斯所谓的现代性的反思性其实是对现代社会所表现出来的诸种现代特质、现代行动所进行的“反思性监控”，陌生人社会的伦理风险就源于对陌生人行动、陌生人关系以及陌生人之生命本体意义的反思中，这同时也是对陌生人行为及其情境进行持续不断地监测的过程。

二、陌生人社会秩序伦理风险的表现

概括地说，陌生人社会秩序的伦理风险主要表现在信任危机、身份认同

---

① 贝克．风险社会［M］．何博闻，译．南京：译林出版社，2004：19.

② 吉登斯．现代性的后果［M］．田禾，译．南京：译林出版社，2000：28.

③ 同②31.

④ 同②89.

⑤ 迪尔凯姆．社会学方法的准则［M］．狄玉明，译．北京：商务印书馆，1995：112.

危机以及价值多元化引起的价值纷争三个方面。

（一）信任危机

弥漫于现代社会的信任危机就是伦理风险最突出的表现。陌生人交往过程中潜在着不信任或不被信任的危险，由此体现出陌生人行动、陌生人社会关系以及陌生人自身意义与价值的实现与否。风险和信任像是一对孪生兄弟，在卢曼和吉登斯看来，信任总是对应着风险。“对一个人或一个系统之可依赖性所持有的信心，在一系列给定的后果或事件中，这种信心表达了对诚实或他人的爱的信念，或者对抽象原则之正确性的信念。”① 如果对他人或某个系统没有信心，期望的后果多是不确定的，在不确定和不可控制的条件下行动，就是在冒风险。但是信任是简化复杂环境必不可少的策略选择。福山认为，信任是“在一个社团之中，成员对彼此常态、诚实、合作行为的期待，基础是社团成员共同拥有的规范，以及个体隶属于那个社团的角色”②。那么在社团之外，在陌生人的交往中，信任往往缺位。帕特南（Robert Putnam）通过对意大利北部和南部公民精神强弱的对比，借鉴罗伯特·贝茨（Robert Bates）的“软方案”——强调共同体与信任，“在一个存在囚徒困境的社会里，合作性共同体将使理性的个人能够超越集体行动的悖论”③ ——提出了社会资本理论。社会资本是指“社会组织的特征，诸如信任、规范以及网络，它们能够通过促进合作行为来提高社会的效率”④。信任、规范以及网络通常是公共品，信任是社会资本必不可少的组成部分。“信任意味着对独立行动者之行为有预测”⑤，这种预测在小规模紧密相连的共同体中因当事人熟悉而产生，即熟人因长久而持续的交往而彼此了解，就可以确定最基本的信任，一个点头微笑、一个口头承诺都是可靠的。同时熟悉的社会情境对行为者“给予或收回信任施加了一般化的促进或抑制的压力”⑥，一方面熟人相互之间是

---

① 吉登斯．现代性的后果［M］．田禾，译．南京：译林出版社，2000：33.

② 福山．信任：社会道德与繁荣的创造［M］．李宛蓉，译．呼和浩特：远方出版社，1998：35.

③ 帕特南．使民主运转起来：现代意大利的公民传统［M］．王列，等译．北京：中国人民大学出版社，2015：196.

④ 同③196.

⑤ 同③201.

⑥ 什托姆普卡．信任：一种社会学理论［M］．程胜利，译．北京：中华书局，2005：124.

可见的，这就增加了对彼此行为进行监督与惩罚的可能性，从而增强了人们守信的动机，防止了对信任的背叛；另一方面，熟人往往被联系在亲近而又紧密的社会关系网络中，他们被来自水平方向的强制约束维持着信任，如果有人不诚信，做出欺骗他人的行为，那么就会受到其他人的干预，以保护和维持有益于所有人的轻松和自由的互动情境。与陌生人交往则不然，陌生的社会情境消解了一般化的促进信任的压力，短暂的相遇与相见难以防范他人对信任的背叛；生疏的社会关系网络，难以受到水平方向的强制与约束，因此与陌生人交往，信任往往缺位，信任危机是陌生人社会伦理风险的突出表现。信任与风险是相辅相成的，信任源于对可能风险的承认和对安全的预期，而这种对安全的预期就构成了陌生人社会交往的基本前提。信任的存在内含着对风险的规避，或者将风险降至最低；相反，信任缺位则意味着风险的威胁。人们之间的彼此信任构成了社会稳定的基础，而基于不信任的伦理风险则直接影响着人们的日常交往和社会秩序。

（二）身份认同危机

纠结着每一个人的身份认同危机也是陌生人社会伦理风险的重要表现形式。现代人常常追问的“我是谁？我从哪里来？要向何处去？”的问题反映的是主体对自我集体身份归属的茫然与疑惑，其中道德认同与文化认同是其主要向度。个人往往面对不同的文化群体或者说亚群体，要进行判断和选择，受制于不同的文化背景，主体需要将一种文化看作集体文化自我，而将其他的文化视为文化他者。但是作为主体的陌生人往往无所适从，因而产生了强烈的思想焦虑和精神震荡。对此无数哲人发出郁积于心的呐喊，当尼采借一个疯子之口喊出“上帝死了”的时候，他像一个孤独的先知，想要“重估一切价值”，直到他本人也真正变成了疯子；经历了弗洛伊德、海德格尔等哲人的思想涤荡的西方世界终于也接受了福柯的“人之死”的观念，“别问我是谁，也别要求我始终如一”的福柯总是刻意消解任何一贯性和确定性，包括他自己的学问和品格；吉登斯则用“个体无意义的威胁”把对现代性的反思应用于主体自我；物质主义的泛滥，如同托尔尼乌斯所言，“我们的时代是被物质生活统治着，收益就是我们今天社会的出发点和归宿……这种对物质生活持续不断的关注、这种永无休止的贪婪，就赋予生活以一种机械的节奏，那就只能是在感觉主义之中找到出路"①；物欲的膨胀和消费主义的蔓延使人的异化达到前所未有的程度，人们的想象力、判断力、创造力弱化，精神家园面临威胁，成为马尔库塞笔下"单向度的人"；梅奥在《工业文明的社会问题》一书中同样看到了社会进步的黯淡面，认为现代工业社会的动向常常是一个无效率的国家权力面对着"一堆散沙般的个人"②，在他看来现代社会组织有两个不同的原则，一是已经定型的社会，一是适应变动的社会，已经定型的社会是人们熟悉的，它已深入每一个人的血液和骨髓，成为不知不觉的和本能的存在，现代社会则很少有旧的定型的东西遗留，它重在变动和适应，而且变动的速度日增不已。"我们的社会组织事实上已超越了靠定型的日常关系来维持有效的互相来往和合作的阶段。"③ 在现代工业规划中，人们生活在川流不息的人事变动之中，正同技术程序的日新月异一般。很可能有许多人在任何地方和对任何人都不能有较久的接触去学会怎样同人相处的能力。就是在这样一种情况里，"涂尔干发现了那些心情懊丧、不计来日甚至绝望的人物。也就是在这里，勒普莱看到了社会责任感的低落、团体生活的腐烂和为了共同的事业而积极合作的能力的衰退。"④ 这些理性的反思无不说明陌生人为主体身份认同所纠结，没有共识性的身份认同就没有共识性的道德法则和道德权威，这种危机无疑也是陌生人社会的伦理风险。

（三）价值纷争

难以弥合的价值纷争是陌生人社会伦理风险的又一种表现形式。陌生人社会是价值多元化的社会，价值观念总会带上历史的、民族的、地域的色彩，不同道德主体的价值认知与价值评价之间往往存在着矛盾与冲突。迄今为止，人们都没能合理解决诸如个人与社会、自由与秩序、私欲与公益、自主与规范等价值取向之间的辩难。随着现代社会的推进，价值纷争的议题仍在不断丰富，比如吉登斯的"意义与支配"、哈贝马斯的"生活世界与系统"、布迪

---

① 托尔尼乌斯．沙龙的兴衰：500年欧洲社会风情追忆［M］．何兆武，译．北京：世界知识出版社，2003：311.

② 梅岳．工业文明的社会问题［M］．费孝通，译．北京：群众出版社，2013：9.

③ 同②15.

④ 同②16.

厄的“惯习与场域”以及福柯的“肉体与权力”等。达伦多夫（Ralf Dahrendorf）认为，“现代的社会冲突是一种应得权利和供给、政治和经济、公民权利和经济增长的对抗。”① 围绕这几对矛盾产生了现代社会的价值纷争。在全球化背景下日益复杂的国际关系中，基于不同国家的利益诉求，不同文明的碰撞与纷争越发频繁，以至于亨廷顿认为，文明冲突将是未来社会国际冲突的主要根源，也是未来世界和平的最大威胁，并将主宰全球政治。价值纷争也直接体现在为人类提供道德意义之合理性解释与论证的诸多理论的分歧与对立上，诸如功利主义、契约主义、德性论、责任伦理、形式化的道德法则以及人权伦理等，在陌生人社会，这些理论各有自己的信奉者，各有自己的一席之地。

三、陌生人社会伦理风险的致因

陌生人社会的伦理风险受制于个体化与个体道德空间封闭，陌生人缺少共同的道德背景、道德权威以及道德热情等。

（一）个体化与个体道德空间封闭

现代社会的个体化、单子化倾向日益明显。“个体化”作为一种生活方式和生活境况其实并不是什么新的发明和创造，它只是埃利亚斯的文明进程意义上的某些主观性的个人生涯性方面的内容而已。随着传统社会向现代社会的迅猛发展，工业化、城市化、市场化、流动性、消费性等特点充分涌现，个体化趋势不断加强。齐美尔认为现代社会的发展方向是个体化和功能化，一方面使个性获得了自由，扩大了个人行为的活动空间；另一方面社会结构也愈益功能化，因此潜伏着社会和文化的异化。贝克认为现代社会的个体化过程形成了“一种普遍的、分析的和非历史的模式”，他用三个因素和两种维度来描述这一模式（见图 4－1）。

由图 4－1 可见，个体化模式的三个构成要素分别是（1）“脱离”，即从历史规定的、在统治和支持的传统语境意义上的社会形式与义务中脱离，这

① 达伦多夫．现代社会冲突［M］．林荣远，译．北京：中国人民大学出版社，2016：前言 2.

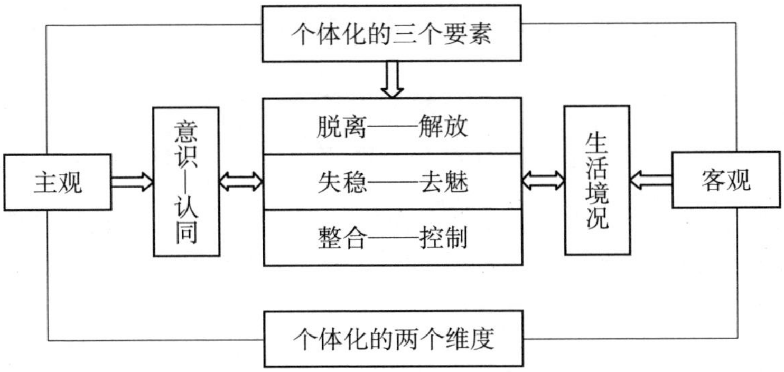

图 4－1　个体化模式图

是个体解放的维度；（2）“失稳”，即稳定性的丧失是社会整体去魅的维度，也是与实践知识、信仰和指导规则相关的传统安全感的丧失；（3）重新“整合”，是控制或重新植入的维度，即走向新形式的社会义务。这三个因素再嵌入主观的个体“意识—认同”和客观的“生活境况”两个向度中进行解释，由此看出个体化其实是一个非常复杂的过程。贝克将其视为“一种新的社会化模式的开端，一种个体和社会间关系的变形或者范畴转型”[①]。正是个体化模式强化了陌生人之间的陌生性与陌生化，从道德空间的角度看，就是造成了陌生人个体道德空间的封闭、固化与彼此隔离。个体道德空间从根本上讲“只不过是心灵的一种活动，只不过是人类把本身没结合在一起的各种感官意向结合为一些统一的观点的方式”[②]，是个体内在的心灵空间、意义空间，是确定个体生活意义的框架。按照贝克个体化模式的解释图式，可以说陌生人由于从传统的生活境况、社会身份中脱离，走进现代的城市区位、市场经济，在价值选择上，因过于偏重个人权利，划清了私域与公域、自我与社会的界限；因过于偏重个人利益，划清了利益与道义、自我与他人的界限。于是由个人权利、利益等要素筑起的个人空间变成了一个自我封闭、僵化的“铁笼”，而个人的道德空间也一样地尘封起来，类似于庄子和惠子“濠梁之辩”中讲到的“子非鱼”“子非我”“我非子”的辩难。这样一来与他人交往中的信任危机、个人无意义以及情感疏离等伦理风险便出现了。

① 贝克．风险社会［M］．何博闻，译．南京：译林出版社，2004：155.

② 齐美尔．社会是如何可能的［M］．林荣远，编译．桂林：广西师范大学出版社，2002：292.

（二）陌生人缺少共同的道德背景，难以确立信任

陌生人是拥有不同道德文化传统和道德资源的人。传统是过去取向的时间维度，道德文化传统是各民族在漫长的历史发展过程中积淀而成的。在熟人社会，血缘、亲缘和地缘、共识性的价值观不仅构成了维系信任的纽带，还建构了信任的情境和社会伦理空间，尤其是传统提供了本体性安全的基本方式。现代社会的来临，现代性的三大动力机制即脱域机制、时空分离机制以及制度性反思打碎了传统社会信任的基础条件，陌生人从既定的道德传统中脱出，在具体行为评价和行为选择中遵守不同的价值标准，并表现出不同的价值取向，在彼此的社会交往中无法实现行为预期，因此难以确立信任。

（三）陌生人缺少共同的道德权威，无法实现道德认同与赏罚

道德权威是维护社会道德秩序的重要力量，在社会道德生活中承担着善恶标准最终裁定者的功能。传统社会中，人们的行为选择在西方是以“上帝”为指归，在中国则是以封建礼制为皈依的。然而，无论是在经过了不断“祛魅化”过程的、宗教基础已经衰亡了的西方现代社会，还是在冲破了封建礼制、摧毁了宗法社会结构的中国社会，维系社会秩序的传统道德权威都已经动摇，而新的权威又没有确立起来，那么如何实现道德认同呢？西方启蒙运动以来的道德工程也一直没有解决好这一问题，恩格尔哈特与麦金太尔一样认为启蒙运动的道德工程是失败的，原因就在于人们需要一种实质性的标准来证明或辩护一种道德学说，但是直觉主义也好、假设选择论也好、博弈论也好，每一种标准在本质上都是预先设定的，没有一种标准是由理性所证明了的，因此可以断言“启蒙运动的道德工程想要借助理性来证明唯一一种正确的道德观的希望是注定要落空的”①。那么持有不同道德观的人即“道德异乡人”之间如何进行合作，如何化解道德上的争端呢？由道德异乡人所创立的“大规模的社会无法成为这样一个共同体：人们在其中找到道德生活的充分意义，理解真正的团结，或超越无内容的个体主义的紊乱性”②，即道德异

---

① 恩格尔哈特．生命伦理学的基础［M］．范瑞平，译．长沙：湖南科学技术大学出版社，1996：XⅦ．

② 同①86．

乡人所构成的陌生人社会必然存在伦理风险。

（四）陌生人缺少道德热情，难以实现责任担当

如前述陌生人概念的解析中所言，陌生人是社会空间意义上的他者，物理空间的距离可能很近，但是在社会空间即认知、心理、道德等方面的认识和了解却很远。陌生的往往也意味着潜在的危险，而人们对潜在危险的本能反应往往就是不信任和拒绝，因此很难产生道德热情。面对陌生人时人们经常采用“回避式礼仪”来表示对他人的隐私与个人道德空间的尊重。但是人注定是或本质上是一种道德存在，在社会生活中，总要面对人与人之间的各种关系，不得不面对他者的挑战，面对为他者承担责任的挑战，处于“相依”的状态之中。按照鲍曼的理解，承担责任与其说是社会调整和个人教育的结果，不如说它构建了萌生社会调整和个人教育的原初场景，社会调整和个人教育以此为参照，试图重新框定和管理它。生活中总会面对善恶选择，总要在一种矛盾纠结的状态中发现自我，如果每一条善与恶的标准都规定得明确无误，为他者负责、按责任行动的内容非常清楚，那么就不会有选择性的忧虑或者忧虑就会比较小。但是道德责任的选择并非如此，陌生人之间对他者的责任自始至终都充满了模糊性，没有明确的界限，而且还往往包含着难以预见和评估的后果，因此难以实现责任担当。

四、化解陌生人社会秩序伦理风险的基本原则

（一）依托超越性的伦理理念规避陌生人社会的伦理风险

这一理念可以区分出不同的层级，最高的层级是基于人类共同安全层面的，即便大家彼此陌生，但是在全球化的状态下，我们每个人的命运又彼此相连，我们拥有同一个地球家园，同样坐在“现代文明的火山口”，现代化风险的产生伴随着“飞去来器效应”，在现代风险的屋檐下，“罪魁祸首与受害者迟早会同一起来”[①]。因此基于人类总体共同安全的考量，人们就可以建立

① 贝克．风险社会［M］．何博闻，译．南京：译林出版社，2004：40.

起共同的信任。其中最核心的理念是对现代社会制度的信任，也可以说制度信任是规避陌生人社会伦理风险的最重要机制。当人们的行为受到制度约束的时候，行动就是可预期的，就会降低伦理风险。在传统的熟人社会，维持人们交往与合作的关系是亲缘、地缘纽带所形成的社会网络，在这种社会关系网络中，由熟悉、互动和彼此的利害关系所缔结的人际信任关系，就能够增进熟人之间的交往与合作。进入陌生人社会，与陌生人交往和互动必然需要一种能够增进陌生人之间彼此信任的机制，而制度就是“支撑陌生人社会中人们互动和合作的基本力量”①。制度一直与规范和规则紧密关联，帕森斯和斯梅尔瑟将制度定义为“一种整合的形式，它反映一个社会系统的共同文化的价值模式……制度限定着有关行为，是约束和均衡的一般条件”②。诺斯认为制度在一个社会中的主要作用是建立人们互动的稳定结构，以降低不确定性。在陌生人社会，制度和信任是相互依存并相互建构的，柯武刚曾经较详细地阐述了制度在给陌生人以信任的过程中的作用：“在一家银行里，我们对其储备和管理一无所知，却将辛苦挣来的钱交给出纳员，并可以在数秒钟之后便将他的面容忘得一干二净。在我们以前从未进过的医院里，我们却会答应由医院中未曾谋面的医生给我们做手术……因为这些人都具备提供服务和商品的专业知识和技能，因为他们都受制于制度。”③ 由此可以看出，陌生人之间的信任主要是建立在对抽象制度的信任上，各种制度对行为的控制和约束增加了对陌生人行为的预见性，因此与其说是对陌生人的信任，不如说是对陌生人所遵守的制度的信任，对制度的信任降低了与陌生人交往中的伦理风险。一方面制度产生信任，另一方面信任又促进了现代制度的建构与发展，即吉登斯所谓的“所有的脱域机制都依赖于信任”④。脱域指的是“社会关系从彼此互动的地域性关联中，从通过对不确定的时间的无限穿越而被重构的关联中脱离出来”⑤。脱域机制主要包括“象征标志”和“专家系统”两种类型，比如货币就是与现代性密切相连的最重要的象征符号，每一个使用

---

① 童星．现代社会学理论新编［M］．南京：南京大学出版社，2003：237.

② 帕森斯，斯梅尔瑟．经济与社会［M］．刘进，等译．北京：华夏出版社，1989：90.

③ 同①243.

④ 吉登斯．现代性的后果［M］．田禾，译．南京：译林出版社，2000：23.

⑤ 同④18.

货币的熟人或陌生人都承认货币的价值，信任的是货币制度本身，而不仅仅是甚至主要地不是信任那些用货币进行具体交易的人。专家系统是“由技术成就和专业队伍所组成的体系，正是这些体系编织着我们生活于其中的物质与社会环境的博大范围”[①]。他们把社会关系从具体的情境中分离出来。当然这里与其说是对专家的信任，不如说是对由于自己欠缺专业知识而对专家们所使用的专门知识的可靠性的信任。也正是这两种信任机制，促进了现代社会制度的进一步发展和完善。

（二）通过“包容”和“允许”获得道德权威

陌生人社会是一个价值多元化的社会。根据罗尔斯对“理性多元论”与“一般多元论”的讨论，“理性多元论”事实上是在各种价值观中发展起来的，是“民主社会公共文化的一个永久特征”[②]。那么如何信任不同价值观的陌生人，如何化解彼此交往中的伦理风险、克服彼此观念上的分歧和冲突呢？罗尔斯诉诸一种政治的正义观念，希望以自由和包容的态度，在多样化的学说和个人观念之间确立达成“重叠共识”的公共理性基础。这种包容既是对陌生人主体地位的尊重，也是对不同价值标准的合理理解。恩格尔哈特则主张，在陌生人构成的多元化社会中，解决道德争议的权威只能从他人的“允许”或“同意”中获得，“允许或同意是权威的来源”[③]，道德异乡人只能从彼此的合作者的同意中得到共同的俗世道德权威。没有他人的允许或同意就没有权威，违背这种权威的交往行动必然受到责备或者说面临风险，因为违背者“已把自己置于一般的道德共同体之外，并使得别人的报复性的、自卫性的或惩罚性的强制手段成为正当的”[④]。把自己置于一般的道德共同体之外类似于萨姆纳对“内群体”与“外群体”的区分，违背道德权威者成为外群体的人，而外群体对内群体的成员来说就意味着威胁和风险，就可能遭遇内群体成员的自卫性的、报复性的惩罚。允许或同意的箴言式表达便是“人所不欲，勿

---

① 吉登斯．现代性的后果［M］．田禾，译．南京：译林出版社，2000：24.

② 罗尔斯．政治自由主义［M］．万俊人，译．南京：译林出版社，2000：37.

③ 恩格尔哈特．生命伦理学的基础［M］．范瑞平，译．长沙：湖南科学技术大学出版社，1996：124.

④ 同③124.

施于人”。这在多元化道德世界中的确不失为一种有效的确立道德权威的方案。可见，与陌生人交往，通过“包容”和“允许”可以获得理解和权威，从而可以规避伦理风险。

（三）重构责任理念唤起陌生人之间的道德热情

使个体道德空间向社会和他人敞开。责任既是对自我主体身份与权利地位的确认，也包含了对他人和社会的义务的担当与奉献，责任是连接权利与义务的桥。责任源于人类本身所具有的道德能力。现代社会一方面是“祛魅”的，同时也是“返魅”的过程，“返魅”带来了重新坦然地面对人类道德能力的机会。“流浪者”和“观光客”是陌生人社会的隐喻，陌生人更应该是一个观光客，既身临其境又置身事外，总是预先免除了所有约定俗成的责任，总是能够原谅自己对道德空间的遗忘。但是基于人之社会性的本质，即马克思所言“人的本质不是单个人所固有的抽象物，在其现实性上，它是一切社会关系的总和”①，即人的本质是现实的、具体的，是由社会关系决定的，是社会关系的辩证统一体，并且随着历史的发展而发展。人之为人的生命意义和价值就在他的社会关系当中，因此在个体化不断加强的过程中，道德也必须重新个人化。个体道德就是对“他者”负责，即“重新将他者作为邻居、手、脑的亲密之物接纳回道德自我坚硬的中心，从计算出的利益废墟上返回到它被逐出之地；将他者作为至关重要的人物进行重新铸造”②。那么该如何铸造他者这一重要人物呢？在亲近状态中，他者是确立我的责任基础的力量，在陌生人的关系中就是要确立“对我们既不能看到也不了解但是在我们行为多元的、或近或远的、当下或者将来的结果中确实重要的责任”③。可见陌生人必须重新面对自己的道德能力，重新塑造自己的道德空间，而对他者的责任就是建造道德空间的核心资源。他者可以是家庭成员，可以是单位同事，可以是社区居民、邻居，与此相应就要承担家庭责任、职业责任、社区居民或者国家公民的责任等。其实对不同的他者承担责任的过程也就是寻求和确定陌生人个体所隶属的道德共同体

---

① 马克思，恩格斯．马克思恩格斯选集：第一卷［M］．3版．北京：人民出版社，2012：135.

② 鲍曼．后现代伦理学［M］．张成岗，译．南京：江苏人民出版社，2003：98.

③ 同②256.

的过程。针对不同的他者打开自己的道德空间也就是把自我融入不同的道德共同体，在陌生人彼此担当责任的过程中就可以建立起信任，进而化解掉陌生人社会秩序的伦理风险。因此在陌生人社会中必须重新发现和建构道德空间与道德共同体，这是化解陌生人社会秩序的伦理风险、克服陌生人社会秩序裂痕的重要机制。

第五章　陌生人社会秩序伦理风险的化解机制

重新发现和建构道德空间与道德共同体，是应对和化解陌生人社会秩序伦理风险的机制。得益于齐美尔、勒温、鲍曼和泰勒关于道德空间的探索，具体分析道德空间的结构、特点与功能，尤其从鲍曼的研究中可以看出陌生人社会道德空间被拆除的过程及其重新建构的启迪。重新发现和建构道德共同体，也是化解陌生人社会伦理风险的重要机制。道德共同体既是一种观念的社会形态，也是一种实然的社会组织形式。对道德共同体的研究可以追溯到滕尼斯的《共同体与社会》。现代社会的发展及现代性的展开以多种方式加剧了对逝去道德共同体的乡愁，同时现代社会也创造了道德共同体再建构的新形态。

一、重新发现和建构道德空间

20世纪中期以来，“与空间问题化的进程相切合的正是西方理论界对空间的日益增长的关注，并且形成了一种‘空间的转向’。”[①] 这一研究转向是跨越学科边界的，福柯、列斐伏尔（Henri Lefebvre）、居伊·德波、鲍曼、吉登斯等思想家重塑了“空间”这一术语的地位，提升了其分量，形成了关于空间研究的新景观。当然，“‘空间的转向’在很大程度上并不是空间研究

---

① 童强．空间哲学［M］．北京：北京大学出版社，2011：13．

的开始，而是一场试图重新诠释与理解的运动”①。道德空间的研究是从齐美尔的《空间社会学》（1903）开始的，20 世纪中期以来随着西方学界的空间研究转向兴起，道德空间问题再度被关注。

（一）齐美尔、勒温、鲍曼和泰勒对道德空间的审视

迄今为止，已有一些学者从不同角度对道德空间进行了审视，其中最有代表性和影响力的观点来自齐美尔、勒温（Kurt Lewin，1890—1947 年）以及当代的鲍曼和泰勒。齐美尔在《空间社会学》中指出：“空间从根本上讲只不过是心灵的一种活动，只不过是人类把本身不结合在一起的各种感官意向结合为一些统一的观点的方式。”② 这一概念内含着道德的向度，道德本就是一种精神现象和心灵活动，是人们之间精神方面的相互作用，是可以感觉到的空间的填充物。齐美尔把空间视为“社会化过程”的条件，着力探究空间对于社会化形式的确定性和发展所具有的现实意义，认为现代社会的发展方向是个体化和功能化，一方面使个性获得了自由，扩大了个人行为的活动空间，另一方面社会结构也愈益功能化，因此潜伏着社会和文化的异化，个体化的过程往往也变为拉平化即取消个性的过程，这是“无法解决的悲剧”。同时，齐美尔又认为个人从没有完全融化在社会化的过程中，个人唯一性的残余必然留在社会之外，这就是不受社会制约的“质的个人主义”，这种质的个人主义是他自己的伦理的创造者。

勒温是心理场论的创立者，他援引爱因斯坦关于“场”的定义即“场是相互依存事实的整体”③，将动力概念嵌入格式塔心理学，运用拓扑学的分析方法，以生活空间和心理紧张系统为重点，建构了他的心理场论，其中的“心理紧张”和“生活空间”理论都包含着道德的内容。勒温认为，人与环境是一个共同的动力整体，生活空间就是人类行为得以发生的心理场，“任何一种行为都产生于各种相互依存事实的整体，以及这些相互依存的事实具有一种动力场的特征，这就是场论的基本主张”④。动力性、整体性是心理场论的

---

① 童强．空间哲学［M］．北京：北京大学出版社，2011：22.

② 齐美尔．社会是如何可能的［M］．林荣远，编译．桂林：广西师范大学出版社，2002：292.

③ 申荷永．心理场论［M］．北京：中国和平出版社，1995：11.

④ 同③12.

两个最基本特点。心理场论的意义和价值不仅在于理论本身的建构，更在于它提供了一种方法论方面的参考，提供了一种分析道德空间的方法。

鲍曼的视界是宏大的，又是细微的，他不仅揭示了当现代性走向后现代之时道德空间被拆除的原因，而且其后现代透视力图重新挖掘道德力量之源，重新开启对后现代道德现象进行新颖理解的可能性之门。同时他通过对道德本相之洞察，确认道德空间是由“感觉到的/假定的责任的不平均分配来实现的”①。道德空间不同于客观的物理空间，是“非客观的”“人造的”。道德空间的概念包含了三种规定（前文有所述及，这里详析之）：第一，道德空间的客体是我们为之存在的“他者”，道德责任是建造道德空间的唯一资源，进而找到了道德空间重建的路径。鲍曼认为“伦理学先于本体论……道德关系先于存在”②，本体论是没有道德的领域，道德是对存在的一种超越。道德自我通过与他者面对面的共存来实现，“他者”是一张“面孔”，这个面孔是赤裸裸的、不设防的；“他者”是一种权威，会通过我并对我发出命令，是我赋予他下命令的权力，而我是为他者的，我愿意听从命令，我为他者承担责任，而且这种责任的承担是那样的天经地义、自然而然、没有条件，也不需要任何理由。第二，道德空间配置了“亲密和匿名”“陌生和熟悉”以及“封闭和开放”等不同状态。道德空间按照与他者关系的经久度和强度形成一个“亲密—匿名”的排列系统，在亲密的一极，与他者熟悉、亲近，道德责任强度高，处于上手模式（可控制）。离亲近的一极越远，变成陌生人的他者越多，陌生人的陌生感精确地讲“意味着我们被错过的感觉，不知道怎样行动、期待什么和因而导致的对约会的不情愿”③。在匿名的一极，一个真正匿名的他者是在道德空间之外的，这样的他者只能是一个潜在的道德客体。道德责任强度低，处于不可控的状态。第三，道德空间与认知的、美学的空间既泾渭分明又相互交叠，三者都是人为创造的，其相互作用的过程和产品共同构成社会空间。认知空间是“通过知识的获得和分配在智力上被建构的；美学空间是通过由好奇引导的关注和对经验强度的探索在情感上进行划分的”④。认

① 鲍曼．后现代伦理学［M］．张成岗，译．南京：江苏人民出版社，2003：172.
② 同①83.
③ 同①176.
④ 同①172.

知空间的客体是我们“与之共存”的他者，遵循理性、求真原则；美学空间的客体是作为审美存在的他者，遵循娱乐和审美原则；道德空间的客体是我们“为之存在”的他者，遵循非理性、至善原则。在后现代进程中，这三个空间曾经建立起来的稳固的衔接分割崩溃了，取而代之的是三个空间的冲突与不和谐的全面爆发。

查尔斯·泰勒则承继着从笛卡儿到奎因的表象认识论的理路，试图勾勒出现代人主体认同的肖像。他从自我与社会认同的角度谈论道德空间，把生活意义问题拉入议事日程，在他看来，生活意义的获得依托于无法逃避的框架的确立，“框架是我们赖以使自己的生活在精神上有意义的东西，没有框架就是陷入了精神上无意义的生活”①，这样的框架基本上相当于道德空间的边界，只有置身其中才能够回答“我是谁”的问题，也就是知道自己身在何处，明确自己的道德方向感，“这种方向感一旦获得，因而就规定着你从何处回答你的认同问题”②。

仔细阅读这些巨擘的思想发现，他们从不同的学科视角、不同的研究主题出发，对道德空间的讨论无疑是启人心智、发人深省的，也是弥足珍贵的理论资源。但是也不难看出，他们都不曾为道德空间范畴做一个确切的解释，不曾对道德空间做一个专题的论证，齐美尔的道德空间隐含在对社会化的空间条件的论述里，勒温的道德空间隐含在由紧张系统和生活空间所构成的场论里，鲍曼的道德空间是为建构他的后现代伦理学、实现无伦理的道德自治佐证的，泰勒的道德空间则是为实现他的现代社会认同服务的。他们或者将道德空间作为一个惯常性的概念来使用，或者为了论证特定的主题而有所涉及，虽然触及道德空间的特点、功能等某些方面，但是作为专题研究仍显不足。另外现在能够看到的哲学辞典和伦理学辞典中也很难见到这一词条，因此笔者借鉴上述思想对道德空间做一界说。

（二）道德空间的内在结构、特点及功能

1. 道德空间的内在结构

理解道德空间的概念无疑要带上哲学空间和社会空间的印痕。“在人的社

---

① 泰勒．自我的根源：现代认同的形成［M］．韩震，等译．南京：译林出版社，2001：24.

② 同①40.

会，人是空间最好的标注。人的数量、活动、人与人之间的社会关系是决定空间特征的最重要也是最微妙的因素。”① 道德空间是人为的也是为了人的空间，如同鲍曼所言，道德空间区别于物理空间，是“非客观的、人造的”②。按照心理场论的解释，道德空间就是道德主体置身其中的社会价值场域。作为一个价值场，其中弥漫着善与恶、美与丑、肯定与否定的价值评价，同时也提供了评判是非善恶的价值标准，而这些标准就是道德规范的作用，因此可以说，道德空间是靠道德规范功能的有效发挥来维系的。关于道德主体，立足于规范伦理学并从主体实践的角度分析，“整个伦理学研究领域可以分为两个组成部分：一是关于个体的，这就是个体道德；一是关于社会的，这就是社会伦理。这是由作为主体的人的两种存在方式所决定的”③。可见，作为主体的人或者作为相对独立的个体存在或者作为社会共同体成员存在，因此，道德主体包括个体和社会两个层面，道德主体不同，发挥作用的道德规范亦有差别，与个体相对应的是个体道德，与社会相对应的是社会伦理，社会伦理包括所有社会公共领域中的伦理关系，诸如家庭、市民社会、民族、国家、政治、经济、科学技术、环境等一切属于非个人的领域。基于此道德空间可以划分为个体道德空间和社会伦理空间，个体道德空间是指个人内在的心灵空间，由个体的道德意识、道德情感、道德信念、道德意志、道德品质和道德行为来建构的，是个体学习内化道德规范、形成道德人格和道德良心、在自己的行为选择和评价过程中坚持做一个好人的过程。

就社会伦理空间而言，它是指向社会结构、社会关系的正当性的，是由构成社会伦理空间的诸多“块块”（齐美尔语）所依据的不同的社会伦理规范建构起来的，是通过不同领域的社会成员遵守该领域的道德规范实现的，在公共领域靠公共道德的有效遵守来建构，在职业领域靠职业道德的有效遵守来建构，在政治、经济、环境等领域又分别依赖政治伦理、经济伦理以及环境伦理等来建构。此外，风俗习惯、社会舆论也是建构社会道德空间的重要因素，风俗习惯是最早出现的、最普遍的一种社会规范，也是传统的、长期存在的。自发的行为方式被众多人反复不断地长期遵循便成为风俗，其主要

① 童强．空间哲学［M］．北京：北京大学出版社，2011：11.

② 鲍曼．后现代伦理学［M］．张成岗，译．南京：江苏人民出版社，2003：171.

③ 宋希仁．社会伦理学［M］．太原：山西教育出版社，2007：5.

是通过模仿、潜移默化等方式习得和传递的。个体道德空间与社会伦理空间是相辅相成的，个体道德空间受到社会伦理空间的制约和影响，是个人在道德发展过程中经过社会伦理的认同形成的，社会伦理空间又是由个体在不断扩大共识、践履社会伦理规范的基础上形成的。其中舆论和习俗即便外在于人，也必须通过个人认同才能发挥有效的作用。

2. 道德空间的特点

道德空间的特点主要体现在其边界性、制约性和相对稳定性三个方面。

首先，道德空间具有边界性。道德空间的边界性或称广延性类似于泰勒所谓的“无可逃避的框架”，也如同齐美尔所描述的“空间是分割为一些块块的，它们被视为一些统一体，而且——被视为其中的原因，也被视为其中的影响——被一些边界所框围着”[①]。根据前述个体道德空间和社会伦理空间的划分，那么自然存在着个体道德空间的边界和社会伦理空间的边界，个体道德空间的边界取决于个人的道德认知水平和道德行为能力，即对社会道德规范的认识、理解与内化的程度以及遵守道德规范的实际能力，道德认识属于心灵的认知的能力。中国传统思想和西方传统思想很早就注意到人类心灵的这种特质，儒家讲的“省察克治”“格物致知”，佛家讲的“慧根”“参禅”，道家讲的“清修”“虚静”，古希腊人的“沉思”“努斯”等等都是说个体心灵的认知的方式或状态。道德认知水平的提高需要一个过程，当孔子说自己“七十而从心所欲，不踰矩”时就体现了这种认知提升的漫漫长路。道德行为能力是外显的直接表现出来的行为实践，道德认知指导道德行为，而道德行为状况直接体现道德认知水平的高下。亚里士多德说：“公正的人由于做了公正的事，节制的人由于做了节制的事，如果不去做这些事，谁也别想成为善良的人。”[②] 我国儒家学说强调重践行而戒空谈也是同样的道理。可见道德认知水平和道德行为能力之间经常会有矛盾，而个体道德空间的边界恰是由每一个主体的认知和行为的辩证统一来决定的。每个个体心灵所能达到的边界即个体道德空间的边界是不同的，有的人可能广博深邃，有的人可能狭隘肤浅，这取决于他的认知与实践努力的程度。

---

① 齐美尔．社会是如何可能的［M］．林荣远，编译．桂林：广西师范大学出版社，2002：297.

② 亚里士多德．尼各马科伦理学［M］．苗力田，译．北京：中国社会科学出版社，1990：33.

社会伦理空间的边界根据社会伦理空间的“块块”划分而形成，其中可以根据社会关系的联系方式划分出以血缘关系为纽带的婚姻家庭亲属的伦理空间，以业缘关系为纽带的职业伦理空间，以开放的地缘关系为纽带的公共生活伦理空间等；也可以根据社会结构，如马克思主义的社会结构理论，区分出经济、政治、文化和社会生活四种结构类型，其实也就设置了经济、政治、文化和社会生活四种社会伦理空间的边界。而这不同的边界其实就是不同的伦理规范发挥作用的限度。

其次，道德空间具有制约性。根据勒温的行为公式：“为了理解或预测行为，就必须把人及其环境看作是一种相互依存因素的集合，我们把这些因素的整体称作该个体的生活空间，并用 $B=f$（PE）$=f$（LS）来表示（B 表示行为，P 表示行为主体，E 表示环境；LS 是生活空间的简称。”① 可见生活空间包含了人与环境，具体的行为便发生在这种生活空间中，它既是人与环境的函数，也是生活空间的函数。同理，道德空间同样包含了人与道德环境，人的道德选择和评价行为就发生在道德空间中，它既是人与道德环境的函数，也是道德空间的函数，这样价值场的意义就充分地体现在道德空间中。与行为公式相联系，勒温还提出了一个动力原则，即“实在的是有影响的”，也就是存在于道德空间中的事物都必然对个体当时的行为有着实际的影响。由此反观鲍曼的道德责任是建造道德空间的唯一资源的命题，包括他对道德本相之洞察，即“道德在本质上是非理性的”“道德具有无可救药的先验性”以及“道德不能被普遍化”② 等类似于康德的先验责任论，即责任的概念同善的联系，就是同那个唯一的无条件的善良意志相联系，“善良意志是善的不是因为它所完成或实现的，不是因为它容易达到想达到的目的，而仅仅是由于意志的善，即它是善的在于它本身”③。如果从主体行为与道德空间的内在关联上看，鲍曼只强调了道德主体的自由意志，却忽略了主体行为与道德空间所具有的“函数关系”，必须意识到道德空间对主体责任的形塑与制约作用。另外无论个体道德空间还是社会伦理空间，一旦建构起来就成为一种客观存在的道德事实。按照涂尔干对道德事实的解释逻辑，道德规范的制约性特征可以

---

① 申荷永．心理场论［M］．北京：中国和平出版社，1995：47．

② 鲍曼．后现代伦理学［M］．张成岗，译．南京：江苏人民出版社，2003：13－14．

③ 康德．康德文集［M］．刘克苏，等译．北京：改革出版社，1997：60．

用“消极制裁”和“积极制裁”两个概念来分析，即违反规范的行为会受到责备与惩罚，这是消极制裁；“此外，还有另外一种制裁，符合道德规范的行为会受到赞扬，完成行为的人会获得荣誉”①，这是积极制裁。由此可以看出，由道德规范所建构的道德空间不是虚幻的，而是客观实在的。道德空间对置身其中的主体所产生的制约作用是通过行为主体对道德规范的“违反”和“遵守”表现出来的，由此也体现了某一特定道德空间内道德规范的权威性和主体遵守规范的义务性特点。

最后，道德空间具有相对稳定性。道德空间作为主体置身其中的社会价值场域是相对稳定的，其变化是相对缓慢的。道德空间的稳定性取决于建构道德空间的资源即道德规范体系的相对稳定性以及社会风俗、传统习惯的相对稳定性。道德规范体系包括基本的道德原则、各种规范以及调节人与人之间关系的某些特殊方面的要求。纵观人类道德发展的历史可以看到，西方经历了古希腊罗马时期的道德规范体系、中世纪的宗教伦理思想体系到近代资本主义时期的道德规范体系的沿革，每个阶段的道德规范体系所建构的道德空间都是有差别的，其中古希腊罗马时期的道德空间注重个体道德空间即人生意义、人生价值的建构；中世纪以强调神性、神权、神道为基调，把《圣经》中所宣扬的对上帝的爱、对诫命的信和对天国的希望作为“三主德”，是典型的基督教的伦理空间；而近代以来则以人本传统为脉络，形成了感性主义（含公开利己主义、合理利己主义和功利主义三阶段）、理性主义和情感主义为特征的道德规范，再造了个体道德空间和社会伦理空间。

道德空间的稳定性还表现在道德空间一经形成，其变迁的速度是缓慢的。对此，笔者援引人类学家威廉·奥格本（William Ogburn）的“文化堕距”（culture lag）理论加以印证。该理论认为，适应性文化的各个组成部分的变迁速度是不一致的，一般说来，物质文化快于非物质文化，于是产生堕距；就非物质文化的变迁来看，各个部分的速度也不一致，通常是制度先变，其次是民风民俗，最后才是价值观念。而在何以出现差距的解释中，奥格本更倾向于社会心理层面的原因，即“在习惯、保持一致的社会压力和导致曲解

---

① 涂尔干．社会学与哲学［M］．梁栋，译．上海：上海人民出版社，2002：47.

和尊崇过去的遗忘不快等现象中都可以明显看到抵制变迁的心理因素”①。其实我们也可以从马克思的历史唯物主义思想中找到更合理的解释，道德空间属于社会上层建筑和意识形态领域，社会存在与社会意识、经济基础与上层建筑是辩证统一的关系，道德空间的建构与变迁归根结底导源于社会的经济结构状况。同时道德空间又具有相对独立性，会与特定历史时代的经济关系的发展进程相波动或者偏离，一方面，某些经济关系已逝，而道德空间依旧存续；另一方面，某些新的经济结构已经建立，而与之相应的道德空间却未建构起来。因此，要“完全根据新的经济关系的要求，来批判地继承旧的道德传统，改变社会的和个人的道德心理和道德习惯，就一定要经过一个相当长久的过程”②。由此可见，相对于经济基础而言道德空间的变化是缓慢的，道德空间会在总体上保持与经济基础的发展进程相一致的前提下，按照自己的运行逻辑发展变化。

3. 道德空间的功能

首先，对于个体来说，道德空间为个人提供生命意义的场域。每一个健全的生命个体都会有一种“对价值的自然渴望”，在遵守各种道德规范的同时，“享用道德”带来的快乐和收获，即“除了所必须遵守的规则以外，肯定还有无穷的乐趣、个人的收获和对生活质量的高标准要求”③。这也正是马斯洛所谓的“价值实现需求”的满足过程。通过个体道德空间的建构与护持，个体生命的意义得以实现和丰满，过上一种好的、善的生活，这种生活也就是求真、达善、至美的生活，是柏拉图对善理念的理解意义上的生活，也是亚里士多德的“沉思的生活”。也正是在这种生活过程中，不断实现主体心灵的自由与全面发展。

其次，对于社会来说，社会伦理空间建构和维系伦理秩序，形成心理认同，实现价值整合。由不同的“块块”所构成的社会伦理空间，其实就是一个个不同的价值共同体，家庭是每个人生命历程中的第一个也是最重要的生活共同体，夫妻之间、父母与子女之间的关系是最核心的关系，由互助互爱、

---

① 奥格本．社会变迁：关于文化和先天的本质［M］．王晓毅，等译．杭州：浙江人民出版社，1989：105.

② 罗国杰等．伦理学教程［M］．北京：中国人民大学出版社，1985：68.

③ 德纳．享用道德：对价值的自然渴望［M］．朱小安，译．北京：北京出版社，2002：44.

父慈子孝等伦理规范建构的家庭伦理空间使家庭成员实现归属、认同与整合；由忠于职守、爱岗敬业等伦理规范建构的职业伦理空间使职业群体成员实现认同与整合；公共伦理空间依托平等、尊重、信任、宽容等规范使公民实现日常交往中的认同与整合；政治伦理空间依托政治正义性使公民实现政治认同与整合等。当然这只是抽象的分析，实际上这些不同的"块块"客观上形成了一个宏大的社会伦理空间，维系着社会结构的公正性与正当性、社会关系的秩序性与和谐性，对社会成员产生吸引力，通过这种价值整合实现社会一体化。

（三）道德空间的拆除：伦理时代的终结

道德空间的拆除与重建是基于鲍曼的道德社会学理论进行阐释的。道德空间无疑是其后现代道德社会学理论的重要范畴。鲍曼与奉行"解构"的后现代理论主旨[①]不同，可谓是后现代阵营中的一位叛逆者，他总能在后现代的"瓦砾场"上看到希望和契机，进而指点重构社会秩序之迷津。正如他的传记作者丹尼斯·史密斯所言："他的著作精彩地描绘了人类在过去几个世纪以来穿越现代性的艰苦历程，同时他也描绘了当现代性转向后现代之时，一个正在形成的新世界的生动景象。"[②] 一方面他看到了现代社会道德空间被拆除的事实，揭开了后现代栖息地上的人们摆脱现代性的伦理羁绊、拆除道德空间、走向后现代"无伦理的道德"境遇的纱幕，认为源于人为建造的认知、美学和道德三个空间的矛盾与冲突、理性化模式使得人类的道德本性让位于遵守规则、知识分子由立法者变为阐释者致使道德权威旁落，造成了伦理时代走向终结；另一方面他也清楚地洞悉了后现代道德之本相，认为"返魅"带来了重新面对人类道德能力的机会，对他者负责、走向无伦理的道德自治才是重建后现代道德空间的基础，进而重构了他的后现代道德

① 后现代主义大都强调否定性，引用麦茨·埃尔弗森的说法就是："它反对肯定的知识，所谓肯定，意思是讲述真理，暗示睿智，提供被认为能够深化思想和见识的词汇。后现代主义则致力于揭示这种计划里的无效和缺陷。后现代主义似乎什么都要谴责，什么都不提倡……毁坏是后现代心智貌似擅长的唯一工作。"（埃尔弗森．后现代主义与社会研究［M］．甘会斌，译．上海：上海人民出版社，2011：40.）

② 史密斯．后现代性的预言家：齐格蒙特·鲍曼传［M］．萧韶，译．南京：江苏人民出版社，2002：4.

社会学。

现代堪称为“伦理的时代”，道德思想和现代性的实践一直被一种信念所激励，这种信念就是相信一种无矛盾的、非先验的伦理学法典存在的可能性。强制性的无限责任、戒律和绝对义务筑就了铜墙铁壁般的道德空间；伦理的现代方法是用政治实践中强制性的、标准的规则和在理论上进行绝对、普遍和根本性的哲学追问作为对道德挑战的反映。也就是说现代伦理思潮与现代立法实践相结合，在普遍性和根本性相似的状况下找到了道德问题的根本解决途径。在立法实践中，普遍性代表着主权所及的领土范围内一套毫不例外的法律规则，法律的根本性则代表了国家的强制力，现代国家是为一种整治性、传教性和劝诱性的势力诞生的，这一势力努力要使被统治的全体民众得到改造从而进入有序的社会，它给予伦理规范的遵守以明确的合法性和热切的期望。现代性的世界被感知为有序的、确定的、可控的和安全的。然而，随着“现代性正在走向失败”(对现代社会的评价，鲍曼的思想态度是有明确转向的，在他的视野中，直到 20 世纪 80 年代中期以前，现代性都一直是一个令人钦羡并值得为之奋斗的理想，但是到 80 年代后期他却做出了“现代性正在走向失败”的结论)，铜墙铁壁般的道德空间被拆除了，伦理的时代终结了，其主要原因在于三个方面。

首先，三个空间的矛盾与冲突弱化了道德空间。人为建造的认知空间、美学空间和道德空间三者之间的矛盾无处不在，占据了生活世界的各个角落，总体说来，“认知分隔的空间和美学分隔的空间对道德空间都不热情相待”[①]。认知空间强调理性与客观性，它创造了距离；道德空间遵循的是善良意志，往往会侵蚀规则的至上性和距离的客观性；而美学空间遵循娱乐和审美原则，新颖、令人惊奇甚至神秘和恐怖是该空间得以维系的力量，道德原则、立场和责任却是一种持久的沉淀物，这种持久相对于美学空间的流动与漂移来说恰是格格不入的，甚至说娱乐价值在原则上就是道德责任的敌人，反过来道德责任也是娱乐价值的敌人，当然，“敌人”偶尔也可以和平相处，甚至可以互相协作、互相支援并使对方重新振作起来，但是只有其中一方付出放弃的代价才可能实现协作。道德空间的主体道德人不能打破二元矛盾，只能学会

① 鲍曼．后现代伦理学［M］．张成岗，译．南京：江苏人民出版社，2003：212．

与之共存并对其结果承担责任。可见，做一个道德人并不是一件轻松的事。如何缓解道德人的这种压力呢？有人尝试着用“市场”和“国家”作为道德代理人的办法来面对，拿市场来说，只要每一个人服务于自己的利益，“看不见的手”就会为每个人服务，看得见的道德代理人就可以无所事事、安然入眠了。就国家而言，提供援助是国家的责任，决定必需品和贫穷的相对重要性也是国家的责任，这样国家对于道德心有同样的催眠作用，道德主体也可以被安置去休息了。这样看来，道德主体似乎真的可以从市场和国家这两个道德代理人那里解放出来，但是他的道德警惕和道德能力却越发变得迟钝了。而且随着现代市场成为社会运行不可或缺的主要维持机制，国家的作用已经被简化为运用政治手段服务于使市场运作合法化的工作，市场的作用推动了社会成员的极端个体化，而且是消费的个体，作为消费个体的渴望就是占有越来越多的商品和服务，“人格自律、自我认识、真诚生活、人格完善，这些个体的需要都被彻底地转化为占有并消费由市场提供的商品的需求”[①]。但是欲望的缓解只是短时间的，作为消费者的欲望是无止境的，于是一方面产生了个人对于匮乏的担心、焦虑与痛苦；另一方面无法被引入私人消费的人性需求如人格自律或自我认同被搁置或者被压抑。可见，现代国家和现代市场并不能治愈道德人的孤独、压抑和矛盾，也无力阻滞道德空间被弱化甚至被拆除的命运。

其次，理性化模式使得人类的道德本性让位于遵守规则。理性化无疑是现代社会的一个核心特质，在肯定理性化所带来的诸多社会福祉的同时，鲍曼从大屠杀案件中洞悉了理性化之于道德空间拆除的内在机理。大屠杀是在现代理性社会、在人类文明和人类文化高度发展的阶段酝酿和执行的，为什么会发生这样的恐怖事件？人们自然会联想到纳粹及其追随者的道德败坏、普通德国人的道德冷漠、犹太人自身的道德麻木等，其实这只是表象。鲍曼则在这些表象背后寻找到了更深刻的原因，他认为，“当人的本性（厌憎杀戮、不倾向于暴力、害怕负罪感、害怕对不道德行为负责）遭遇到文明的产物当中最备受珍视的实际效率，即遭遇到其技术、选择的理性标准，思想和

---

① 鲍曼．立法者与阐释者：论现代性、后现代性与知识分子［M］．洪涛，译．上海：上海人民出版社，2000：253.

行动服从于经济与效能的倾向的时候，就暴露出了它的不足与脆弱。”[①] 亦即人类本性中的善良意志无力抵御现代文明中的技术、理性和效率，在一个理性的时代，恰恰是理性化的管理与集权化的政治权力合谋进行种族灭绝，现代官僚制度的理性化模式对于效率的追求是那样的机械刻板，而在道德上又是那样的盲目，甚至如马克斯·韦伯所言“完全无视人的因素”。当官僚制统治集团使他们的指示以理性示人时，现代性处境中的人们便丧失了按照道德、善良意志来行事的人类本性，而被迫去遵守游戏规则。同样是在理性的指导下，一些犹太人与警察、纳粹当局合作，本可以进行抵抗的犹太人眼看着自己的同类被一批批拉出去屠杀，而另一部分人却在安静地期盼自己可以幸免于难。因此现代文明的成果才是大屠杀这一惨绝人寰的行为的必要条件，现代文明化的理性世界让大屠杀变得可以想象并且成为现实。可见“大屠杀是对现代社会具有的潜在可能性进行的一次罕见而又重要并且可靠的检验”[②]。同时也是对现代社会道德空间被拆除的合理探源。

最后，知识分子由立法者变为阐释者致使道德权威性旁落。现代社会高扬着“知识就是力量”的旗帜前行，因为知识的核心作用，科学家、政治家、哲学家、艺术家走到一起并相互合作，知识分子的角色承载了一种特殊的权力和责任，即“他们超越了各种不同的帮派利益和世俗的宗派主义，以理性代言人的名义向全体国民说话”[③]。作为理性代言人，哲学家、教育家和传教士进行伦理立法，创造了个人主义的、契约论的、功利主义的、道德教育的、宗教的等伦理学，知识分子被赋予了唯一的正确性和道德权威性，同时借助于边沁的“全景式监狱”的创新设计，为权力实施的便利性和有效性提供支持。监视本身就是对社会秩序的控制和维护，专家无疑扮演着“监视者”的角色。可见权力和知识二者之间的关系变得尤为密切，一方面权力需要知识，另一方面知识赋予权力以合法性和有效性，拥有知识就是拥有权力。“牧人式的权力”是直接面对臣民，是使每一个臣民精神完善的权力运作方式；“思想改造式的权力”谋求的是臣民对于权力本身所具有的权威性的

---

① 鲍曼．现代性与大屠杀［M］．杨渝东，史建华，译．南京：译林出版社，2002：18.

② 同①16.

③ 鲍曼．立法者与阐释者：论现代性、后现代性与知识分子［M］．洪涛，译．上海：上海人民出版社，2000：27.

认同。教会的这两种权力方式其目的都在于形成并维持信仰的优越地位，也包括被制度化了的信仰代言人的优越地位。国家的这两种权力方式不仅要征服臣民的精神，而且要向一切威胁其统治的潜在力量宣战。知识与权力的结合，无论以“牧人式的权力”还是以“思想改造式的权力”的形式存在，在基督教精神统治的时代都曾发展到极致。在现代权力结构中，这两种权力形式摆脱了教会体系，根据国家意志借助于法律被重新配置，国家及其委任的专家无论采取哪种权力方式，其目的是既要征服臣民的精神，同时也要反抗一切可能的威胁，监督、帮助其臣民趋利避害，形成认同。权力与知识的结盟就是确定性的基础，而且是知识分子生活世界形成的决定性力量。而此时，知识分子所承担的角色便是鲍曼所谓的“立法者的意象”。现代伦理思潮与知识分子的立法实践相结合，在普遍性和根本性一致的状态下寻求社会问题的解决。由法律所代表的国家的强制力本身就是一种伦理的道德律令，它强迫人们遵守伦理规范，并将其视为一种责任，由此人们的道德行为也成为一种他律的理性行为。

到 19 世纪末 20 世纪初，西欧以及深受西欧影响的其他地区的文化精英们的自信与自负达到了顶点，他们作为历史变迁最重要和最有力的发言人的角色被动摇了。因为欧洲在退缩，曾经作为其独特标志的价值威望一落千丈，其现代性规划失败了：现代社会发展的成就与代价形影相随；预想中理性王国实现的进程正在放缓；被启蒙的人们的权利在日益增大；浮士德式的人自豪于他们的权力和卓越；面对这样的危机，知识分子的悲观取代了自负，弗洛伊德意向下的人们精神压抑；齐美尔哀叹“非普遍性的知识分子”降生；知识分子的悲观和防范态度恰是欧洲文明危机的直接表现。知识分子“已经不再适合作为立法者存在于当今社会”①，用立法者意象描绘的知识分子的传统职能集体旁落，“阐释者意象就是最佳的描绘”②。现代社会，是图雷纳（Alain Touraine）所说的“丧失历史动力的时代”，也是哈贝马斯所说的“合法性危机”的时代，无论何种表达，都说明“那种作为知识分子生活方式之正当性基础的雄心壮志已不复存在，寻求哲学家忠告并以开明君主自许的人

---

① 鲍曼．立法者与阐释者：论现代性、后现代性与知识分子［M］．洪涛，译．上海：上海人民出版社，2000：163.

② 同①166.

也不复存在了”[①]。

阐释者角色的主要职能在于“以某种共同体传统为基础形成解释性话语”“促进自主性的共同参与者之间的交往”“防止交往活动中发生意义的曲解”“深入相异之知识系统中，维持两个相异传统之间的微妙平衡”[②] 等。相对于立法者而言，阐释者几乎没有什么特别的权力，尤其是将他们的解释施加于共同体成员的权力。正是知识分子角色和地位的变化，展示了西方文化发展的困境，知识分子不能再为道德立法，道德标准可望而不可即，道德的权威性失落了，只有哲学家还在努力支撑并绝望地营造着只有他们自己的共同体。过去曾有一个可以信赖的权威，这种权威比我们更强大且必须遵命，它能够为人们的选择的适当性做些担保，帮助人们分担一些为道德选择所负的责任，但是现在权威已经被质疑，人们不再相信任何权威。这就是“后现代道德危机最强烈的、最广为人知的实践方面”[③]。正是这种道德权威的失落，使人们感到孤独、被遗弃和无助；也正是这种道德的不确定状态，使人们找不到或者说没有完全令人满意的安全出口。

道德空间的拆除、伦理时代的终结并不等同于道德的终结。鲍曼相信我们正进入一个新的时代，“就像现代作为伦理的时代进入历史一样，即将到来的后现代将被记录为道德的时代”[④]。所谓道德的时代并不是比追寻原则和提倡普遍性的时代必定能创造更多的善、更少的恶，也不是使道德生活更加容易，少一些强制多一些弹性。因此我们仅仅能在这样一种意义上称后现代是一个道德的时代，即“由于解除禁锢——紧紧地包裹并模糊了道德自身和道德责任的现实的伦理的乌云的消散——现在，当道德问题从人类的生活经历中出现时，当它们在一切不可挽救并且无法更改的矛盾情绪中面对道德本身时，我们有可能而且必然在它们裸露的真相中直接面对道德的问题”[⑤]。后现代时期的民众必须直接面对他们的道德自治，也必须直面他们的道德责任，重建道德空间，这是道德自身极度痛苦的根源，也是道德自身从

① 鲍曼．立法者与阐释者：论现代性、后现代性与知识分子［M］．洪涛，译．上海：上海人民出版社，2000：196.

② 同①6.

③ 鲍曼．后现代伦理学［M］．张成岗，译．南京：江苏人民出版社，2003：24.

④ 鲍曼．生活在碎片之中：论后现代道德［M］．郁建兴，等译．上海：学林出版社，2002：34.

⑤ 同④41.

未面临过的机遇。

(四) 道德空间的重建：无伦理的道德自治

在鲍曼看来，后现代并不是仅仅当现代性终结或者逐渐消退时，作为现代性的替代物意义上时间的延展；也不是当后现代盛行以后致使现代的观点成为不可能的彻底否定，而是在以结论或者预示形式方面暗示意义上的伸延和建构。现代性规划和企望的破碎、社会化调整以及社会公众个体行为一致化幻觉的消退，使人们能比以往更加清楚地洞悉道德的本相。后现代新图景的变化已经或者正在唤醒人们对道德、道德生活的纯正理解。

1. 重新面对人类的道德能力

后现代社会使人们逃离了伦理学法典的权威性、确定性的樊篱，给人们带来了前所未有的道德选择的多元化与自由，但同时也把人们抛入了前所未有的不确定状态，一方面是道德理论的困境，另一方面是道德实践的模糊性。这条路的尽头矗立着的是被矛盾着的道德要求、选择和期盼质询的现代个体，个体已无处可逃，必须面对这样的现实，按照艾伦·沃尔夫（Alan Wolfe）的观点："我们必须作为我们自己的道德代理人去行动。"① 这也是在现代国家和现代市场作为道德代理人却无力治愈道德人的孤独和无助，无力阻滞道德空间被拆除的命运之后的必然选择。把道德从人为创设的伦理规范的框架中释放出来，意味着将道德重新个人化。正是个人道德，使伦理协商和共识成为可能。道德重新个人化意味着使"伦理进程从终结线回归到出发点"②。即自由地承认它的非理性，它是其自身必要的、充足的理由。后现代带来了这个世界的"返魅"——对祛魅的反抗。一方面，未完成的现代工程依据理性之石创造了世界的繁荣，但并未带来道德的进步。正义往往以胜败为基础，对大屠杀、对越南战争的反思并没有诉诸道德良心的痛悔。由认知、美学和道德三个要素构成的社会空间一直存续着冲突与不和谐，第二次世界大战以来，人们对社会空间的控制和身份的需求变得越发激烈，以至于有预谋地建构一些类似于滕尼斯模式的共同体。但是实际上，这种共同体"注定是一种

① 鲍曼．后现代伦理学［M］．张成岗，译．南京：江苏人民出版社，2003：36.

② 同①40.

在地方性上不稳固因而侵略好战、不容异己的共同体”①。共同体只是一种短暂的存在状态，共同行动并不遵循共享的利益，相反，共同行动就是要分割、分有全部的利益。因此为了捍卫人类自身能够远离残酷的命运（这一直是现代工程的承诺），由谁来担负社会空间化的责任，是认知的空间还是美学的空间都不重要了，“假如有什么显得重要的话，那就是道德能力的救赎和人类空间的重新道德化”②。另一方面，“返魅”带来了坦率地面对“人类道德能力”的机会。在后现代栖息地，流浪者和观光客是后现代模式的隐喻，它们的共同公式是“身体上的亲近，精神的疏远”③。理想状态下的后现代人更应该是一个观光客，既身临其境又置身事外，物质上亲近，精神上疏远，“冷淡、孤独的自由——预先免除了所有约定俗成的责任。在理想状态下，道德良心已经被喂下了一片确定无疑的安眠药”④。观光客们自由地生活在自己的美学空间中，并总能原谅自己对道德空间的遗忘。鲍曼认为自我、道德良心作为一种积极的道德载体在高度现代性的体制中被麻痹和弱化了。但是在雄心勃勃的现代计划的尽头，道德危机依旧存在，观光客不可避免地要面对各种道德冲突和道德困境，借用埃德加·爱伦·坡的因跳进木桶而获救的渔夫的故事的启迪，便是去探寻作为人类道德最后的退隐之所的“木桶”，鲍曼认为这个木桶便是处于休眠状态的道德良知，是“道德冲动的最终推动力和道德责任的根基——仅仅是被麻醉了而不是被切除了”⑤。道德良知可能处于休眠状态，可能保持沉默，但是它始终在那里，并且随时可以被唤醒。抓住这样的机会，道德最后仍有兴盛起来的可能。鲍曼认为一定是“社会成员的道德能力——而不是其他方式，使社会、社会的持续存在和社会幸福成为可能”⑥。正是这种具有实践性和动态性的道德能力使人们组成社会，维持生存和创造幸福。

2. 个体道德就是对“他者”负责

道德的原初场景在“存在之前”首次遇到了“他者”，这种相遇不过意味

① 鲍曼．后现代伦理学［M］．张成岗，译．南京：江苏人民出版社，2003：275.
② 同①281.
③ 同①284.
④ 同①286.
⑤ 同①293.
⑥ 同①36.

着不能言说、不能编码、无限的和无条件的我的责任。道德的原初场景是面对面的领域，是亲密的、道德团体的领域，它是道德自我的摇篮和发源地。后现代伦理学将会是这样一种伦理学："它重新将他者作为邻居、手、脑的亲密之物接纳回道德自我坚硬的中心，从计算出的利益废墟上返回到它被逐出之地；是这样一种伦理学，它重新恢复了亲近独立的道德意义；是这样一种伦理学，在道德自我形成过程中，它将他者作为至关重要的人物进行重新铸造。"① 那么该如何铸造他者这一重要人物呢？从社会空间与道德空间的意义上看，从前现代时期继承下来的道德无疑是亲近行为道德，在亲近状态中，他者是确立我的责任基础的权威，而现在所有的重要行为都是疏远性的，尤其体现在陌生人的关系中。在现代社会生活中，陌生人是无处不在、不能去除的，同时陌生人也是一种必不可少的生活条件，而且陌生人的存在总会不同程度地引起人的困惑、矛盾等情感。这样陌生的他者如今变成了一种力量，一种超出我的自由周围划界的埋伏的力量。当然这种社会空间距离的取消还不能与对道德距离的取消相提并论，但是对空间距离的取消应当与对道德距离的取消相匹配。问题是如果在根本上匹配的话应当怎样做？这里必须面对和解决的就是责任问题，这个责任就是指"对我们既不能看到也不了解但是在我们行为多元的、或近或远的、当下或者将来的结果中确实重要的责任"②。这样，我们行为的伦理意义就到达了一个空前的高度，但是前提是必须有一只指引行为的很长的道德之手。

不论追寻中的道德将会是其他什么样子，首要的、最重的一点就是，它必须是一种自我限制的伦理学，不管是在亲近距离之内还是在亲近距离之外。与陌生人相处，无论作为社会空间的管理者还是普通人，都必须学会转换那种蛋白质恐惧症，用包容的心态努力将陌生人同化成邻居。同时他者的脆弱也会不断唤醒隐藏在自己身上的道德自我，努力去承担对他者的责任。道德责任是"本我第一位的实在，是社会之起点而非社会产品"③。道德责任是一个与理智相反的神秘事物，它没有根基，没有原因，也没有决定因素。作为个体，在道德上要为我的无知负责——"当想象开始行动或者忍住行动时，

---

① 鲍曼．后现代伦理学［M］．张成岗，译．南京：江苏人民出版社，2003：98.

② 同①256.

③ 同①16.

我在道德上以同样的方式、在同样的程度上为我的想象负责，为将想象延伸出界限负责。"[①] 未来的伦理学应当被对恐惧的探索所引导，探索恐惧在其顺序上隶属于不确定性原则：对于危险和不断积累的危险探索来说，"首先迫切需要的是维持和预防的伦理学而不是进步和完善的伦理学"[②]。作为集体，不确定性一直是道德选择的有效范围。在这一方面，伦理学的后现代情境并不是新的。真正新的东西是堵住现代性的暴行。在后现代伦理学中，他者将是道德生活的守门人。向自我回归是一条无限漫长的道路，对他者负责就依赖于个体的道德良知。

3. 道德"不能被普遍化"

"道德不能被普遍化"[③] 是直接针对"道德普遍主义"的说法的。鲍曼认为，"道德普遍主义"或者"道德普遍化"的观点其实质在于压制个体道德冲动，克服个体道德多样性和差异性，极力引导个体道德能力通向某一社会设定目标的政治共同体的企图。而真正普遍性的道德是难以捉摸的，而这又不等于承认道德相对主义或道德虚无主义。道德普遍主义基于对人之本质或人之本性的"普遍性"假设，无论是麦金太尔的"不受妨碍之自我"还是米歇尔·奥克肖特（M. Oakeshott）的"被置于某种境遇的自我"，都无法超越由国家或国家认可的机构所确立的道德权威，如国家法律之公正、国家规定的公民模式等。

只有规则可以是普遍化的，但是道德却是要由个体来承担的，道德主体的道德不具备能够使其普遍化的特性，这些特性主要包括：其一，道德不具有目的性和被保障性。如果道德是普遍的，那么就必须具备这样两种属性，有目的性和被保障性体现的是理性立场，有目的并且是自我保全、自我保存，使个体或团体得以永恒。道德行为就是达到此目的的手段，正因为这种合理性，所以人们才选择道德行为。那如果相反，没有目的不能保全的行为就不是道德行为吗？其二，道德不具有互惠性。如果道德是普遍的，那么必须具有互惠的特点，互惠可能是即刻的也可能是延迟的，也可能是特殊或者一般

---

① 鲍曼．后现代伦理学［M］．张成岗，译．南京：江苏人民出版社，2003：259.

② 鲍曼．立法者与阐释者：论现代性、后现代性与知识分子［M］．洪涛，译．上海：上海人民出版社，2000：260.

③ 同①14.

性的，莫斯笔下的“礼物”强调的就是“公平与平等是赠送礼物恰当和成功的尺度”。赠送礼物之前就假定了互惠，礼物赠送以后使接受者成了道德义务的载体。即便是一种没有时间限定的广义的互惠，可能与无私的慷慨非常相似，但其实也寄希望于得到一些报答。所有对互惠的期望都与动机紧密相连，只要是这种情况，那么就与道德的根源不同。其三，道德不具有签约性。如果道德是普遍化的，那么要有签约的特点。签约是在行动之前，对参加者履行义务的约定。参加约定有一个明确的目的，即为了保证各自的利益。在签约关系中，义务受到了严格的限制，如果没有履行约定的义务就会受到约定的惩罚。上述目的性、互惠性和签约性三个特点暗示了行为的可靠性和理性立场，按照马克斯·韦伯对理性主义的解释，那么这样的行为“在理论上是普遍的，在实践上是可以普遍化的”①。然而道德不具备上述这些特点，作为一个道德的人，无疑是孤独的，但是作为一个社会人却一直与他人共在，而且超越于普遍化的概念、标准和规则，道德人按照自己的道德冲动去行动，因此他又是自由的。

在鲍曼看来，这几条规定既是后现代道德空间之建构的主要基础，也是对后现代道德本相之洞察；这些观点既是对现代道德强调的“理性化”“普遍性”“确定性”的否定，也是对现代伦理学中伦理对道德、法典对道德自我、他治对自治的替代的否定。当然，鲍曼也清楚地意识到，进行后现代道德探索的结果，并不能找到一种极具确定性和权威性的伦理学法典，但是对道德先验性、个体性、道德责任的理解和铺陈，却可以重新建构起非伦理的道德空间。

二、重新发现和建构道德共同体

重新发现和建构道德共同体，也是化解陌生人社会伦理风险的重要机制。道德共同体既是一种观念的社会形态，“建基于伦理习惯和由共同体成员内化的相互之间的道德义务之上，较多地利用归属感、信任和责任，以及对分享我们的价值、利益和目标的人们的义务”②，同时也是一种实然的社会组织形

---

① 鲍曼．后现代伦理学［M］．张成岗，译．南京：江苏人民出版社，2003：69．

② MISZTAL. Trust in modern societies［M］. Cambrige，England：Polity Press，1996：56.

式。对道德共同体的研究可以追溯到滕尼斯的《共同体与社会》。共同体是人的意志完善的统一体，是持久和真正的具有道德性的共同生活。现代社会的发展及现代性的展开以多种方式加剧了对逝去道德共同体的乡愁：眷恋其自然而然性、默然一致性、和睦性以及道德性等。同时现代社会也创造了道德共同体再建构的新形态，即业缘群体意义上的职业道德共同体、日常生活意义上的社区地缘道德共同体、基于政治认同的民族国家道德共同体以及基于规避现代社会风险意义上的人类命运道德共同体。

（一）滕尼斯对共同体道德性的分析

第一章中曾就滕尼斯对共同体与现代社会的差异性做了比较，以说明陌生人社会的特征，这里再论滕尼斯对共同体的道德性的分析。滕尼斯认为共同体是古老的、温馨的、和睦的，充分体现了社会关系的熟人特质和道德性，同时也是现代人热切希望栖息和重新拥有的世界。“共同体是结合的本质意志的主体，社会是结合着的选择意志的主体。”① 本质意志是“人的身体的心理学上的等价物，或者是生命的统一原则。只要把生命设想为处于现实的形式下，思维本身也属于现实”②，是只限于思维被包括于其中的意志的结构形式，它的整体统一是真实而自然的。共同体是建立在成员的血缘、地缘或者心缘的基础之上的，是有机地浑然生长在一起的整体，是“人的意志完善的统一体，并把它作为一种原始的或者天然的状态”③，是持久和真正的具有道德性的共同生活，其基本形式主要是血缘共同体、地缘共同体和精神共同体。在共同体时代，家庭生活和家族经济是最基本的色调；在社会的时代，商业和大城市的生活是最基本的色调。家族、村落、近代以前的城市这些共同体形态，由于血缘、亲缘、地缘以及心灵精神的一致性，其“一体性和同质性决定了它可以获得习俗和道德的规范，可以在习俗和道德的基础上形成权力治理体系”④。因此，共同体就是熟人构成的道德共同体，以熟悉性与道德性为特质。具体说来其伦理关系性或道德性体现在以下几个方面。

---

① 滕尼斯．共同体与社会［M］．林荣远，译．北京：商务印书馆，1999：255.

② 同①146.

③ 同①58.

④ 张康之，张乾友．共同体的进化［M］．北京：中国社会科学出版社，2012：53.

1. 家庭作为血缘、亲缘共同体体现了人的各种伦理意志的相互结合

在家庭关系中，父母亲和孩子、丈夫和妻子以及兄弟姐妹之间的关系是三种最强有力的关系。父亲在家庭中具有强大的威严，高居于家人之上，承担着保护、提携和领导作用，其善行和恩惠可以唤起尊敬、爱戴与敬畏的道德情感；母亲因养育、保护和引导弱小的子女而产生强烈的道德责任感；子女对父母亲的辛劳与关怀产生感激之情。夫妻关系不仅是肉体结合也是精神结合，共同生育、共同创造和占有财富，彼此间相互习惯、依赖与服从，尊重与信任成为最基本的道德规范。兄弟姐妹之间的爱“作为最富于人性的爱，却可以说是还完全建立在血缘亲缘之上的人与人之间的关系”①。相互间持久的共同生活、手足情深，面对外来威胁时相互间团结一致、同仇敌忾的道德意识与情感就会越发强烈。正是在家庭氛围中，人们为家人环绕，彼此悠然自适享受天伦，因血缘的亲近与爱的要求使人的意志与精神得到安宁与平衡。

2. 村落共同体中的邻里关系是最普遍的社会关系状态

邻里之间居所相近，接触频繁，彼此熟悉，相互习惯，有共同的劳动、共同的生活方式，需要共同面对各种自然灾害，以共同方式消灾驱邪、祈求福祉，由此就会形成特定的习惯、礼俗、价值观念和信仰，确立起善与恶的道德评价标准，进而形成约定俗成共同遵守的道德规范，通过社会舆论、习俗和人们的内心信念去维系并发挥作用。

3. 近代以前的城市也是按共同体方式存续的有机体

城市“连同它的语言、它的风俗、它的信仰，如同与它的土地、它的房屋和它的宝物一样，是一种恒久的东西，经历很多代人的更迭而持久不变，而且部分出于自己，部分由于它的市民的家族的继承和教育，一再重新表现出基本上相同的特性和相同的思想”②。从外表看城市似乎是一个大的村庄、众多相邻的村庄或是一个由围墙环绕的村庄；其内部则主要是劳动的合作社、同业公会和行会以及宗教的教区。艺术和宗教的作用更为凸显，通过建筑、雕塑、绘画艺术不仅表达对神灵或杰出人物的缅怀，也使人的感官领悟尊严

① 滕尼斯．共同体与社会［M］．林荣远，译．北京：商务印书馆，1999：60.

② 同①91.

与永恒，从中感悟与体验美的意境与价值。宗教教区“同时也是共同体理念所能表示的最后的和最高的表现”[①]。如果说原始的迷信崇拜是家庭性质的，其热烈而严肃的氛围映衬出节制、节律与和谐的美与神性，那么城市的宗教无疑是一种延续和再创造，宗教同生命建立了更深切的关系，使人们充满幻想，渴望救赎，希冀永恒。人们也使城市更加接近各种神，“诸神仿佛从天上请下来一样，更加富有思想的意义，他们成为习俗的纯洁、精明能干和善良的楷模；他们的神职人员成为美德的导师和传道士”[②]。基于宗教的强大力量，宗教伦理的信条与观念日益深入人心，人们通过实践去感悟与体验善良、节制和宽容，以实现宗教意义上的神圣与高贵。

而以大城市的生活、政治国家和民族的生活以及世界主义的生活为基本形态的社会，就是依托于契约、法律等建构和维系的，其基本的规范体系是以契约、法律的形式出现的，其他一切补充性的规则和规范都必须与法的精神相一致，因此体现出契约化特质。现代社会从传统的共同体形态中走出来，获得了诸多的现代性特质，同时也充分展现出社会关系的冷漠、疏离和异化。

（二）现代社会对逝去道德共同体的乡愁

现代社会因彼此陌生、不确定性而必须面对卢曼、贝克和吉登斯所谓的“信任危机”和“道德风险”。回望逝去的共同体——人们“与同伙一起，从出生之时起，就休戚与共，同甘共苦”[③] 的“持久而真正的共同生活”时，总会对逝去的道德共同体存有一份或浓或淡的眷恋与乡愁。乡愁通常的理解是思念故土、怀旧、忧郁、伤感等意义组合的心理情结，表达了人们想要回到早年生活中某个熟悉的地方的愿望。图尔纳（B. S. Turner）认为，从哲学和社会学上来看，乡愁更应该是人类“疏离和异化的一种基本形式的无家可归”[④] 的状况，在全球化理论中，乡愁理论或曰“怀乡范式”已成为“唱片上录有较不出名乐曲的反面”[⑤]。乡愁范式有四个主要预设：“历史衰落的观

---

① 滕尼斯．共同体与社会［M］．林荣远，译．北京：商务印书馆，1999：76.
② 同①93.
③ 同①53.
④ 罗伯森．全球化：社会理论和全球文化［M］．梁光严，译．上海：上海人民出版社，2000：225.
⑤ 同④210.

点；某种失去整体的感觉；丧失表现性、自发性的感觉；失去个人自主性的感觉。”① 在这四个预设中，第一种和第二种是频繁碰到、常态性的。但特别值得注意的是20世纪后期以来，在“乡愁已今非昔比”的状态下，第三种和第四种预设即对自发性和个人自主性的怀旧，已成为乡愁的突出维度。陌生人社会对逝去共同体的乡愁对前述四个预设都有不同程度的体现。按照滕尼斯的理论，具体说来其主要包括如下方面。

1. 眷恋道德共同体的自然而然性（天然状态）

共同体是人的意志完善的统一体，它是一种原始的或者天然的状态，或者说虽然经过分离但这种原始或天然状态仍然近乎完整地保持着。根据前述共同体中人与人关系建构中所依托的三种最强有力的关系即父母和孩子、夫妻之间以及兄弟姐妹之间的关系可以看出，正是基于这三种最强有力的关系才发展出相互结合、团结一致与同仇敌忾的力量；正是基于这种最强有力的关系，才能“最纯洁地表现出真正的帮助、相互支持和相互提携”②；正是基于这种最强有力的关系，共同体里的权威或威严如年龄的威严、强大的威严、智慧或智力的威严与相对的尊重、敬畏也是那样的自然而然；也正是基于这种最强有力的关系建构起血缘共同体，血缘共同体进一步发展和分离为地缘共同体，地缘共同体再发展为精神共同体，精神共同体作为在相同的方向和意义上的纯粹的相互作用和支配才得以固化。在陌生人社会状态下，这种血缘、地缘以至于精神的联结纽带日益弱化，由此也造成了人与人之间关系的疏离与淡漠。

2. 眷恋道德共同体的“默认一致”性

默认一致是共同体成员对作为共同体意志的思想信念的共同理解，是相互间“一切真正的共同生活、共同居住和共同工作的内在本质和真实情况的最简单的表示”③。这种共同理解是不需要刻意追求也不需要斗争的，它是一种相互的、联结在一起的情感，是那些联结在一起的人恰当的真实的意愿。我们也可以把它称为默契，是关于优先权、义务以及善与恶的价值评价上的

---

① 罗伯森．全球化：社会理论和全球文化［M］．梁光严，译．上海：上海人民出版社，2000：226.

② 滕尼斯．共同体与社会［M］．林荣远，译．北京：商务印书馆，1999：63.

③ 同②74.

默契。默认从本质上看是沉默的，是不言自明的。无论你承认与否、相信与否，那个默认与理解就在那里。它是现成的，随时可以使用的。这种默认一致先于所有的意见与分歧，只有这种默认与理解，在共同体中人们才得以保持根本性的团结，尽管有各种各样的分离因素。与陌生人社会的约定与契约明显不同，共同体中的约定与契约是以语言为前提的交换承诺，是接受即将发生的未来的行动，是形成决定的协调一致，虽然也是一种共同理解，但却是刻意做出来的。

3. 眷恋道德共同体的“和睦性”

和睦性是共同体意志在其“整体力量和本质方面”的表现，是“共同体决定性的意志的总形式”①，包含着多方面的默认一致与共同理解，并且体现默认一致的程度和状态。和睦性也不是做出来的，它的根深植在共同体血缘、地缘以至于精神上的亲近关系中，其中家庭关系是和睦性得以产生的原点。夫妻和亲属间的相亲相爱，相亲相爱的人们彼此间的心存默契，相互习惯，在日常生活中共同切磋、商量，共同对话、思考，就会形成彼此的亲密无间。当家庭共同体演化为其他的复合形式，如农业地区、行政区、村庄，以至于由村庄发展出来的城市，推而广之，邻里、乡党以至其他的朋友，同样可以比较融洽。和睦性作为诚挚的结合和团结的状态，也是共同体意志力量作用的结果。共同体意志是共同体更高的表现形式，即共同的风俗和信仰，渗透于共同体成员当中，并且会持续地滋长延续。瑞典的罗森伯格（Goran Rosenberg）形象地把这种和睦相处的状态称为“温馨圈子”，在这个圈子里提供的“不带感情的、人们期望的忠诚，不是源于外部的社会逻辑，也不是源于任何经济的成本收益分析，这恰恰是使得这一圈子变得温馨的东西”②。然而今天，随着共同体的逝去，这种和睦性也渐行渐远。

4. 眷恋共同体的道德性

除上述基于滕尼斯的理论解释外，还有一种乡愁，就是对作为西方社会古希腊城邦共同体道德性的眷恋。这种古典理想一直对西方学者尤其是欧洲的知识精英们产生着漫射性的吸引力。麦金太尔认为西方历史在18世纪启蒙

---

① 滕尼斯．共同体与社会［M］．林荣远，译．北京：商务印书馆，1999：73.

② 鲍曼．共同体［M］．欧阳景根，译．南京：江苏人民出版社，2007：6.

运动的鼓舞下企图发现和建构一套公正的合乎理性的道德原则，在政治上体现为美国的《独立宣言》和法国大革命的《人权宣言》；在哲学上，休谟、狄德罗、边沁以及康德等都试图从理论上予以阐释，但是面对现代社会价值多元、道德“无公度性”的现实困境，这一运动失败了。那么，现代社会的人们“是否有可能以某种不同于启蒙运动及其西方后继者们的方式在基本的道德问题上达到真正合乎理性的一致呢”[①]？以麦金太尔、桑德尔等为代表的社群主义提供了一种道德解释与建构范式（前文述及），那就是重新回到古希腊时期亚里士多德关于城邦共同体之德性论的理论中寻找智慧。正如麦金太尔所言：“我本人的结论很清楚。一方面，尽管人们对道德哲学做过三个世纪的研究，对社会学做过一个世纪的研究，但我们仍然没有对自由个人主义观点做出任何连贯的合理的经得起批评的论述；另一方面，亚里士多德传统可以重新表述，以使我们的道德、社会态度和责任恢复它们的可理解性和合理性。”[②] 政治哲学家阿伦特（Hannah Arendt）对现代社会人之境况的审视也是古典理想性的，她同样是在古老的城邦共同体生活中找到了理论上的“阿基米德点”，“站在这个立足点上，她把批判的眼光投向了我们自以为理所当然的思考和行为方式”[③]。此外，古朗治（Fustel de Coulanges）的《古代城市》、贝拉（Robert N. Bellah）的《心灵的习性》等著作也都体现了这种古典理想倾向。

对逝去道德共同体的眷恋与乡愁，就滕尼斯的《共同体与社会》而言，其实是19世纪70年代获得统一的德国因缺少一种可资利用的民族神话或精神，也缺少类似于英法那样相对完整的历史传统，而产生的一种对现代性以至于未来发展的不确定性所持有的一种悲观心态的反应，虽然滕尼斯没有直接表达对现代法理社会的不满。这种心态后续在德国其他思想家的理论中得到延续，马克斯·韦伯对现代性所铸就的文化“铁笼”的悲观情绪仿佛为人类规划了一个无限期的冰川时代，斯宾格勒（Oswald Spengler）写于第一次世界大战期间的《西方的没落》可谓是悲观主义的巅峰之作。乡愁的确是理性的现代性状态下的一种衍生物或者说心理后果，同时也是文化多样性、道

---

① 麦金泰尔．德性之后［M］．龚群，等译．北京：中国社会科学出版社，1995：中文本序言 2.

② 同①326.

③ 阿伦特．人的境况［M］．王寅丽，译．上海：上海人民出版社，2009：导言 1.

德无公度性状态下的一种同质化诉求与渴望，这也正是精于权衡得失、理性算计的“冷若冰霜的人们为什么梦想那一迷人的圈子并希望用它的规模和标准来改变其他冷酷的世界的原因”①。

（三）现代社会道德共同体的再建构

虽然现代性的展开以多种方式加剧了乡愁的倾向，但是人类社会前行的脚步不可能逆转回到传统的共同体时代，因此也“不要夸大乡愁在当代世界中的分量”②。共同体的时代已经逝去，即便获得新生，也不可能以古老的记忆形式再现。共同体主义者曾经努力去寻找能够拴住他们对个体体验的担心与焦虑的钉子，举行除魔仪式，建构“钉子共同体”，将其视为逝去共同体的替代品，并仿佛从中看到了道德共同体复活的希望。但是，鲍曼认为共同体的追求者注定要遭遇“坦塔罗斯③式的命运”，以这种方式确立的目标必定不能实现，而且正是这种努力使目标变得更加渺茫。可见“钉子共同体”并不会成为现代社会道德共同体的可能形态。那么这种新型道德共同体的形态又该如何确定呢？

1. 基于业缘群体意义上的职业道德共同体

现代社会分工越来越细化，职业群体成为最主要的社会组织形式，业缘关系成为最主要的社会关系类型。在职业群体内部，除了理性化的科层制管理之外，努力去创造一种共同体的感觉，既是现实的也是可行的。对此 20 世纪 20 年代梅奥的霍桑实验已经证明：良好的人际关系，良好的被关心、激励和重视的软环境，成功地唤起“我们所有人都在同一条船上的感觉”，往往要比严厉的监督与管控更有效率。这种职业道德共同体的建构是以职业利益共同性作为坚实基础的。用滕尼斯的概念解释其实就是把职业群体成员的“选择意志重新锻造成为本质意志，要把明显人为地、抽象地设计出来的行为的

---

① 鲍曼．共同体［M］．欧阳景根，译．南京：江苏人民出版社，2007：6.

② 罗伯森．全球化：社会理论和全球文化［M］．梁光严，译．上海：上海人民出版社，2000：232.

③ 坦塔罗斯（Tantalus）是古希腊神话中宙斯的儿子，因泄露天机遭受惩罚，被惩罚的方式是让他站立在齐脖子深的水中，可当他口渴难耐时，水就流走了；他身后有果树，果实吊在他的额头上，可当他感到饥饿时，果实又被风吹走。

理性模式自然化”① 的过程。涂尔干对于社会分工与社会分化所潜藏着的道德意涵与整合功能的分析也始终抱有积极乐观的态度，无论是对失范型分工的讨论还是在对失范型自杀的忧虑中都可以感受到他对建构职业道德共同体的渴望和信心。涂尔干诉诸同业公会这种道德共同体的形式，认为同业公会能够起到人们给它规定的作用，“成为一个确定的组织、一种集体人格，有它的习俗和传统，有它的权利和义务，有它的统一性”②。最关键的是有它的“道德上的特征”。职业群体内部虽然会存在职位升迁、利益分配等方面的竞争，但是共同的职业利益、职业场所，共同的职业道德规范，共同的价值实现途径，使得职业群体同时也是实现现代人群体归属、群体信任与心理认同的道德共同体。

2. 基于日常生活意义上的社区地缘道德共同体

滕尼斯认为共同体时代虽然已逝去，但并不是与现代社会彻底断裂，“共同体的力量在社会的时代之内，尽管日益缩小，也还是保留着，而且依然是社会生活的现实”③。随着现代化、城市化进程的加快，城市生活日益成为现代人生活的主要场景，依托城市社区，构筑互助合作、关系和睦的新型地缘道德共同体既是现实的也是可行的。“有事情找社区”“有困难找社区”“有问题找社区”承载着社区居民在陌生化的城市生活中对互助合作的道德共同体的期待、眷恋与守望。依托社区的自然条件与人文环境，通过完善体育健身和休闲娱乐场所、公共图书馆等公共性、公益性的文化体育设施，社区居民可以走出冷漠与孤寂，走进公共空间，在健身、娱乐和休闲过程中实现正常的社会交往与互动。日常生活世界充斥着重复性的惯习与琐事，但是琐屑的生活本就是人的生存与发展的活动。生活需要一定的品质，而日常生活中的交往行动可以满足多重需要，按照哈贝马斯的理解，“交往导致了行动者去理解相互间的主观状态，及发展一种共享共同意义的感觉的这样一种相互主观性或者能力”④。基于此，通过交往行动对文化知识的传播、保存和更新，可以达成交往主体彼此之间的理解；通过协调互动的交往行动，可以满足社会

① 鲍曼．共同体［M］．欧阳景根，译．南京：江苏人民出版社，2007：41.

② 迪尔凯姆．自杀论［M］．冯韵文，译．北京：商务印书馆，1996：372.

③ 滕尼斯．共同体与社会［M］．林荣远，译．北京：商务印书馆，1999：341.

④ 特纳．社会学理论的结构：下册［M］．邱泽奇，等译．北京：华夏出版社，2001：247.

整合和群体团结的需要；通过交往行动，行动者可以不断实现社会化，在生活中能够充分体验到欢愉与个性、灵性与尊严的需要。可见依托社区，通过社区居民的交往行动，建构地缘道德共同体，不仅能满足现代人对共同体的渴望，同时也是进行日常生活世界的再生产、实现日常生活世界与系统的关系平衡，进而实现社会整合的需要。

3. 基于政治认同的民族国家意义上的道德共同体

在民族国家的理解上，安德森（Benedict Anderson）试图以哥白尼精神寻找民族之谜的新解释，他将“民族、民族属性与民族主义视为一种特殊的文化的人造物”①，并视民族国家为现代的想象形式即“想象的共同体”，并认为使想象成为可能是基于认识论上的先决条件即“中世纪以来人们理解世界的方式所发生的根本的变化”②，以及社会结构上的条件即“资本主义、印刷科技与人类语言宿命的多样性这三者的重合”③。马克思和恩格斯基于资本主义社会私人利益和公共利益之间的矛盾对立性论述了资本主义国家作为“虚幻的共同体”的存在形式，并认为只有到共产主义社会，在共同利益一致且真实的情况下，虚幻的共同体才能变成“真实的共同体”。相比较而言，马克思主义的解释更为深刻。民族是人们在历史上形成的，有共同的地域、共同的经济生活、共同的语言文化，并且具有共同的心理特征的比较稳定的共同体，孙中山也曾将血统、生活、语言、宗教以及风俗习惯视为民族形成的五种力量。国家往往是一个民族或多个民族构成的。就我国的状况而言，毫无疑问我国是一个统一的多民族国家，民族国家意义上的道德共同体是基于公有制、共同利益一致基础上的政治认同建构起来的。政治认同是“人们在社会政治生活中产生的一种感情和意识上的归属感”④。政治认同体现为对中华民族的认同、对悠久的中华文化的认同、对伟大的政党和国家的认同、对中国特色社会主义道路的认同、对社会主义核心价值观念的认同等。政治认同是一种重要的心理凝聚力量，正是在认同的基础上，才会形成政治情感，升发出对政治组织的热忱与忠诚，才会

① 安德森．想象的共同体［M］．吴叡人，译．上海：上海人民出版社，2016：导读 7.

② 同①导读 8.

③ 同①导读 9.

④ 中国大百科全书：政治学［M］．北京：中国大百科全书出版社，1992：501.

确立执着与坚定的政治信念，产生真正的政治自信，即“道路自信、理论自信、制度自信与文化自信”，其中文化自信因其引领中国特色社会主义的现实文化创造与意义建构，又成为“更基础、更广泛、更深厚”的价值之源，进而形成集体性的政治行为，使得民族国家意义上的道德共同体得以巩固与持存。

4. 基于规避现代社会风险意义上的人类命运道德共同体

在现代性不断拓展蔓延的过程中，其全球性影响与工业社会规划的局限、僵化之间的矛盾对立早已暴露出来，正如乌尔里希·贝克所认为的，现代化的风险和后果表现为“对于植物、动物和人类生命的不可抗拒的威胁”①，而且这种威胁不是局限于某个特定的地域或团体，而是跨越了国家界限的全球化的风险，即“危险成为超国界的存在，成为一种新型的社会和政治动力的非阶级化的全球性危险”②。无独有偶，另一位风险理论家吉登斯在《现代性的后果》中对现代世界的风险景象也做了细致入微的勾画，并视其为一个具有多向度张力的“猛兽”。他认为，面对现代性的诸种风险，适应性反应可能是“实用主义的接受”，可能是“持久的乐观主义”，也可能是“犬儒式的悲观主义”，但是都不可取，积极的做法是采取“激进卷入的态度”去应对和驾驭猛兽，并提出了适用于全球范围的超越匮乏型体系的四个维度（见图 5－1）。③

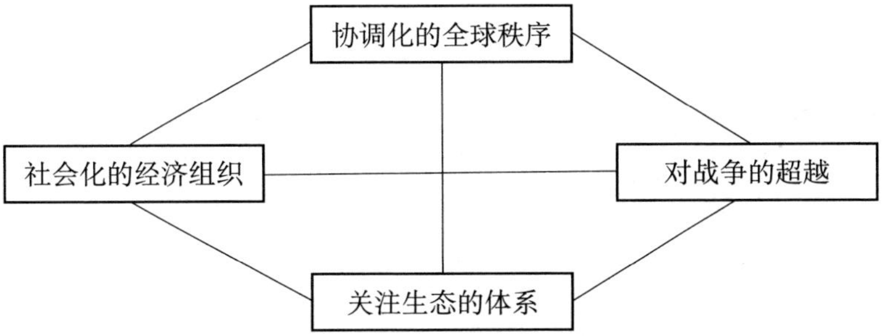

图 5－1　超越匮乏型体系的维度

在全球化加速发展的状况下，这种超越匮乏型体系的建构依赖于协调权

① 贝克．风险社会［M］．何博闻，译．南京：译林出版社，2004：7.
② 同①7.
③ 吉登斯．现代性的后果［M］．田禾，译．南京：译林出版社，2000：144.

力的使用，依托各种形式的集体动员、集体行动与全球性治理。从道德共同体建构的意义上来理解，其实它预示着现代社会更高层次的道德共同体建构的必要与可能。人类只有一个地球，各国共处一个世界，当我们面对共同的现代性风险时必须携手努力，建构人类命运道德共同体就成为理性的判断与选择。

近年来我国政府反复强调“人类命运共同体”的理念，其实也是对建构更高层次的人类命运道德共同体的渴望。人类命运道德共同体意识必然涵括共同利益观、可持续发展观以及全球治理观等共同价值观。而这种道德共同体的建构需要各国政府、政治家、社会组织等的积极认同，站在人类长远利益的高度去思考问题、做出决策，进行生产和再生产等，而尤其需要克服因“不确定性”与“模糊定义关系”而产生的“有组织的不负责任”的行为。现代社会即便存在各种风险，即便个体化、多元化，但是共同的生活场景、共同的原则规范、共同的权利与责任意识等使得人们在道德方面依旧可以达成一致，“在道德方面，人类事实上可以达成一致，而且如果我们全都处于类似的情形下，即在文化方面、知识能力以及我们的自然和社会环境方面类似，这种普遍的一致便会表现出来”①。

现代陌生人社会道德共同体②的再建构早已走出了滕尼斯的传统共同体形态，但是对传统共同体的乡愁记忆依旧美好，按照鲍曼的说法，“如果说在这个个体的世界上存在着共同体的话，那它只可能是而且必须是一个用相互的、共同的关心编织起来的共同体；只可能是一个由做人的平等权利和对根据这一权利行动的平等能力的关注与责任编织起来的共同体。”③ 同时这种道

① 麦金太尔．谁之正义？何种合理性？［M］．万俊人，等译．北京：当代中国出版社，1996：433.

② 关于道德共同体的内涵，也有不同的理解。王海明认为是“能够按照道德规范相互对待的一切个体和群体的总和”，同时基于对一些理智不健全的人以及生态伦理学的考虑，此概念又进一步修正为“应该被道德地对待或应该得到道德关怀的个体和群体的总和，是应该被道德地对待或应该得到道德关怀的对象的总和”。进而使得定义的内涵更丰富了。道德共同体的成员所拥有的道德身份或道德地位不完全相同，根据泰勒的划分可为两大类型：“道德代理者或道德行为者”（moralagent）与“道德顾客或道德承受者”（moral patient）。保障人类与非人类存在物利益共同体的存在与发展是道德的直接的普遍目的，而增进人类利益则是道德的最终的普遍目的，亦即道德的终极目的。参见王海明．论道德共同体［J］．中国人民大学学报，2006（2）．

③ 鲍曼．共同体［M］．欧阳景根，译．南京：江苏人民出版社，2007：177.

德共同体的建构需要“将对话视为一种特殊的接触和互动形式的文化”[①]，从而使人们能够把彼此视为“有效的对话伙伴”[②]，以及形成共识与一致、公正与包容的方法。人们应该“相向而行，手挽手、肩并肩共同前进”[③]，这种理解与认同正是现代社会道德共同体建构的前提和基础。

---

① 鲍曼．怀旧的乌托邦［M］．姚伟，等译．北京：中国人民大学出版社，2018：227.

② 同①229.

③ 同①230.

第六章　筑实陌生人社会秩序的价值基础

陌生人社会秩序的价值基础根源于生产方式、文化传统以及现实的社会生活实践。基于前述陌生人社会秩序价值基础的解释范式，以及什托姆普卡、鲍曼、恩格尔哈特等的论述，概括地说陌生人社会秩序的价值基础主要包括信任、责任、宽容、允许、尊重与社会公正等，这些价值规范同时也是维系道德空间与道德共同体的基本要素。另外，奠基于这些价值基础上的陌生人社会秩序还需要确立价值整合机制以实现陌生人之间的心理认同与价值整合，进而实现社会一体化。陌生人社会秩序的价值整合机制既包括国家政府通过一定方式实现的系统整合机制，也包括生活世界的价值整合机制，具体说来包括法与制度机制、意识形态机制、道德整合机制以及社会分工机制等。

一、陌生人社会秩序价值基础的社会根源

（一）源于特定的生产方式

按照马克思主义唯物史观的理解，生产方式是社会物质生活的生产和再生产方式，是人们生存所必需的生活资料的谋得方式，也是人们在生产过程中彼此交往、结合、共同活动的形式。生产方式包括生产力与生产关系两个方面，是两者在物质资料生产过程中的统一，是劳动的自然过程和社会过程的统一。生产力是生产方式的物质内容，生产关系是生产方式的社会形式，生产方式是人类社会赖以存在和发展的基础，它决定着社会的面貌和社会制度的性质，制约着社会生活、政治生活和精神生活。生产方式的变革必然引起社会制度的变

革，同时生产方式也是划分社会类型的基本标志。由各种价值观念、规范所构成的价值基础是上层建筑，也是社会的意识形态，它必然受到特定生产方式的制约。当然也不能将二者的制约作用或曰对应关系简单化，二者的变化未必同步，价值基础可能滞后或者超前于社会生产方式。其原因在于生产方式未必严格决定人们的价值观念，在同一社会状态下，生产方式相同，却存在不同的价值观念，价值冲突也总是存在，因此必须借助于社会生活的其他方面如物质生活的丰富性、科学技术的进步性等制约价值观念。生产关系也同样作为社会生活的一个方面来制约价值观念。因此，生产方式对价值基础的影响只能从宏观层面看，从一个社会的整体和整个过程来看，其决定作用是深刻与持久的，尤其从人类社会形态演进的过程中看，价值观念与价值基础的变化就更加明显。

（二）源于特定的文化传统

文化传统就是传统文化价值体系，是现实价值体系中由传统文化特质构成的文化价值成分。文化传统是贯穿于民族和国家各个历史阶段的各类文化的核心精神。每一个民族、每一个国家的文化既因时因地而异，又有一定的稳固性和延续性，这就是文化传统所起到的作用。文化传统是累积的同时也是变化的，它在每一时代都会抛弃部分不适合时代价值的文化特质，并整合进部分新时代的文化特质，经年累月，层层累积，历史越悠久传统越厚重，内容也越丰富。通常所谓文化传承实质上就是文化传统的传承。一个民族的文化发展程度取决于文化传统对现代文化价值体系的整合程度，若整合得好，二者协调，民族文化将获得勃勃生机，顺利发展；若整合不好，二者处于冲突对峙状态，则民族文化将处于混乱，甚至危困的局面。因此当系统环境发生重大变化时，文化传统能否实现创造性转换，直接关系到该文化系统能否实现质的突破，顺利进行文化变迁。文化传统在观念上的个别体现就是各种文化价值观念；在观念上的总体体现就是传统文化精神。文化传统也可以理解为托克维尔所讲的“民情”，“它不仅指通常所说的心理习惯方面的东西，而且包括人们拥有的各种见解和社会上流行的不同观点，以及人们的生活习惯所遵循的全部思想。因此，我把这个词理解为一个民族的整个道德和精神面貌”①。道德、风俗、各种价值

① 托克维尔．论美国的民主：上卷［M］．董果良，译．北京：商务印书馆，1988：332．

观念都属于文化传统，价值观念在文化传统中处于核心地位，文化传统对价值观念的影响更直接，不需要中间环节，或者说文化传统对价值观念的影响就是价值观念的再造或再现。中国文化传统源远流长，我们的思想观念、价值取向无不承载着文化传统的烙印。

（三）源于现实的社会生活

社会生活是人的社会活动的总和，人是现实的、社会的，在交往与互动中结成各种社会关系，从事各种社会活动。只有在丰富的社会生活实践中才能真正理解和把握人生的意义和价值。社会价值观念及其所构成的价值基础与现实的社会生活具有同一性，有什么样的社会生活就会有什么样的价值观念。社会生活是具体的、全面的、实在的，同时是属于人的，其构成价值观念的现实场景和解释背景。价值观念在社会生活中获得并确立合理性，同时也在社会生活变化中失去其合理性。社会生活内部的矛盾与冲突会直接导致社会价值观念的矛盾与冲突。当然社会生活与价值观念之间也不完全是必然的因果关系，社会中的各种因素都会对价值观念施加影响。社会生活与价值观念的关系更应该是一种解释性的关系，社会生活是价值观念的解释背景，通过这一背景制约价值观念，只有与社会生活要求相一致的价值观念才具有合理性，否则它就会消失。陌生人社会秩序呼唤与之相适应的价值观念，如公平正义、信任与责任、法制与契约精神等，这些价值观念终究会建立并奠定为社会的价值基础。

二、陌生人社会秩序价值基础的基本向量

我们不能指望陌生人之间会放弃各自所拥有的道德传统，也不可能期望一个伟大的神明再生来提供共同的道德权威，只能在现实的陌生状态——现代人类生存的社会生活实践——中去发掘和建构。其实陌生人社会真正缺少的就是维系道德空间与道德共同体——“这种关于社会的观念较少利用正式的组织，较多的利用归属感、信任和责任，以及对分享我们的价值、利益和目标的人们的义务”① ——巩固与存续的重要特质，即信任、责任等。也就

① MISZTAL. Trust in modern societies [M]. Cambrige, England: Polity Press, 1996: 206 - 207.

是说，化解现代社会的冷漠与疏离，确立陌生人社会秩序的价值基础就是必须寻找到并逐步培养起陌生人之间的信任感与责任感。按照什托姆普卡（Piotr Sztompak）的理解，维系道德共同体的基本要素“第一是信任，即相信他人对我们自己的人会做出有道德的行为。第二是忠诚，即尽义务避免打破他人给予我们的信任，并且以接受某些人的信任的方式履行我们承担的义务。第三是团结，即关心他人的利益并愿意为他人的利益而采取行动，即使他和我们自己的利益相冲突。这三个向量描绘了每一个个体置身于其中的道德空间”[①]。道德共同体以个人在道德空间中的自我认同和对他人的团结反映出来，真正体现出“我们”的意向。什托姆普卡所说的维系道德共同体的这三个基本向量，正是陌生人社会所缺失的，同时也是陌生人社会秩序的价值基础。除此之外，根据前述对陌生人概念的解析，维系道德共同体的基本向量还必然包括鲍曼等所主张的“责任”、恩格尔哈特所主张的“宽容”“允许”和“尊重”等。其中，我们须知，忠诚与责任和义务紧密相连，以接受信任的方式来履行对国家、政党等各种道德共同体承担的义务。团结与尊重、包容紧密相连，即意味着求同存异，形成广泛的意义认同，致力于实现价值整合。此外，还应强调社会公正这一价值基础，古往今来，社会公平正义所蕴含的合宜合理、权利平等、制度正义等规范性价值一直具有普遍性。

（一）信任

其实，信任的观念并不是什么新东西，诚如西尔弗（Beverly Silver）所言，信任的思想已经有长达数个世纪的智力活动历程。它在以霍布斯、洛克为代表的伦理学和政治学、齐美尔和涂尔干为代表的古典社会学中都有丰富和连续的传统。经济学家肯尼斯·阿罗（Kenneth Arrow）指出：“实际上，每一起商业交易都内在地含有信任成分，无疑，任何一种交易都要有一定的时间跨度。人们似乎有理由认为，经济落后很大一部分程度是由缺乏互相信任造成的。”[②] 致力于现代性研究的学者也不约而同地聚焦信任：帕特南把信任看作社会资本的主要内容，他研究发现“在意大利公民精神发达的地区，

① 什托姆普卡．信任：一种社会学理论［M］．程胜利，译．北京：中华书局，2005：6.

② 帕特南．使民主运转起来：现代意大利的公民传统［M］．王列，等译．北京：中国人民大学出版社，2015：200.

社会信任长期以来一直都是伦理道德的核心组成部分，它维持了经济发展的动力，确保了政府的绩效"[①]；卢曼认为，"一个人应期望信任成为需求不断增加的、承受未来技术产生的复杂性的方法"[②]，信任可以"简化复杂性""降低不确定性"；吉登斯也强调了这一点："随着抽象系统的发展，信任非人格化的原则以及不知名的他人，对于社会存在来说是必不可少的"[③]；贝克也提出，为应付风险社会出现的弱点，需要扩大信任的储备，"在反思性科学化的条件下，信任的生产或动员变成有效性要求的社会推动力的一种主要来源"[④]，他认为信任可以"悬置风险"，是缓解或者消除陌生人之间的紧张、疏离与冷漠状态的至关重要的策略。这些学者大都是从现代社会所充斥的复杂性、不确定性和风险性的角度解释信任是"真正不可缺少之物"的。其实，陌生人才是造成或者增加现代社会复杂性、风险性以及道德恐慌的真正根源，因此说信任是"简化复杂性的机制"，信任可以"降低不确定性"，信任可以"悬置风险"等。然而陌生人社会的信任与以往社会的信任不同，"乡土社会里从熟悉得到信任……乡土社会的信任不是对契约的重视，而是发生于对一种行为的规矩熟悉到不假思索时的可靠性"[⑤]。也就是说，传统社会的信任是一种"身份信任"，强调的是对他人所托付的义务及责任的承担。也如帕特南所言，在小规模的紧密相连的共同体中，"因对当事人熟悉而产生信任。然而大型和更为复杂的结构，需要更多非私人化或间接的信任"[⑥]。陌生人社会的信任主要是对种种制度、规范、规则以及人们认同和遵守的制度和规则的信任，这种信任不是建立在对某一个个人的具体身份上，而是建立在生活于这一社会制度框架内多数人行为的可预期上，是对规范、制约人们行为选择的社会制度的信任。正如利伊伯尔曼（Lieberman）所表述的，越是当代化的社会，越是对一般社会体制信任，也因此对一般人的可靠性及义务承担能力有信心。这不仅是由陌生人的本质所决定的，而且是陌生人社会的必然选择。

① 帕特南．使民主运转起来：现代意大利的公民传统［M］．王列，等译．北京：中国人民大学出版社，2015：201.

② LUHMANN N. Trust and power［M］. New York：John Wiley，1979：16.

③ GIDDENS A. Modernity and self-identity［M］. California：Stanford University，1991：120.

④ 贝克．风险社会［M］．何博闻，译．南京：译林出版社，2004：208.

⑤ 费孝通．乡土中国［M］．北京：三联书店，1985：6.

⑥ 同①201.

需要特别强调的是，这种对社会制度的信任还必须建立在社会生活中每一个人的责任行为基础上。

（二）责任

责任是道德主体自觉意识到的义务，就是说是对于社会关系所内含着的、客观的义务要求的一种自觉。因为“任何一种生活，无论是公共的还是私人的、事业的还是家庭的，所作所为只关系到个人的还是牵涉他人的，都不可能没有其道德责任，因为生活中一切有德之事均由履行这种责任而出，而一切无德之事皆因忽视这种责任所致”[①]。即便是现代社会生活中相互陌生的人们也必然发生各种各样的社会关系，而每一种关系都必然包含着各种各样的义务要求。对于这种客观的义务要求，作为社会关系中的当事人能否忠实地履行义务，是由其对义务的自觉程度决定的。正如康德所言：“责任的诫命越是严厉，内在尊严越是崇高，主观原则起的作用也就越少，尽管我们起劲地反对它，但责任诫命规律性的约束并不因之减弱，也毫不影响它的有效性。”[②] 只有在自觉的基础上，人们的行为才可能表现为积极主动、自觉自愿的参与，才能够获得超越于行为结果的心理满足，也才有可能在缺少情感依托的社会生活中获得一种归属感。也就是说，只有建立在每一个人的责任行为基础上，陌生人之间才能够相互预期各自的行为选择，进而通过社会制度这一中介形成陌生人社会的基本信任。陌生人社会的责任不同于德国哲学家奥特弗利德·赫费（Otfried Hoffe）的责任观，即“承担—追究—惩罚”的责任模式[③]，而是更注重行为者对待社会制度、规范、义务等方面的自觉态度，以及行为者在充分意识到自身所处的社会关系和利益需求等要素的基础上所形成的对他人、对社会承担责任的态度。人们在追求、维护自身利益的过程中，在与其他人达成契约的商谈中，终将认识到自己是人类的一员，是社会的一分子，应该为自己置身于其中的社会秩序承担相应的责任。这种责任不仅来源于个人自身的道德体验，也来源于成长过程中传统道德资源的强

① 西塞罗．论老年·论友谊·论责任［M］．徐奕春，译．北京：商务印书馆，1998：91.

② 康德．道德形而上学原理［M］．苗力田，译．上海：上海人民出版社，2002：43.

③ 赫费．作为现代化之代价的道德：应用伦理学前沿问题研究［M］．邓安庆，等译．上海：上海译文出版社，2005：11.

大影响，是一种建立在他律与自律对立统一基础上所形成的良心。陌生人社会的责任也不同于法国哲学家吉尔·利波维茨基（Gilles Lipovetsky）的“无条件、无限制、非个人”的“绝对责任”[①]，而是存在边界的相对责任。其边界主要由两个条件决定：一是行为主体的认识水平；二是行为主体的行为能力。只有在行为者认识所及的水平上才存在责任意识；同时也只有在行为者能力所及的限度内才存在责任行为。只有在这两个条件的限定下，相互陌生的人才可能自觉到自身行为对于他人、社会的价值；才可能意识到社会秩序作为外在于人的那种似乎压抑人、束缚人的力量，同时也成为人们存在与发展不可缺少的前提条件。这也就是齐美尔寻找到的“社会如何可能”的条件，即“从根本上讲，社会也许最有意识地、至少是普遍地产生着生存的一种基本形式：个人的心灵永远不会处于一种结合之内而又不同时处于结合之外，它不可能被置于一种秩序之内，又不发现自己与之对立”[②]。也就是说，作为以陌生人为主体的现代社会，只能在恐惧与信任、责任与义务的张力中建构社会秩序的价值基础。当然道德责任的确立在不断祛魅的现代社会中必须寻找到新的根基，传统的宗教、宗法制度已不再为其提供价值合理性支撑，那么堪此重负的只能到人的社会本质当中去寻找，按照马克思对人的本质即“一切社会关系的总和”的理解，人的生命意义、价值和尊严都在他的社会关系当中，那么现代社会陌生人无论如何强调个体化、自主性，但是其社会性本质终究不会改变。因此每一个现代人在其血缘关系所属的家庭，都要为家人承担责任；在其业缘关系所属的单位，都要为所从事的职业承担责任；在其地缘关系所属的社区、城市，都要承担作为社区居民和市民的责任；在民族国家的意义上，都要承担作为一个合法公民的责任。这样即便是陌生人社会，人们在担当种种责任的过程中，与他人共处，就能体会到生命的意义和价值，这也正是所谓一个人的安身立命之处。

（三）宽容

在西方文化语境中，“宽容”一词是在16世纪教派分裂和对异端迫害的

① 利波维茨基．责任的落寞：新民主时期的无痛伦理观［M］．倪复生，等译．北京：中国人民大学出版社，2007：17.

② 西美尔．社会学：关于社会化形式的研究［M］．林荣远，译．北京：华夏出版社，2002：25.

时代产生的，它强调对异己信仰的容忍。现代社会的宽容有了更加宽泛的内涵，既可以指个体宽容，即表现为对他人平等自由权利和差异的尊重；也可以指社会宽容，其表现就是社会价值的多元化共存。这里主要指个体宽容，而社会的多元化显然已成为个体宽容的既定的现实场景。个体宽容是“基于平等的自由精神而表现出的对不同生活方式、价值观念、爱好情趣等的容忍、尊重，以及在这种雅量与胸怀中所深藏着的平等包容精神”①。现代社会是一个价值多元化的社会，人是世界上最宝贵的价值性存在，价值观的差异性与多元化源于主体置身其中的生存环境、经济发展、文化传统等方面的不同，而且存在于“人的历史与现实生活之中，体现在人的生存、生活、发展方式之中，体现在人们的精神活动和思想态度之中”②。正是这种独立性与多样性的价值样态，一方面使得人类思想文化和精神生活更加丰富多彩，体现出“越是民族的，越是世界的”特征；另一方面却也可能造成亨廷顿笔下的“文明的冲突”现象。罗尔斯从“理性多元论”与“一般多元论”、“秩序良好社会的理念”与“重叠共识”等关系的论证中，推演出以“自由宽容的态度”寻求政治正义性的理路，可以为陌生人之间的交往提供借鉴，陌生的文化价值观之间如果能够相互宽容与理解、尊重与支持，就不至于干戈相见；价值多元化的陌生人之间要克服彼此观念上的分歧与冲突，达成秩序与和谐，就需要这种自由与宽容的态度。宽容是一种理性化、明智的生活态度和实践方式，既意味着对不同主体之间平等地位的尊重，也意味着对不同价值标准的客观理解。孔子说：“君子和而不同，小人同而不和。”③ 其意思是，既要讲究协调又不能盲目随从。现实生活中人们都愿意和容纳意识比较强的人在一起。而不愿和爱挑剔别人毛病、吹毛求疵的人在一起，尊重差异，宽容别人，给对方保持自我的权利，这样才能创造一种和谐、融洽、健康的人际关系。当然遵循宽容原则并不是无条件的，按照萨托利的说法，宽容有三个标准：“其一，对于我们认为不可宽容的事情，我们一定要说明理由；其二，遵守无害原则，我们不能宽容伤害行为；其三，相互性，我们实行宽容或恪守宽容，

① 高兆明，李萍，等．现代化进程中的伦理秩序研究［M］．北京：人民出版社，2007：295.

② 孙伟平．价值差异与社会和谐：全球化与东亚价值观［M］．长沙：湖南师范大学出版社，2008：43.

③ 《论语·子路篇》.

也期待着得到宽容作为回报。”① 也就是说与陌生人交往，我们恪守宽容精神，但不是无原则地“容忍”或“纵容”，“我们可以宽容不同的意见，但是并不因此就否定我们以一种批判的精神去审视的权利”②。对于那些消极的，危害自身、他人或者社会公共利益的所作所为，不仅不能宽容，而且也不能放弃正当的权利。

（四）允许

陌生人之间交往和联系的纽带还包括允许原则，以此获得行为的合理性理解和道德权威。如恩格尔哈特所言：“约束道德异乡人之间的道德依赖于个人通过允许所传达的权威，这种道德具有一种消极结构。它揭示了不受干预的权利和义务，只有征得别人同意才能利用别人这一要求确定了限制。另一方面，这种道德辩护了通过人们同意合作而达成的道德上充满内容的联合事业。”③ 当人们既无法从有关道德合理性的共同理解，也无法从上帝的意志那里得到权威时，陌生人之间就只能从道德活动参与者的个人意志、允许或同意来得到权威。“允许原则”要求人们：“涉及别人的行动必须得到别人的允许，不经别人允许就对别人采取行动是没有道德权威的，个人有权运载（选择）自己施行任何自己认为适宜的道德行为。”④ 允许原则也构成了当代社会伦理学的一个先验条件。“在启蒙运动工程失败之后的道德多元化社会境况中的道德活动预设了允许原则，允许原则使得最起码的道德活动在这种境况中成为可以有。因而允许原则成为当代社会道德的一个先验条件——允许原则就是我们在失败了的启蒙运动中所能挽回来的一点值得肯定的东西。它使我们在当今多元的、混乱的、相互冲突的道德体系并存的情况下依然保持着一种能协调一致的伦理学。”⑤ 恩格尔哈特所提出的允许原则是一个程序性原则，其核心是在一个世俗的多元化的社会中，任何不涉及别人的行动，别人都无权干涉，而涉及别人的行动则必须得到别人的允许。这一原则套用孔子

---

① 刘军宁．直接民主与间接民主［M］．北京：三联书店，1998：63.
② 库尔茨．保卫世俗人道主义［M］．余灵灵，等译．北京：东方出版社，1996：17.
③ 恩格尔哈特．生命伦理学的基础［M］．范瑞平，译．长沙：湖南科学技术出版社，1996：103.
④ 同③译者前言 16.
⑤ 同③译者前言 16.

的“己所不欲，勿施于人”，就是“人所不欲，勿施于人”。在经济多元化社会中，人们必须去正视道德多元化的现实，去关注处于不同道德体系的人们的自主权。而且允许原则作为一个程序性原则具有很大的包容性，在当前缺乏一种普遍指导原则的多元化道德世界中，它的确不失为一种可取的方案。日常生活中人们往往有一个共同的倾向，都希望别人能够承认自己的价值，支持自己、接纳自己，由于这种寻求自我价值确立和情绪安全感的心理，人们在与陌生人的交往过程中，往往容易产生以自我为中心的倾向，然而在交往过程中，只有既坚守自己的伦理原则又不否定陌生人的道德传统，允许不同的道德传统的存在，才能建立与陌生人的和谐的人际关系。休谟在《人性论》中讲到三条基本的自然法则：“即稳定财物占有的法则，根据同意转移所有物的法则，履行许诺的法则。人类社会的和平与安全完全依靠于那三条法则的严格遵守，而且在这些法则遭到忽视的地方，人们也不可能建立良好的交往关系。”① 其中与陌生人之间的交往准则不乏相合之处。其实休谟在这里也表达了一个重要的思想，那就是道德规则不过是对个人权利的确认和辩护：一个人对某件事的权利不取决于他自身的权利要求，而取决于别人是否准备承认其权利。我承认别人应有的权利，那么别人也会如此对待我。也就是说，正是对权利的互相承认才产生出符合“正义”的社会秩序。

（五）尊重

《走向全球伦理宣言》将“尊重”视为“全球最起码的道德共识”，倡导“每一个人、每一个种族、每一个宗教，都应对任何其他的人、其他的种族和其他的宗教，表现出宽容和尊重”。这无疑说明“尊重”是全球化状态下人们之间彼此交往最重要的底线伦理原则。尊重既是对他人平等权利的认可，也是每个人较高层次的心理需要。康德将尊重视为一种情感，“只不过不是一种因外来作用而感到的情感，而是一种通过理性概念自己产生出来的情感”②。即尊重这种情感源于规律和理性，是规律对主体意志的规定以及理性对规律的价值觉察，“对于一个人的尊重，就是对诚实规律的尊重，这个人给我们树

---

① 休谟．人性论：下册［M］．关文运，译．北京：商务印书馆，1980：566.

② 康德．道德形而上学原理［M］．苗力田，译．上海：上海人民出版社，2002：22.

立了诚实的榜样”[①]。尊重与尊严、道德人格紧密相连，而且尊重往往是一种相互性的感情。每个理性人都是“目的王国中”的成员，都有价值、尊严与道德人格，当一个人得到尊重、感觉到自尊并且肯定自己的道德人格时，也会更好地去尊重他人。可见，尊重使人们相互肯定彼此的独立、尊严与人格，并鼓励相互交往的实践。陌生人之间的尊重往往是去道德化的、冷漠的尊重。如前文所述，在许多城市情境中，我们与陌生人互动，往往采取的是转瞬即逝的交往形式，霍夫曼将其称为“相互朦胧”和“世俗的不经意”，当陌生人彼此相遇会投以短暂的一瞥，“捕捉他人的目光只是短暂的瞬间，擦肩而过时却举目遥看前方，与之伴随的是一种不带敌意的含蓄态度”[②]。对陌生人的尊重未必会引起更多的行动，实践理智未必产生“行动的必然性”，这种尊重通常停留在提醒人们不去做损害他人人格并尊重他人自尊的层面。当然，这是在通常与陌生人共处的状况下所遵守的去道德化的尊重，然而当陌生人身处困境需要救援和帮助的时候再采取这种“冷漠的尊重”，显然就不合理了。

（六）社会公正

公正意为公平、正义。公平是一种观念、主观价值，用来评价事情的合理性。公平与平等不同，平等是对客观状态的比较与描述，有客观的衡量标准。公平具有相对性，不同的思想派别如自由主义、功利主义、社群主义等各有不同的公平原则；不同时期或不同的发展阶段有不同的公平原则；不同的利益群体有不同的公平原则；不同的个人对公平的理解也会有分歧等。

“正义”之“义”当为“宜”（合宜），正义也就是不偏不倚地裁制事物使之“合宜”，使之符合公认的道德规范要求，依据一定的标准没有偏私，因此公正是一种价值判断，内含有一定的价值标准。作为一个最古老也许是最普遍被人们认可的概念，它所关注的往往不是“所谓的形成正义准则和规则的首要目标，也不是权利和一系列由此衍生的不可推卸的责任，而是人们之间的关系特征。这种思想源于互惠互利概念，这个概念的强可塑性使其通过几

---

① 康德．道德形而上学原理［M］．苗力田，译．上海：上海人民出版社，2002：22.

② 吉登斯．现代性的后果［M］．田禾，译．南京：译林出版社，2000：71.

个世纪的发展和润色塑造了相当详细的正义概念，但保留了其本身最核心的意义”①。围绕正义问题的讨论与争论从《理想国》中苏格拉底和玻勒马霍斯、色拉叙马霍斯、格劳孔等的艰难辩论中就开始了，他们的辩论“所关涉的范围如此之广泛，所展开的论题之性质如此之根本，以至于它们一次又一次地几乎无甚变化地重现于此后的巨著之中，唯一变化的只是参与辩论的具体人物和他们所使用的语词”②。从柏拉图、亚里士多德到罗尔斯、诺齐克、麦金太尔，再到弗雷泽（James Frazer）、霍耐特（Axel Honneth）、阿玛蒂亚·森、玛莎·纳斯鲍姆（Martha Nussbaum）以及保罗·蒂利希（Paul Tillich）等，一直围绕正义问题进行研究，或建构、或争论、或解构，形成了不同的正义理论。“作为一种硬价值，正义所蕴含的规范性要求如权利平等、机会公平、差别原则等具有跨文化或超越情境的普适性。”③ 阿玛蒂亚·森认为关于公正问题主要体现出两种方法路向，一种是“社会契约”方法，由霍布斯从17世纪开创，从18世纪开始至今都是正义问题中最具影响的思想。“这种思考正义的方法始终围绕着一个虚构的‘社会契约’——一个假想的关于社会组织的、由某个主权国家中的公民共同准许和接受的契约。这种方法的突出特征是将对某个社会的‘公正的制度’的描绘作为正义理论的主要使命。”④ 这种契约方法在当代正义理论中一直占据着主导地位，以罗尔斯在《正义论》（1971）中建构的“作为公平的正义”为代表，此外还有诺齐克、德沃金（Ronald Dworkin）、高蒂尔（David Gauthier）等。另一条路向则是以亚当·斯密、孔多塞、玛丽·沃斯通克拉夫特、约翰·穆勒，以及当代阿罗等为代表，这些学者“并没有致力于建立一个完美的正义理论框架，而是阐发了一系列重要的思想理念，并从中产生了一种不同于社会契约方法的基本要素，从而形成了对于正义要求的不同认识”⑤。森的《正义的理念》是自罗尔斯的《正义论》问世以来“有关正义的最重要的论著”，诚如帕特南所评价的：“在我们这个动荡不安的世界，我们迫切需要的不是理想中的公正

① 约翰斯顿．正义简史［M］．张安，译．北京：新华出版社，2018：5.
② 邓正来，郝雨凡．转型中国的社会正义问题［M］．桂林：广西师范大学出版社，2013：1.
③ 刘建军，等．转型中国的正义研究［M］．上海：格致出版社，上海人民出版社，2016：3.
④ 森．正义的理念［M］．王磊，等译．北京：中国人民大学出版社，2012：002.
⑤ 同④3.

国家的理论，而是使我们做出相对公正的判断的理论。”① 森的正义理论主要是沿着第二条路向尤其是斯密和孔多塞的道路展开的，不是像社会契约方法那样去寻找“绝对的正义”，而是在非正义方面达成共识；不是去寻找“公正的制度”，而是考察人们实际能够过上的生活，以及选择生活的自由，即“可行能力”和“所选择的制度”；不是局限于在一个主权国家的基础之上来执行基于国家的社会契约，而是着眼于“全球性正义”，即当世界各国人民呼吁更全面的全球公正时，“他们其实并不是在要求某种‘最低限度的人道主义’。他们所要求的也不是绝对公正的全球社会，而是像亚当·斯密、孔多塞或玛丽·沃斯通克拉夫特在他们的年代所倡导的那样，要消除无法容忍的不公正制度以推动全球公正”②。其后，玛莎·纳斯鲍姆继承和发展了阿玛蒂亚·森关于可行能力的论述，认为正义的能力理论关注现实中“人们能做什么”“能够成为什么”“能够得到什么样的机会”以及“如何过上一种有尊严的生活”的问题。

社会的公平正义为社会秩序确立了合理性，同时社会结构、社会秩序的变迁又决定着公平正义思想的转变。现代化的突飞猛进，世界经济体系、政治格局的风云变幻，人们所面对的关系越发多样，又拓展了公平正义思想更多的外延，具体变化体现在两个方面：“其一，利益要求日益多极主体化，平等成为正义的重要要求；其二，正义日益覆盖多样的关系与要素，全球正义、经济正义、政治正义、生态正义等开始出现。”③ 中国古代的“公正”往往指道德修养，并且是没有个人之私的近乎神圣的一种美德，并无作为评价制度、规则的价值内涵。近代以来受西方文化的影响有关正义、公正的评价开始涉及制度层面，使得公正带有明显的“价值取向”，它所侧重的是社会的“基本价值取向”，并且强调这种价值取向的正当性。现在所谓社会公正就是指“在一定社会范围内通过基本社会制度的正义安排和设计，以及对各种社会基本权利和义务的公平合理分配使每一个社会成员得其所应得”④。社会公正的实

① 森．正义的理念［M］．王磊，等译．北京：中国人民大学出版社，2012：封底．

② 同①22.

③ 陈忠．走向微观正义：一种城市哲学与城市批评史的视角［M］//邓正来，郝雨凡．转型中国的社会正义问题．桂林：广西师范大学出版社，2013：199.

④ 桑玉成．利益分化的政治时代［M］．上海：学林出版社，2002：169.

现主要是依靠社会制度的力量来保证的，而社会制度本身又是公正导向的，如罗尔斯所言，“正义是社会制度的首要价值，正像真理是思想体系的首要价值一样”①。公正取向的制度环境其实就是在承认社会成员各种身份差别、经济差别及政治差别的前提下，确立和维护社会成员的权利公平、机会公平与规则公平，创造和维系起点公平、过程公平与结果公平。尤其是对待社会弱势群体，坚持“在一个社会中社会和经济的不平等应这样安排，使他们在与正义的储存原则一致的情况下，适合于最少受惠者的最大利益”②。

对于一个公正的社会来说，以制度来保证公民的各种权利，始终是社会秩序最重要的价值基础，如涂尔干所言：“最发达的社会的根本任务就是去完成建立公正的使命，实际上，社会已经感到必须向我们所指明的方向前进，这也得到了日常经验的证实。低级社会的最高理想就是尽可能地去创造一种非常紧密的集体生活，把个人完整地吞噬掉。我们的最高理想则在于建立一种更加平等的社会关系，保证所有具有社会效用的力量得到自由发展。”③ 可见追求和实现公平正义既是社会进步与发展的标志，也是社会秩序最重要的价值基础。

总之，陌生人社会面临价值取向多元化的现实状况与挑战，但是多元社会的正常运转必然需要一些共享价值观念作为价值基础和支撑，以实现价值认同与聚合。作为社会秩序价值基础的共享价值观念往往超越了一般性的价值诉求，“体现了制度内在最根本的价值指向，所有的价值伸张与价值认同都需要在共享价值观前接受其合理性的审视。共享价值观是高度浓缩的一种社会共识，从中却可引发各种使制度向善、社会向真、人类向美的力量”④。

三、陌生人社会秩序的价值整合机制

斯宾塞较早使用“整合”这个概念说明社会结构各部分之间的相互依赖性，同时对这些社会结构各个部分进行协调和控制；涂尔干则毕生都在关注

---

① 罗尔斯．正义论［M］．何怀宏，等译．北京：中国社会科学出版社，1988：1.

② 同①302.

③ 涂尔干．社会分工论［M］．渠东，译．北京：三联书店，2000：345.

④ 陶建钟．社会秩序的生成与建构：风险社会视野下的一种政治学考察［M］．杭州：浙江工商大学出版社，2014：175.

社会整合以揭示社会秩序建构的内在逻辑；帕森斯将其纳入自己的结构功能主义理论构架之中，与其社会“共意”或“一致性”假设密切结合。社会整合主要在于国家、政府、社会关系的合理定位以及合理的制度安排。哈贝马斯把整合区分为系统整合和社会整合两大类，其中系统整合涉及的是“一个自我调节的系统所具有的特殊的控制能力，表现为它们克服复杂的周围环境而维持住其界限和实存的能力”①。社会整合涉及的是“具有言语和行为能力的主体社会化过程中所处的表现为一个具有符号结构的生活世界”②。由此可以看出，国家和政府承担的就是系统整合的职能，而社会承载的便是人们的社会生活世界的整合职能。

价值整合指的是一个社会借助于宗教信仰、传统习俗、民族精神、道德规范等，以凝聚人心、达成共识，促使社会一体化的过程。价值整合机制则是指价值整合的一套带规律性的模式，是价值整合诸因素之间的联系及其功能的发挥，以及相互作用的过程和原理。在陌生人社会中人与人之间借助于契约、宽容、允许以及冷漠的尊重等联结纽带固然可以形成一定的社会秩序，但是还需要确立价值整合机制以实现陌生人之间的心理认同与价值整合，进而实现社会一体化。陌生人社会秩序的价值整合机制既包括国家政府通过一定方式实现的系统整合机制，也包括生活世界的价值整合机制。具体说来，包括法与制度机制、意识形态机制、道德整合机制以及社会分工机制等。

（一）法与制度机制

陌生人社会区别于传统熟人社会的最显著特征是以法制代替礼俗，与“法律型社会秩序”相适应，法便成为陌生人社会最重要的价值整合机制。费孝通在《乡土中国》中讲道：“在我们社会的激速变迁中，从乡土社会进入现代社会的过程中，我们在乡土社会中所养成的生活方式处处产生了流弊。陌生人所组成的现代社会是无法用乡土社会的习俗来应付的。”③ 在我国传统的差序格局的社会中，人与人之间的交往注重的是差序中的远近亲疏的关系位置，注重的是人与人之间的亲情、友情和交情等，这些由传统文化积淀而成、

① 哈贝马斯．合法化危机［M］．刘北成，曹卫东，译．上海：上海人民出版社，2000：7.

② 同①6.

③ 费孝通．乡土中国［M］．北京：三联书店，1985：7.

持续传承的风俗、习惯和习俗等规范的力量在现代社会已无以应付，也就意味着“伦理本位”的社会已经发生了变革，维系社会秩序的道德权威的力量弱化了，那么新的权威与价值整合机制是什么？西方国家在其文明演进的历史中有着悠久的法制传统和宗教传统，这些传统无疑是维持资本主义社会秩序的最为重要的精神力量，当然进入现代社会以来宗教式微了，那么法制就成为维持现代社会秩序的权威力量。相比之下伦理本位的中国传统社会既缺乏法制传统，也缺乏宗教传统，在走向现代的进程中，既然道德权威的力量已经弱化，而宗教已没有“上帝”，那么用来维系陌生人社会秩序的权威力量必然是法制。对于每一个公民来说，遵纪守法就是最重要的价值选择。

遵纪守法表达的是“对社会正义制度的道义认可与信任，对社会公共利益、行为规范的尊重，表达的是一种自制、自律精神，表达的是对自己、对这个基本制度及其宪法法制所做出承诺的坚定不移践履之态度”①。可见守法是一个宽泛的概念，既包括对宪法法律的遵守，也包括对法规、规章制度、规则等的认同和践履。守法既是每个社会成员应当自觉承担的一项义务，同时也是一种美德。在日常生活中与陌生人的交往主要是在公共领域中进行的，这个公共领域是“个人与公共财产或无特定关系人所构成的共同场域”②。在这个场域中，守法行为与公德行为体现出相当大的重叠性，遵守公共道德并不要求个人有特殊贡献或者做出某种程度的牺牲，往往只是意味着对社会成员遵守与公共秩序有关的法规的期望。比如遵守交通规则，既是守法行为，也是公德所要求的，只有按规则走路、行车，才不会妨害在公共领域中活动的其他陌生人，交通秩序就会井然有序。当然培育守法精神，养成守法习惯，奉行守法原则，并不是孤立的问题，它是整体法制环境的一部分，需要良好的立法机制和政府执法能力的有效配合。在陌生人社会秩序的建构上，确立起法治的策略后，也必须理性地面对以法律规范为中心的国家法与以传统习俗为中心的民间法之间的关系。埃利希（Eugen Ehrlich）将“人类联合的内在秩序视为即在社会生活中起到与法律功能相类似的民间法”③。法社会学与

① 高兆明，李萍．现代化进程中的伦理秩序研究［M］．北京：人民出版社，2007：291.

② 陈弱水．公共意识与中国文化［M］．北京：新星出版社，2006：16.

③ 陶建钟．社会秩序的生成与建构：风险社会视野下的一种政治学考察［M］．杭州：浙江工商大学出版社，2014：101.

法人类学在法治进路的问题上基本不同于法律国家主义的强制性观念，而是更加关注民间法的性质、功能、地位及其司法运用等。梁治平认为，“它们可以是家族的，也可是民族的；可能形诸文字，也可能口耳相传；它们或是人为创造，或是自然生成，相沿成习；或者有明确的规则，或者更多地表现为富有弹性的规范；其实施可能由特定的一些人负责，也可能依靠公众舆论和某种微妙的心理机制”①。其实国家法与民间法在社会秩序建构的意义上并不冲突，如果说国家法体现的是法治秩序的建构，由权利义务等符号体系来呈现，那民间法体现的就是礼治秩序，是风俗习惯、民约仪式等符号体系的生活世界。布迪厄特别强调符号权力的生产，认为符号既是一种构建现实的权力，同时也是建构认知秩序的权力；符号系统既是人类的一种知识工具，也是在一定场域内的有效支配力量。“符号是社会整合的最好工具，它们促成了一种对社会意义的共识，有利于社会秩序的再生产。”② 国家法与民间法之间的关系其实是国家与社会之间关系的具体化。法制秩序与民间法的张力，“不能以调适国家法来适应民间法，而应当积极地调适民间法的现代适应性。民间法的理想出路，应在于在国家法的强制性制度变迁中寻求内生规则的弹性与生长性，在合理性的内核中衍化出合法性的外壳”③。如果从社会控制的角度分析陌生人社会秩序的建构，国家法所实行的便是硬控制，是国家权威对社会秩序的刚性、正式的控制；民间法的约束则是非正式的，表现出更多社会自主的意蕴，是社会秩序保持稳定的内在基础。二者的区别尤其在法律与道德的作用特点上表现得最明显，诚如孙本文所言：“法律的目标，常在维持现实的社会秩序，而道德的目标，则于维持秩序之外，又有促进社会进步的期望。法律仅能控制人类显著的外表行为，而道德则能控制个人一切潜伏与琐屑的行为，故道德可以济法律之穷。”④

广义的社会制度包括经济、政治和各种法律法规等，罗尔斯将制度理解为“一种公开的规范体系，这一体系确定职务和地位及它们的权利、义务、

---

① 梁治平．清代习惯法：社会与国家［M］．北京：中国政法大学出版社，1996：36.

② 陶建钟．社会秩序的生成与建构：风险社会视野下的一种政治学考察［M］．杭州：浙江工商大学出版社，2014：007.

③ 同②103.

④ 孙本文．社会学原理［M］．北平：商务印书馆，1935：534.

权力、豁免等等”[①]。制度化的规范与措施直接作用于社会成员的价值目标确定与行为方式选择。亨廷顿则突出强调了社会制度所具有的价值整合功能，“制度是指稳定的、受到尊重的和不断重现的行为模式”[②]。“制度化是组织与程序获得价值和稳定性的过程。任何政治体系制度化的程度，可用其组织和程序的适应性、复杂性、自立性和凝聚性来限定。”[③] 通过制度化使得社会系统的共同价值标准确立起来，同时制度化的过程也使得社会成员的价值评价与选择的行为保持持续与稳定。社会制度的价值整合功能主要是通过两个方面体现出来的：“一是在历时性上，制度将过去、现在、未来连接起来了，它具有连续性、稳定性、可认可性和可操作性，有效地阻止了社会变革中带来的动荡与混乱。二是在共时性上，制度减少交易中的不确定性因素，减少交易成本，创出秩序、激励机制和高效率。”[④] 社会制度整合具有优先性，尤其在社会结构转型过程中，当出现社会失范失序的时候，最重要的就是建立适合新的社会环境的制度体系。

制度整合发挥作用的过程，也就是社会成员的行为被制度化的过程。制度为人们确立了一套行为模式，社会按照既定的行为模式去形塑社会成员，当人们认同这套模式并付诸行动时，不仅是行为模式实现了制度化，而且社会成员也被制度化了。在现代社会，制度的权威性越发重要，制度整合作为一种价值整合手段，源于社会制度本身的价值属性，即公平正义的价值取向、正当性与合理性，这也是制度整合实效性的根本前提和保证。制度整合首先是社会的基本制度整合，基本制度是制度体系中的核心部分，是比较稳定的，不仅规定了非基本制度的内容和方向，也决定了一个社会的结构范型与社会成员之间的基本交往方式。所以基本制度整合优先，以此保持社会行为方式的一贯性与社会秩序的稳定性。制度整合的持续作用发挥依赖于社会制度的不断创新，尤其是在社会变迁、转型与发展过程中，一些旧的社会制度渐渐失去其效力，迫切需要新制度的建构，当新的制度体系没有建立或者不能充分发挥其效力的时候，新旧制度的并存往往会导致社会失范。制度创新“不

---

① 罗尔斯．正义论［M］．何怀宏，等译．北京：中国社会科学出版社，1988：50.

② 亨廷顿．变革社会中的政治秩序［M］．李盛平，等译．北京：华夏出版社，1988：12.

③ 同②13.

④ 宫志刚．社会转型与秩序重建［M］．北京：中国人民公安大学出版社，2004：342.

仅是向社会提供一整套行为规范框架，更重要的是通过框架向社会提供一个明晰的行为目标、价值目的”①。当然这种制度创新主要源于政府基于现实社会结构状况所做的有效的制度供给。而新的制度整合带来新的社会一体化形式，如哈贝马斯所言：“这些规范结构的发展乃是社会进化的领步者，因为新的社会组织原则意味着新社会一体化的形式。”②

（二）意识形态机制

意识形态是一种观念的集合，存在于共识与一些哲学趋势中，是“具有符号意义的信仰和观点的表达形式，它以表现、解释和评价现实世界的方法来形成、动员、指导组织和证明一定的行为模式或方式，并否定其他一些行为模式或方式”③，可见意识形态具有鲜明的排他性。马克思主义认为意识形态是一定社会经济形态的精神标志，是一系列与国家制度相关的基本价值的法理和逻辑基础。意识形态是与一定社会的经济和政治直接相联系的观念、观点、概念的总和，包括政治法律思想、道德、文学艺术、宗教（神秘特殊的意识形态）、哲学和其他社会科学等意识形式。意识形态是社会的经济基础和政治制度、人与人的经济关系与政治关系的反映。意识形态的各种形式起源于以生产劳动为基础的社会物质生活，随着经济基础的变化而变化。政治思想、法律思想、道德、文学艺术、宗教、哲学和其他社会科学等，各以特殊的方式从不同侧面反映现实的社会生活，它们相互联系、相互制约，构成意识形态的有机整体。每个社会的意识形态都是复杂的，往往存在三种不同的体系：反映该社会占统治地位的经济制度与政治制度并为其服务的占统治地位的意识形态；反映已被消灭的旧经济制度和政治制度的意识形态残余；反映现存社会里孕育着的新社会因素并为建立新的经济制度和政治制度服务的新的意识形态。意识形态具有现实性，无论是占统治地位的政治思想还是居于非统治地位的思想、学说，要么是为了维护现存的政治制度，要么是为了批判现存的政治制度。意识形态具有总体性、鲜明的阶级性和相对独立性，

---

① 宫志刚．社会转型与秩序重建［M］．北京：中国人民公安大学出版社，2004：350.

② 哈贝马斯．交往与社会进化［M］．张博树，译．重庆：重庆出版社，1989：125.

③ 米勒，等．布莱克维尔政治学百科全书［M］．邓正来，译．北京：中国政法大学出版社，2002：345.

源于社会存在并有其自身特有的发展规律。意识形态是国家政治制度体系的灵魂，维护与论证着制度体系的合理性，能够为社会提供一整套知识、思想和价值信仰系统，并形成一种普遍的社会性格或民族精神。意识形态之间的矛盾和争论最终往往体现为制度之争与价值之争。意识形态整合依靠的是其科学性和引导力，立基于社会制度的正义性上，这样才会为社会成员信仰、遵守和践行，这种信仰又可以强化对法律法规与各种社会制度的认同。这种认同又可以凝聚成社会共同意识，行动中就可以产生共同的方向，社会就可以保持稳定与秩序。在意识形态整合的过程中，需要加强意识形态的社会化以及政党在意识形态整合中的积极作用。

（三）道德整合机制

前述作为陌生人之间彼此交往和联系的纽带的信任、责任、宽容、允许与尊重等都是道德的范畴，道德是人的一种特殊的社会规定性，是社会的一种特殊的人的价值观念，它始终保持着行为应当的价值内涵，始终以行为该不该的评价方式存在着，并“借助于人们的传统习俗、社会舆论和内心信念来维系，表现在人们的视听言动、行为品格和习性之中，并通过人们的义务感和良心感，构成人们自我调节、自我约束和自我评价，从而发挥自己特有的社会作用，成为人类社会生活的一种特殊的规范调解方式。正是这种特殊的规范调解方式凝结为人们的善恶价值观念和价值标准”[①]。道德既是社会调节的一种特殊手段，又是人实现自身统一和精神完善的一种特殊方式，它始终植根于人与社会的密切联系中，是一种特殊的社会价值形态。道德既包括主观方面也包括客观方面，其中主观方面是道德意识的层面，由规范意识和思想意识构成，规范意识一经形成，就成为一种制约和影响人们思想和行为的客观的社会力量，发挥社会调控的功能，这也正是道德作为价值整合机制的价值整合作用的发挥过程。

道德整合是通过道德的调节功能、导向功能、教育功能等来实现的。道德的调节功能是道德通过评价等方式来指导和纠正人们的行为，协调人与人、人与社会群体之间的关系的；道德的导向功能是通过启迪人们的道德意识与

---

① 唐凯麟．伦理学［M］．北京：高等教育出版社，2001：180.

觉悟，选择正确的价值方向，与社会倡导的价值观念和原则相一致，把自己的思想和行为纳入社会秩序的过程；道德的教育功能是通过道德评价、形成舆论、塑造理想人格等以培养人们的道德观念、提升道德品质和道德境界的过程。道德教育依托道德调节和导向功能的发挥，能够唤起人们的道德自觉，推动人们按照社会倡导的准则和观念行事，以整合社会秩序。道德源于现实的社会生活，从道德的层次看可以划分为神圣道德与世俗道德。神圣道德是指一种近乎完美的至善至圣的道德，世俗道德则是普通人日常生活中的基本道德。冯友兰将道德境界划分为："就大同方面看，人所可能有底境界，可以分为四种：自然境界、功利境界、道德境界、天地境界。"① 第一境"自然境界"的人以本我为中心，以本能的生物形式存在，其行为是顺才或顺习的；第二境"功利境界"的人以自我为中心，其行为以自我为取舍，其行为对自身有着实际意义，对他人和社会的意义也是相对于自我意义而言的；第三境"道德境界"的人是"正其谊、不谋其利"的，其存在和作为皆以他人和社会为中心，对社会伦理有着极为重要的意义；第四境"天地境界"的人是超越世俗天人合一的，其存在和作为以大自然和宇宙为中心，对宇宙万物有着极为重要的意义。其中，第二境与第三境可谓是世俗的道德境界，而第四境则是神圣的境界。世俗道德"作为一种道德范型，虽具有俗性，却并不内在地拒斥高尚与神圣，亦不否定社会倡导高尚、神圣的道德精神，相反，它内蕴着高尚与神圣。它只是立足于此岸世俗日常生活世界引导公民在俗世中走向高尚与神圣"②。涂尔干则基于对冯特伦理学思想的阐释，从伦理动机与伦理规范的内在关联分析道德的层次性，认为伦理动机有程度不同的多种形式，即知觉动机、知性动机与理性动机，此外还有只为精英才有的动机，以及为所有平庸或普通的灵魂所采用的补充动机，所有的伦理行为都以伦理动机为基础。在伦理生活中首要和具体的东西是伦理规范，其余的一切都由此规范产生。根据规范所指向的客观的行动范围以及能动者的主观状态划分，每一种规范都具有双重特性并采取两种形式，具体类别见表 6－1。

---

① 冯友兰．贞元六书：下［M］．上海：华东师范大学出版社，1996：554.

② 高兆明，李萍，等．现代化进程中的伦理秩序研究［M］．北京：人民出版社，2007：285.

表 6-1　伦理规范层次分类

规范类别	主观形式	客观形式
个人规范	从未忽视过自己的思想和行动	强加给自己的义务，对己对人履行义务
社会规范	尊重邻人如尊重自己	为自己所属的共同体服务
人类规范	把自身当作为伦理理想服务的工具	把自身奉献给作为自身伦理理想的目的

资料来源：涂尔干．职业伦理与公民道德［M］．渠东，等译．上海：上海人民出版社，2001：288．笔者根据原文内容制成表格。

现代陌生人社会需要道德，陌生人需要道德精神，但是陌生人的道德同样应当立基于现实生活世界及其存在方式，不能奢望每一个公民的道德品行都达到至高无上的道德境界，而应该立足于基本的道德要求，在学习认同基本道德规范的基础上，在日常生活与交往中自觉践行道德规范，做一个有道德的人，同时以此为基础，努力发展与完善自身，这样并不否定与弱化道德的神圣性。道德是社会存在的必要条件，其基本功能“就是帮助人们彼此适应，从而保证群体的平衡和生存”①。道德的目的在于让个体感觉到他是社会整体的一部分，社会是周围环境的唯一且最直接的范围，“道德的结果就是使社会获得存在的可能性”②。而且这种作用是在不知不觉中发生的。同时，道德功能的发挥与制度正义的社会所能提供的制度环境要求是一致的，即“一个制度正义的现代社会，并不是从外界强加给公民一系列神圣完美的道德要求，而是通过公正的社会制度供给，在向公民提供最基本道德规范要求的同时，使公民自己在日常经验生活中学习提高自己的精神境界”③。另外涂尔干还认为，“道德规范的特性在于它阐明了社会团结的基本条件。法律和道德就是能够把我们自身和我们与社会联系起来的所有纽带，它能够将一群乌合之众变成一个具有凝聚力的团体。任何社会团结的根源，任何促使人们去体谅他人的动力，任何对自身行为不带私心的规定，都可以称作道德，这些纽带的数量越多，力量越强，道德本身也就越牢固。”④ 因此在现实生活的世界，法律和道德的结合才是建构和维系陌生人社会秩序最重要的价值整合机制。

---

① 涂尔干．职业伦理与公民道德［M］．渠东，等译．上海：上海人民出版社，2001：291．

② 同①291．

③ 高兆明，李萍，等．现代化进程中的伦理秩序研究［M］．北京：人民出版社，2007：288．

④ 涂尔干．社会分工论［M］．渠东，译．北京：三联书店，2000：356．

(四) 社会分工机制

按照涂尔干的社会分工原理，现代陌生人社会状态下的分工不仅能够展现出道德特征，而且也可以逐渐成为社会团结的本质条件。正是因为分工使得“个人再次意识到了自身对社会的依赖关系，社会也产生了牵制和压制个人无法脱离自身限度的力量。总而言之，分工不仅变成了社会团结的主要源泉，同时也变成了道德秩序的基础”[①]。涂尔干批判了古典经济学和古典法学把分工研究完全建立在私利和公益或私法与公法基础上的做法，并反其道而行之，揭示了分工形成的根源在于社会容量与社会密度的增加，分工的社会功能在于分工越发展越能促进社会团结的转型，从而使个人与社会的关系越发紧密，同时个人也越发自主。涂尔干认为把社会失范、解体与崩溃等责难归咎于分工带来的结果是不公平的，纵观整个社会历史过程，分工是社会发展到一定阶段的产物，它作为一种社会机制在道德上是完全中立的，任何好与坏的臆断都是无意义的。相反分工可以充分调动社会各个部分，使彼此的功能紧密地联结在一起，形成一种平衡与自我调节机制。分工的发展已经使现代社会转入一种新的团结形式了，关于社会团结的考察，涂尔干的方法是通过对团结的外在表现形式——法律类型的研究——以检视分工导致的团结的类型与属性，因此他把法律类型相应地分为两类，一类是压制性制裁，它是集体报复性地惩罚犯人，以使犯人的财产、名誉、生命和自由受到损失；另一类是恢复性制裁，它的目的只在于拨乱反正，恢复正常状态。与前一类制裁对应的团结称为机械团结，与后一类制裁对应的是有机团结。机械团结建立在群体的相似性基础上，通过强化个体的集体价值和集体意识以达到社会整合的目的；有机团结则相反，构成整体的部分往往存在着差异，正是这种差异使功能性团结成为可能，社会赋予各个部门不同的分工，部门之间存在功能上的相互依赖，各部分就紧密地结合在一起了。这种团结形式由于存在客观的社会机制不像机械团结那样依靠外在的强制力才能促成社会结合，而是可以实现自我整合。因此以有机团结作为联结纽带的社会类型其凝聚力更强、整合程度更高。由此可以看出，随着分工的发展，社会逐渐由以群体

① 涂尔干．社会分工论［M］．渠东，译．北京：三联书店，2000：359.

内部的同质性为纽带的团结向以人们的不同分工为基础的团结转型，有机团结处于更成熟的发展阶段，无论是团结的效度还是力度都比机械团结更优越。但是事实有些吊诡，在现实中社会秩序仿佛陷入了前所未有的混乱与失范，涂尔干认为这不是分工的过错，“分工绝对不会造成社会的肢解和崩溃，它的各个部分的功能都彼此充分地联系在一起，倾向于形成一种平衡，形成一种自我调节机制”①。其原因在于分工的发展还没有达到人们所期望的那种程度，换言之社会各部分之间的关系由于没有得到明确的规定而流于模糊。在这种情况下分工异化为一系列反常形式，非但不能产生团结相反却坠入了分散、混乱的失范状态。因此要想恢复和谐有序的社会秩序，就必须确立一套法律准则和职业道德规范，“道德规范和法律制度在本质上表达了自我同一性的要求。社会置身于舆论的氛围里，而所有舆论又都是一种集体形式，都是集体产生的结果。要想治愈失范状态，就必须首先建立一个群体，然后建立一套我们现在所匮乏的规范体系。”② 依托法律准则和职业道德规范就可以使社会系统有章可循、有法可依，人们在追求经济利益满足的同时也会遵循各种道德规范的要求，社会的良性秩序就会形成了。而这一重要的历史使命自然就落到了法人团体（也即职业群体）的身上，法人团体作为现代社会的基本社会单位，是现代社会基于分工之上的职业联合体。职业联合体一方面是功能性团体，不但与其他团体存在功能性的互动关系，还与整个社会紧密结合，构成人与社会的联结纽带；另一方面其内部成员具有一致的利益追求、一致的职业训练方法，存在密切的交流，共享一套价值准则和职业道德，就会形成相似的思维习惯及职业心理，进而形成相互依赖的关系，这种相互依赖的必要性“似乎并非基于经济基础，而是源于道德的理由。唯有借助法团体系，经济生活的道德标准才能形成”③。因此法人团体比较容易利用规范和职业伦理把个人维系于社会整体，实现有效的整合。再进一步说，“如果我们想要在各种各样的经济职业中确立一种职业道德和法律准则，来代替支离破碎、混乱一团的法人团体的话，就得建立一种更加完善的组织群体，简言之，

---

① 涂尔干．社会分工论［M］．渠东，译．北京：三联书店，2000：第二版序言 16.

② 同①第二版序言 17.

③ 涂尔干．职业伦理与公民道德［M］．渠东，等译．上海：上海人民出版社，2001：32.

就是建立公共制度"[①]。可见社会分工的发展促使社会团结由机械团结向有机团结转变，但却并没有一劳永逸地完成这种转型。有机团结的实现还要依赖职业群体的现实实践、依赖职业群体的中介作用及职业群体之间的规范和职业伦理的合理建构，另外还有赖于社会公共制度的健全与发展。但是毋庸置疑，在这种社会团结方式的转变过程中，社会分工无疑成为一种意义重大的社会整合机制。

① 涂尔干．社会分工论［M］．渠东，译．北京：三联书店，2000：第二版序言 19.

第七章 我国陌生人社会秩序的价值基础与柔性社会治理

1840 年既是我国近代的开端，也是现代社会转型的开始，特别是 1979 年以来社会转型进入加速期，社会结构转型与体制转轨并存，城市化、城乡一体化进程加快，原有的社会结构从封闭化、刚性化、同质化、一元化向开放化、弹性化、异质化、多元化转变，同时也加速了熟人社会向陌生人社会的转变过程。向陌生人社会转型的过程中必然面对社会秩序裂痕与意义共同性缺失问题，需要确立陌生人社会秩序的价值基础、发现和建构道德空间与道德共同体，这一过程从社会治理的角度看即是柔性社会治理的过程，柔性社会治理既是社会治理的组成部分也是社会治理的重要手段，建构陌生人社会秩序的价值基础与柔性社会治理具有内在统一性，柔性社会治理又有具体的操作途径。

一、我国正处于熟人社会向陌生人社会的过渡阶段

（一）中国社会现代转型与陌生人社会的开启

随着 19 世纪资本主义向世界范围扩张，中国不可避免地卷入了资本主义发展的时代洪流。1840 年鸦片战争爆发后，在西方坚船利炮的威逼下，中国被动地开启了现代化的进程，也拉开了传统社会向现代社会转型的序幕。罗荣渠将中国自鸦片战争迄今的现代化过程的特点概括为“四种趋势交织，三种矛盾重叠”① 以及三次模式转换接续与价值观的转换四个大的方面。其中

① 罗荣渠．现代化新论：中国的现代化之路［M］．上海：华东师范大学出版社，2013：381．

三种矛盾是指殖民主义与反殖民主义的矛盾、资本主义生产方式与前现代生产方式的矛盾、以基督教文化为核心的现代工商文明与以儒教为核心的农耕文明的矛盾；四种趋势是指“衰败化”趋势、“半边缘化”或“半殖民地化”趋势、“革命化”趋势和“现代化趋势”；三次模式转换是指资本主义模式向半边缘化模式转换、衰败化与半边缘化向资本主义模式转换、创造性地探索中国特色的自主型发展模式；价值观的转换是指从朦胧的“富强”价值观到“西化”价值观到苏式社会主义价值观再到现代发展价值观的转换。这样的概括无疑是全面而深刻的。在这个长时期的现代化过程中，一方面，传统社会结构发生了显著变化，表现为阶级成分的多元化，帝国主义的入侵造就了一个半殖民地半封建社会的“怪胎”，资产阶级生产方式的嵌入催生出中国第一批民族资产阶级、官僚资本主义、工人阶级，社会结构日益复杂和多元。另一方面，社会关系也发生了变化，表现为传统信任机制的崩塌，熟人社会以信任为核心和纽带的交往关系和交往方式被大量的社会流动打破了，乡村不再是一个个壁垒森严的孤立单元，陌生人的不断涌入和迁出完全破坏了相互熟悉所需要的长期稳定交往。当日常生活中的知根知底的“熟人”为“不知底细”的“陌生人”所替换，基于“熟稔”之上的信任机制瓦解后，于是法律条文代替了宗族礼法，白纸黑字代替了约定俗成，权威机构取代了长老统治，冷漠无情代替了温情脉脉，熟人社会格局被打破了。特别是随着十一届三中全会以来，中国现代化进程从“被动输入”转向“主动融入”，社会转型进入加速期，市场经济取代计划经济成为资源配置的主体，极大地激发了社会的内在发展潜力。城乡之间的二元壁垒不断被打破，社会流动大大增强，农民不再束缚于土地之上，而是转向城市寻求更多的机会。城市在接纳大量外来人口后也变得越来越具有“陌生人气质”。如果说 1840 年现代化转型开启以来中国社会开始向陌生人社会过渡，那么 1979 年改革开放以来则是熟人社会向陌生人社会过渡的加速期，如今陌生人社会正在形成过程中。

（二）传统乡土社会、农村社会和城市单位社会的“熟人”特质

社会转型要经历一个或长或短的过渡时期，当前中国社会正处于由熟人社会向陌生人社会的转型过渡阶段。具体说来，我国传统的乡土社会、1949 年以后人民公社时期的农村社会和城市的单位社会都是熟人社会。

我国传统的乡土社会是家庭本位的，小农经济的封闭性与稳定性、生产的自给自足性决定了人们的绝大部分活动都限制在家庭范围内，家庭也是人们感情和精神的支柱，人们对家庭具有强烈的依赖感，个人独立的愿望和能力比较弱，错综复杂的亲属关系网络给人们以强大的家庭力量的支撑。土地与血缘维系着家庭观念的稳定性与至上性。一起居住生活的是一家人，同一祖先的人是家族，同一村落的人是家乡人，社会的最高组织者则是国家。家又是国的基础，宗法制与封建制相结合，建立起自天子至诸侯至士至庶人的金字塔式层次分明的家的结构，家的观念也经历了从王家、邦家到大夫之家再到庶民之家的演化。即便后来家与国分离，但是家庭所承载的诸多社会功能一直持续，以至于家一直是国的经济基础。家族一般以五服为界，宗族则指同宗同姓同地域的各个家族结成的群体，每个社会成员都隶属于特定的家庭、家族、宗族群体，依托于这种血缘和地缘纽带建构起来的熟人社会。

乡土社会同时也是梁漱溟所谓的“伦理本位”的社会，费孝通以“差序格局”这一概念形象地说明了中国传统熟人社会的关系特点。在他看来，传统中国社会的人际关系就像将一颗石子丢入水中，在水面形成的一圈一圈的波纹，被波纹所推及的就是社会关系。整个社会关系是以个人为中心，以自己的血缘关系、地缘关系为纽带的一张张相互交织的关系网，这种关系是一种自然、自发及自觉形成的普遍且必然的熟人关系，在这种熟人关系上建立起来的社会就是“熟人社会”，或者可以称之为“小圈子”社会。“熟人社会”散发着馥郁的乡土气息，为生成亲密的人际关系提供了天然的土壤。费孝通认为乡土性是中国社会的基础，传统中国人有浓厚的乡土情结，不仅有安土重迁、落叶归根的精神旨趣，也有“远亲不如近邻”的交往心理。“乡土社会在地方的限制下成了生于斯、死于斯的社会。常态的生活是终老是乡。假如在一个村子里人都是这样的话，在人和人的关系上也就发生了一种特色，每个孩子都是在人家眼中看着长大的，在孩子眼里周围的人也是从小就看惯的。”[1] 在熟人社会，成员们依靠亲密和长期的共同生活形成的惯例、默契来相互配合行动形成独特的联系模式，只有在生于斯、长于斯的人群里才能培

---

① 费孝通．乡土中国［M］．北京：三联书店，1985：4－5.

养出这种亲密的群体，其中每个人都对群体里的其他人有着高度的了解。在这种“了解”中滋生的“熟悉”，在“熟悉”之上生成的“信任机制”成为熟人社会交往关系的重要支撑力。熟人社会带给人们的习惯印象是社会中各成员彼此关系紧密，共同维系一种传统的礼制道德秩序，从而构成社会成员之间相互依赖的结构体。“熟悉是从时间里、多方面、经常的接触中所发生的亲密的感觉。这感觉是无数次的小摩擦里陶冶出来的结果。”① 这种相互间的信任本身是可靠并且能够在邻里交往中通用的：“我们大家是熟人，打个招呼就是了，还用得着多说么?”当然仅有“熟悉”是远远不够的，“从熟悉到信任”的过程中发生了一个质的变化，即“从俗即从心”，依靠长期的交往、依靠一代代人的文化和情感传递，熟人社会中的“规矩”最终形成，但人们并不感到被束缚了，因为社会成员已经将外在的“规矩”自觉内化为自我约束的行为准则，在熟人社会中，“从俗”与“从心”就是一致的。也正因如此，熟人社会具有较强的“自治性”，“一曰礼治秩序，二曰无讼，三曰无为政治，四曰长老政治”②。传统礼法、伦理、道德观念等为熟人社会提供了外在约束力，有效地规范着社会成员的行为。

从基层权力结构中也可以看出，乡土中国的治理工作主要是由乡绅来承担的，乡绅依托自己的亲族，在自己的生活区域，以增进家乡福利为己任，承担了“诸如公益活动、排解纠纷、兴修公共工程，有时还组织团练和征税等”③ 事务。如果发生灾荒、匪患，乡绅还要借助个人关系与地方官员沟通、协调，以减轻乡民的赋税和劳役等负担。乡土社会从熟悉中得到相互之间的信任、理解、支持与扶助，并形成特定的惯例和习俗，建构起了一套组织规范和礼治秩序。这种习俗、村规也有一套约束和保障机制以维系其正常运行，无论是乡绅还是普通乡民，都必须服从这套伦理规范和礼治秩序。如果发生了违反的行为，乡绅通常会强调秩序的重要性，即便违规者可以流落他乡，但是往往被视为“外人”而很难融入新的村落共同体中。家庭本位或伦理本位、乡绅治理、礼治秩序是我国传统乡土社会的秩序格局。

中国传统社会的熟人特质取决于其经济基础即自给自足的小农经济及其

---

① 费孝通．乡土中国［M］．北京：三联书店，1985：5.

② 贺雪峰．论半熟人社会：理解村委会选举的一个视角［J］．政治学研究，2000（3）.

③ 张仲礼．中国绅士研究［M］．上海：上海人民出版社，2008：40.

生产方式。首先封建自然经济并不依赖于大规模的协作和精细的分工来完成，它完全可以以一种“孤立成长”的方式存在，这就决定了乡村能够以一个个小集团、小区域为单位，以彼此间相对孤立的形式存在。其次封建政治统治要求严格控制成员在社会中的横向流动，频繁的流动对于统治者而言是一种潜在的威胁，只有将农民牢牢束缚在土地上，统治者才能心安。在对待农民流动的问题上，几乎所有的封建王朝都报以严加管控的态度，这种态度的本质在于通过维护狭小而相对封闭的交往圈防止农民的串联，以此来消弭潜在的政治风险，确保政治统治的稳定。这样一个结构稳定但高度封闭、缺乏流动性的熟人社会，如果缺乏强劲的外力干涉而单纯依靠自然演化，那么男耕女织、长幼有序、邻里间鸡犬相闻、黄发垂髫并怡然自乐的乡村生活会将长期存在。然而这种“封建的、宗法的和田园诗般的关系”（马克思语）最终终结于资本时代的到来。

1949年中华人民共和国成立以后，农村的人民公社制和城市的单位制度，一方面没有改变熟人社会关系，另一方面这两种制度安排建构了一种高度行政化、政治化的社会管理体系。中华人民共和国成立以来，农村社会经过了一系列的变革：调整农业生产关系进行的土地改革，消灭了土地私有制，在农村消灭了阶级；在生产环节促进合作，实施了由互助组到初级社再到高级社的农业合作化，1958年建立了人民公社制，实行“三级所有，队为基础”的体制。人民公社是国家政权在农村中的基层单位，是政社合一的组织，生产大队是基本经济核算单位，生产队是组织劳动的基本单位，是联结农民与国家权力的中介。三级所有的管理模式把农村社会成员整合到国家的政权体系中来，形成了社员与公社的依附关系，这样就把原来以血缘、亲缘为联结纽带的自然村落改造成了由人民公社统辖下的大队与生产队的基层组织。这一方面顺应了近代以来国家建设进程中政权下移的发展趋势，另一方面也使得传统社会家庭和宗族的功能弱化了，原来的家族共同体被社队共同体取代了。原来由乡绅、宗族组织承担的诸多的功能如经济、教育、救助、养老等都转移到人民公社、生产队中来，由此国家政权对农村社会也实现了全方位的控制。同时农村户籍制度固化了农民的户籍身份，限制了村民的自由流动，农村依旧是封闭的，农村的生活方式依旧是同质的，农村社会熟人关系的性质没有改变。

1949 年以来城市的单位制度催生的“单位社会”同样是熟人社会。单位制是为了管理公有制体制内人员而设立的组织形式，不仅指党和国家的政治与行政组织，而且包括工厂、学校以及文化机构等各种功能组织，它是一种权力与福利的再分配制度，涵盖了一个城镇居民生活的方方面面。这样的单位社会形成了我国社会特有的两极结构，即一极是权力高度集中的国家与政府，另一极则是大量的相对独立和封闭的单位组织。大多数单位组织根据其规模、类型及功能等往往具有统一规定的行政级别，根据这一行政级别可以享有不同的权力和利益。国家控制的绝大部分社会资源和机会基本上都沉淀在各种单位，个人只有进入某一单位，才有可能获得某些社会资源，单位变成了“将国家和个人直接联系起来的制度化中介”①，单位组织集政治、经济与社会等多种功能于一体，对单位成员的衣、食、住、行、学、生、老、病、死等实行供给制，如李汉林所言：“社会各阶层人们的社会行为通过组织多元化的特殊社会方式逐一整合到一个个具体的社会组织即单位之中，从而由这种单位组织代表他们的利益，满足他们的基本需求，给予他们社会行为的权利、身份和地位，左右和控制他们的行为。”② 随着单位制度的不断完善，其中包括人事制度、粮油制度、就业制度、人员选拔制度等，单位愈发变成了一个相对独立的社会共同体，在这样的状态下，国家与社会高度统一，社会基本上被国家取代或淹没了，人们在现实生活中感受到的是政府以及作为政府延伸形态的单位的存在。单位内部成员类似于萨姆纳笔下“内群体”的成员，大家彼此熟悉，有共同的单位意识，对单位有归属、忠诚和认同感。单位仿佛是传统家庭的延伸，尽管这里联结人与人关系的纽带不同于乡土社会的血缘、亲缘和地缘，而是业缘关系，但是单位人往往以单位利益作为共同利益，以单位认同作为共同的心理归属和精神寄托，人们的基本需要在该共同体中都由单位确定的规则予以保证。单位就是每一个单位人切身利益、精神和道德的共同体，人们彼此间的互助是自然的、富于情感性的，可以从传统的家庭伦理中生发出来，交往互动的行为也相当于马克斯·韦伯所讲的传统性行动。

---

① 郑杭生，李强，李路路．当代中国社会结构和社会关系研究［M］．北京：首都师范大学出版社，1997：53.

② 周翼虎，杨晓民．中国单位制度［M］．北京：中国经济出版社，1999：30.

（三）熟人社会向陌生人社会转型过程中价值基础的转变

熟人社会交往中仰仗的人情、面子和关系在充斥陌生人的城市里不再是畅通无阻、百试不爽的通行证，契约和法律成为维持社会秩序的重要工具。与快速发展的城市化同步的是传统乡村的没落。农村人口特别是青壮年劳动力的大量流动使中国大多数农村人员稀少，交往疏淡，产生熟人社会需要的“朝夕相处”等条件不复存在了，只有在逢年过节当青壮年人口返回农村时才能依稀感受到一丝原有的“熟人”气息。但是随着城镇化脚步再度加快，乡村中最后残留的熟人气息也将消散无踪，陌生人社会终将来到。社会流动越来越快，地缘、亲缘结构不断被打破，传统社会的“差序格局”也逐渐丧失其效力。现代化进程摧毁了熟人社会产生的根基，也摧毁了熟人社会中确保交往安全的信任机制以及以传统道德体系为核心的价值基础。“一体性和同质性决定了它可以获得习俗和道德的规范，可以在习俗和道德的基础上形成权力治理体系”，熟人社会作为道德共同体的权力治理体系也将被打破。

如前所述，支撑传统熟人社会这个道德共同体交往的是一种特有的信任机制。在熟人社会中信任源于熟悉，熟人社会的信任本于社会成员在长期相处中的积淀与习得，互信以潜意识的方式渗透于每个成员的血脉和思想之中，甚至能够成为一种“理所当然的”本能。科尔曼对简单信任关系所作的分析从另一个角度提供了对熟人间信任关系之所以发生的理解，“对于委托人来说，由于知根知底，因此对于他自己所选择的受托人可信的概率（P）较高，而不可靠所造成的损失（L）与确实可信的收益（G）也是较容易计算的”①。然而在陌生人社会，熟人社会的信任机制的存在基础已经消解了，人们彼此道德价值的差异性、不稳定性需要一种稳定、普适的规范加以约束，现代法律、制度等正是这种普适性的规范。作为一种他律性规范体系，法律等是凭借其权威性与惩处性被动地约束人们的行为，而道德作为自律性规范体系则主要依赖于人内心向善的倾向来实现自我管理和自我约束。一个法律健全、法治文明高度发达的社会同样是一个信用体系健全的社会，现代法律的出现

① 董海宁．“陌生化”社会中信任机制的“理想型”与现状［J］．社会，2003（8）．

取代传统的信任机制，产生了一种基于共同意愿和违法成本而树立起来的新型信用机制，也促成了合同、契约意识、法律精神等的产生和发展。现代法律体系已经涵盖了社会生活的各个领域，但是法律等规范并非万能，不能取代道德担负起整合社会的功能；法律规定和保障着最基本的权利和义务，而无关权利与义务之外的领域却是法律效力无法涵盖的。比如人们都认可在商业行为中要遵守契约和法律，但在交易这种商业行为之外，作为交易双方的主体间应该如何相处、如何建立亲密的“战略伙伴关系”则并非是法律所能规定的范围；法律规定了父母与子女间的基本权利和义务，但对父母与子女应当如何相处、如何建立亲密的亲子关系却无法做出具体规定。所有这些需求都从属于道德的功能范畴。① 也就是说法律只告诉人们什么不能做，而不是告诉人们什么可以做，更不会告诉人们应该怎么做。人工创制的“法律”终究无法取代血缘、亲缘那种自然生发的“有机物”，无法发挥道德的整合功能，使陌生人亲密无间地联合在一起。而更为尴尬的现实在于，在当前的中国社会，当旧的道德体系瓦解时，新的道德体系并没有随着社会转型同步建构起来，而是严重滞后于社会发展的。

在旧的道德体系崩塌而新的道德体系尚未建立的道德真空期，人际关系从伦理导向转为金钱导向，人们各自为自己的利益奔忙竞逐，熟人社会信奉的面子、人情、关系被陌生人社会中的猜疑、防范、冷漠所取代，过去在熟人社会碍于面子不能做、不想做的事情，在陌生人社会中都无所顾忌起来。陌生人社会中的种种不道德行为通常伴随着这样的逻辑：“反正没有人认识我”，或者是“反正我随时可以换个地方”②。个体在频繁的流动中摆脱了血缘、亲缘和地缘关系的束缚，在思想和行为上有了更多的选择自由，这本该是件好事。但不幸之处在于道德的缺场使这种自由通常以破坏他人的自由或

---

① 中国传统社会也存在法律，但传统社会的法律大体上是封建伦理道德的具体化。传统中国社会政治伦理化，法律与道德和伦理之间并无明显的界限。传统社会以封建伦理为核心建立了一个无所不包的道德体系，法律体现和维护的只是封建的伦理纲常。这种无所不包与现代法律也截然不同，现代法律只退守到规定基本权利和义务的领域。

② 传统道德约束力除了来自长期道德浸润下的道德自觉，很大一部分来源于儒家的“耻感文化”的外在约束。耻感文化是非重视外界（或群体）对个体的评价，个体的行为将被以诸多的外在社会因素和标准规范所制约、支配。熟人社会相对固定的交往圈为耻感文化的生成提供了温床，因为处在“熟悉”的小圈子里所以抹不开情面。但在陌生人社会，固定的圈子被打破了，外部约束力减弱了，社会上各种道德失范的现象也就增多了。

者权利的行为予以显现。市场经济下物质财富的增长伴随着道德精神层面的“滑坡”，社会发展承受着种种道德失范行为带来的阵痛。繁华的物质财富与贫瘠的精神生活如同地球的两极，正如沃尔金所指出：“尽管我们有那么多的哲学、人道、礼仪和崇高的原则，我们现在却只有一种浮华的欺人的外表，没有道德的荣誉、没有智慧的理性和没有幸福的欢乐。”① 发掘陌生人社会的价值基础、重新建构道德空间与道德共同体、重新发掘出现代人的精神家园给人们以心灵抚慰和精神指引，成为实现我国现代社会认同与整合的当务之急。

二、建构道德空间与道德共同体面临的主要问题

在陌生人社会中建构道德空间与道德共同体、重新恢复共同体的联合本质、确立并夯实社会秩序的价值基础，就我国当前社会现实而言至少面临着三个方面的问题。

（一）利益共同性与意义共同性的辩难

道德共同体的基础是利益，只有具备共同利益才有建构起道德共同体的可能。利益是道德最直接的根源，马克思主义认为，“没有共同的利益，也就不会有统一的目的，更谈不上统一的行动。”② 任何时代的道德都是建立在一定经济基础上的，一定的生产方式和经济发展水平必然产生相应的道德需求。郑杭生认为，“在价值观开放多元的时代里，促进认同度高、归属感强的新的意义共同性。这种意义共同性，在宏观上叫作社会归属感，在微观上叫作社区归属感，在社会细胞的层次上叫作家庭归属感和高素质个人对社会、社区和家庭的认同感。意义共同性是不同社会成员、社会群体或社会阶层对自己在社会中所得利益、所处地位、所获声望自我赋予相似或相同的认知。因此意义共同性以利益共同性为基础。”③ 可见共同体的建构离不开利益的基础。

① 沃尔金．十八世纪法国社会思想的发展［M］．杨穆，金颖，译．北京：商务印书馆，1983：233.

② 马克思，恩格斯．马克思恩格斯选集：第一卷［M］．3版．北京：人民出版社，2012：573.

③ 郑杭生．陌生人社会的裂痕黏合难题［J］．人民论坛，2009（18）.

当然，利益的“共同”不必然产生意义的共同，社会成员、群体或阶层面对相同的利益也有可能出现不同的意义，特别是在市场经济条件下，社会经济发展的不平衡性导致越来越严重的利益分化问题。当前我国城乡人口分布状况，根据国家统计局发布的《中华人民共和国 2016 年国民经济和社会发展统计公报》显示，2016 年年末全国大陆总人口 138 271 万人，其中城镇常住人口 79 298 万人，占总人口比重（常住人口城镇化率）为 57.35%，农村户籍人口 58 973 万人。城乡收入差距虽然在缩小，但是差距依然较大。2000—2009 年城乡居民收入之比一直在增加，2009 年达到最高值，此后陆续呈下降态势，“城乡居民收入之比从 2009 年的 3.333∶1 缩小到 2015 年的 2.951∶1”[①]，虽然比值缩小了，但是差距依然明显。国家统计局发布 2019 年中国经济数据显示，2019 年全国居民人均可支配收入 30 733 元，其中城镇居民人均可支配收入 42 359 元，农村居民人均可支配收入 16 021 元。2019 年，全国居民人均消费支出 21 559 元，其中城镇居民人均消费支出 28 063 元，农村居民人均消费支出 13 328 元。由此可见城乡居民的收入与消费差距。另外，根据表征贫富差距程度的基尼系数的值也能判断社会的不平等状况，2008—2018 年中国居民收入基尼系数值见表 7-1。

表 7-1　　2008—2018 年中国居民收入基尼系数

年份	2008	2009	2010	2011	2012	2013	2014	2015	2016	2017	2018
基尼系数	0.491	0.490	0.481	0.477	0.474	0.473	0.469	0.462	0.465	0.467	0.474

2000 年以来基尼系数值不断上升，2009 年开始有所回落，“2002 年中国居民收入基尼系数达到 0.472，2008 年更是高达 0.491。但自 2009 年，基尼系数开始逐步回落，2015 年已回落到 0.462”[②]。2016 年至今已出现上升态势，当前基尼系数值依然远高于国际警戒线。贫富差距问题带来的社会矛盾和冲突已经是社会整合过程中不容忽视的问题，因而构建道德空间与道德共同体要直面两个问题，首先是利益的整合，即如何使社会成员在利益上趋同，培育共同利益，这是建构道德空间与道德共同体的基础。其次是将利益共同性转化为意义共同性，如果无法实现这种转化，光有共同体利益没有共同的

---

① 李培林，陈光金，张翼．社会蓝皮书：2017 年中国社会形势分析与预测［M］. 北京：社会科学文献出版社，2016：25.

② 同①.

认识，也是徒劳的。

（二）身份归属与责任意识的辩难

责任意识是“共同体何以可能”的重要条件。齐美尔认为，“从根本上讲，社会也许最有意识地、至少是普遍地产生着生存的一种基本形式：个人的心灵永远不会处于一种结合之内而又不同时处于结合之外，它不可能被置于一种秩序之内，又不发现自己与之对立”①。即共同体何以可能在于这种秩序与心灵的“无违”和一致。鲍曼认为，共同体所体现的安全与个体所追求的自由存在对立统一关系。个体的生活既需要保障生命延续的安全，又需要追求更美好生活的物质和精神自由，所有人的幸福生活就是在保障集体安全与追求个体自由之间谋求一种动态的和谐，而实现这种动态的和谐需要引入个体的责任。在共同体中个体的身份归属、认同与其权利和责任意识通常是同构的。费孝通指出西方社会成员“常常由若干人组成一个个的团体，谁是团体里的人，谁是团体外的人，不能模糊，一定得分得清楚”。西方人的“身份意识”更多地应当理解为某种“成员资格”，西方人对于其所在的团体和组织，对于个人的权利和义务都有着清楚的认识。西方人的归属感和责任感通常来源于成员资格，表现为权利的获得和义务的履行。中国人的归属感和责任感来源于血缘、亲缘、地缘，甚至可以是学缘。在传统中国社会，中国人的身份认同都集中在“家”或者是“族”（家的放大版）身上。在普通老百姓心中，更为清晰的观念是“家”和“族”，一个人无论走得多远，最终希望落叶归根；一个人功成名就，最大的愿望是衣锦还乡；一个人只要做了官，就会自觉地担负起振兴整个家族的希望和责任。陌生人社会伴随着社会改革的进程来临，改革是全方位的，经济体制改革首先从农村起步，与家庭联产承包责任制为主的经济体制改革同步，农村基层管理体制也进行了调整。1980年广西宜山、罗城的农民自发建立了群众性自治组织——村民委员会，人民公社体制开始松动，《关于实行政社分开、建立乡政府的通知》（1983）的实施标志着人民公社制度正式解体，农村出现明显的社会分化，农村剩余劳动力纷纷向城镇转移，原有的城乡二元分立的刚性社会结构被打破，社会流动

---

① 西美尔．社会学：关于社会化形式的研究［M］．林荣远，译．北京：华夏出版社，2002：25.

加强。当农民从原来熟悉的村落共同体脱出向城市、城镇涌流的时候，村落共同体在一定程度上开始解体，熟人社会向陌生人社会的转化便悄然发生了。原来作用于村落共同体的一套“礼俗秩序”被打破，“陌生人所组成的现代社会是无法用乡土社会的习俗来应付的”[①]。传统、习俗等的约束力日渐弱化，在接受市场经济的理性算计、追逐利益的同时，也“把乡村民众由附属于村社或者是宗族的成员，转变为统一社会中的独立个体或现代国家的公民”[②]。当然这种转换尤其是价值观的转换不是一蹴而就的，还需要一个比较漫长的过程。

城市的经济体制改革与社会结构转型同步，经济体制改革体现在三个方面：一是国有企业改革，建立了权责明确、产权明晰的现代企业制度；二是生产资料与资金的市场化发展；三是就业制度变革。这三个方面的具体改革使得“自由流动资源”和“自由活动空间”出现、国家与社会分离，社会的地位和作用显著提升，“成为一个与国家相并列的提供资源和机会的源泉”[③]。经济体制改革促进了单位制的弱化，在原有的体制中，单位是国家与社会、国家与个人最重要的中介，是国家与社会一体化的具体形式。改革开放以来，政府与单位的职能都发生了变化，政府从全能政府向以提供公共服务为主的服务型政府转变；单位也被推向市场，于是改变了对国家的单向度依赖，单位不再是原来国家和政府的延伸，而变成功能单一的利益主体。单位也不再承担过多的社会事务，甚至许多新兴的单位仅仅是一个“工作场所”而已。单位再也不是过去意义上的精神、道德和心理上的共同体了，这样自然就削弱了单位人对单位的依赖感。单位制弱化使得人们愈发单子化、个体化，当然也越来越陌生化了。可见改革开放以来，我国社会结构转型和经济体制转轨是并行的，结构转型造成了流动加快和分化加剧，体制转轨则引发了人际关系疏离和传统联系改变，所有这些都从各个不同的角度促进了市场经济条件下陌生人社会的形成。陌生人社会需要新的联结与和谐，需要新的整合与

---

① 费孝通．乡土中国［M］．北京：三联书店，1985：7.

② 李怀印．华北村治：晚清和民国时期的国家与乡村［M］．岁有生，王士皓，译．北京：中华书局，2008：251.

③ 郑杭生，李强，李路路．当代中国社会结构和社会关系研究［M］．北京：首都师范大学出版社，1997：93.

团结，这是因为“社会分化不能无限加剧，人际关系也不能恶性疏松，陌生人的世界需要新的联结和整合，否则社会将成为畸形的社会”[①]。在社会从传统走向现代、从熟悉转入陌生的过程中，旧的“差序格局”被打破，单位制也弱化了，但新的“团体格局”却未曾建立，人们失却了过去的身份归属感，归属感的失却又进一步导致责任意识的缺失，这也是当前社会中道德失范现象一再出现的一大重要根源。

（三）价值共识与价值多元的辩难

共同体是人的集合，理性的思维是人们能够在某些事情上达成一致意见的根源，这种共识通常是关于社会制度、伦理道德等方面的一致性。任何共同体的建构都必须以共识为基础，只有具备了这些共识，共同体的公序良俗才可能成立。杜威指出：“为了形成一个共同体或社会，他们必须共同具备的是目的、信仰、期望、知识、共同的了解和社会学家所谓的志趣相投”，“如果他们都认识到共同的目的，大家关心这个目的，并且考虑这个目的，调节他们的特殊活动，那么，他们就形成一个共同体”。[②] 也就是说共同的目的能够自发地将社会成员调节为一个整体。在建构道德空间与道德共同体、确立社会秩序价值基础的过程中，最为重要的是价值共识。因为“道德”本身就是社会成员的价值共识，建构道德共同体的首要任务也在于寻求价值共识——这是道德共同体“何以可能”的必要条件。共同体成员对至善、幸福、自由等共同价值的追求是维系道德空间与联系共同体的纽带。高度异质化是阻碍陌生人社会中建构道德空间与道德共同体的重要因素，陌生人世界的形成标志着社会异质性的加强和同质性的减弱，表征社会多样性的提升和统一性的弱化，暗含着多样性的统一的需求。这种异质化映射在价值领域就是价值的多元化，而我们正处于这样一个价值多元的时代，多元思想的冲击使人们在价值判断前通常显得“无所适从”，对于同一种现象，很有可能出现“公说公有理，婆说婆有理”“此亦一是非，彼亦一是非”的情况，因此在价值差异、价值多元的陌生人社会中构建道德空间与道德共同体就必须获取价值最

---

① 郑杭生，杨敏．和谐社区建设的理论与实践：以郑州市实地调查为例的河南特色分析［M］．北京：党建读物出版社，2008：6.

② 杜威．民主主义与教育［M］．王承绪，译．北京：人民教育出版社，2001：5.

大公约数即达成价值共识。

三、柔性社会治理与夯实价值基础的内在同一性

（一）社会治理与柔性社会治理

从社会治理的角度看，重新发现和建构道德空间与道德共同体、建构陌生人社会秩序价值基础，以实现社会良性运行与协调发展，也是社会治理的重要内容，而且是社会治理中柔性社会治理的过程。柔性社会治理的含义比较类似于现代组织管理、人力资源管理中的柔性管理，其理论源头可以追溯到1924年开启的霍桑实验。在那个时代，管理上的核心理念是泰勒主义的，霍桑实验则“极大地推动了从考虑高效完成任务的方法到考虑群体行为以及管理者对职工的重视”[①]，由此促进了人本主义管理理论的发展。20世纪30—40年代经济学家哈特（Hart）、梅森（Mason）与贝克曼（Backman）等从经济学的角度对柔性管理作了相关研究。我国学者将柔性管理定义为：“采用非强制方式，在人们心中产生潜在说服力，从而把组织意志转变为个人的自觉行动。这是一种以人性化为标志、以人为中心的全新管理模式。”[②] 可见柔性管理强调“人性化”“以人为中心”等基本含义。近年来随着我国“国家治理体系和治理能力现代化”的推进，社会管理也实现了向社会治理方向的转变，体现在宏观制度结构、中观政策设计以及具体实践中的社会治理机制方面的突破，而且愈发走向精细化。社会治理中同样包含柔性社会治理，结合柔性管理的定义，笔者将其定义为：执政党、政府与其他社会主体运用非强制性手段，引导社会成员的价值观与行为方式，以人为中心进行治理的过程和活动。其治理主体具有多元性、手段具有非强制性；本质是强调以人为本、人性化、向心力、归属感，注重平等尊重与价值整合；柔性社会治理过程是引导社会成员的价值观与行为方式；治理目标从正向上说是规范社会行

---

① 普尔，等．人力资源管理手册［M］．清华大学经济管理学院，编译．沈阳：辽宁教育出版社，1999：52.

② 唐华山．软绳捆硬柴：柔性化管理的力量［M］．广州：广东经济出版社，2006：1.

为促进社会认同，从逆向上讲是化解社会矛盾、减少社会分歧，总体目标指向都是维持社会秩序。社会成员的价值观和行为方式是多样性与一致性的统一，多样性是由于社会成员各自的思维方式、社会地位、自身素质等的差异而体现出的对社会事物的看法和态度的多维性；一致性则表现为社会成员在长期的社会共同生活中，为了使社会互动得以延续、社会关系得以维系，价值观与行为方式需要保持某种程度上的共同性。如果只有多样性没有一致性，那么社会秩序无法建立；如果只有一致性而没有多样性，社会则缺乏活力和创造力。柔性社会治理就是要尽可能使社会成员的价值观与行为方式保持一定程度上的一致性，以达成社会共识，增强社会凝聚力，进而为实现社会和谐、促进社会良性运行和协调发展创造条件。

（二）建构陌生人社会秩序价值基础与柔性社会治理的内在统一性

建构陌生人社会秩序的价值基础与柔性社会治理具有内在统一性，概括地说是柔性社会治理的重要内容也是柔性社会治理的重要手段。首先柔性社会治理是党和政府长期坚持的执政理念和治国方略。长期以来党和政府一直都没有放松对精神文明建设、公民道德建设、核心价值体系等柔性社会治理的重视，柔性社会治理的政策内容也经历了一个不断创新、发展和完善的过程：1986 年第一个精神文明建设的决议《中共中央关于社会主义精神文明建设指导方针的决议》阐明了社会主义精神文明建设的战略地位、根本任务和基本指导方针，是新的历史时期加强我国社会主义精神文明建设的纲领性文献；1996 年颁布了《中共中央关于加强社会主义精神文明建设若干重要问题的决议》；2001 年颁发的《公民道德建设实施纲要》把社会主义道德建设作为发展先进文化的重要内容；2006 年《中共中央关于构建社会主义和谐社会若干重大问题的决定》明确提出了建设社会主义核心价值体系和树立社会主义荣辱观；2007 年中共十七大报告《高举中国特色社会主义伟大旗帜 为夺取全面建设小康社会新胜利而奋斗》明确指出要切实把社会主义核心价值体系融入国民教育和精神文明建设全过程，建设和谐文化，培育文明风尚；2010 年通过的《中共中央关于制定国民经济和社会发展第十二个五年规划的建议》强调提高全民族文明素质，建设和谐文化等。柔性治理也是新时代中国特色社会主义思想体系中的重要组成部分，“明者因时而变，知者随事而制”，十八大以来，中共中央陆续提出强调培育和弘扬社会主义核心价值观、提高文化软实力、为实现中国梦凝聚有力道德支撑等要求；十九大报告强调"构筑中国精神、中国价值、中国力量，为人民提供精神指引"；十九届四中全会把"坚持共同的理想信念、价值理念、道德观念，弘扬中华优秀传统文化、革命文化、社会主义先进文化，促进全体人民在思想上精神上紧紧团结在一起"①作为我国国家制度和国家治理体系的显著优势之一。纵观改革开放以来柔性管理政策发展的历史，从对精神文明的总体建构到对思想道德建设的重点关注，从对社会主义核心价值体系的突出强调到提升国家文化软实力的贯彻落实，再到新时代中国特色社会主义思想将其视为国家治理体系中的显著优势之一，作为社会秩序价值基础的精神和道德的力量是无穷的，柔性社会治理既一以贯之又与时俱进，适时做出调整和完善，是一项重要的治理之策。

其次柔性社会治理以提高公民素质、加强公民道德建设为主题。公民素质主要由政治素质、思想道德素质、科学文化素质和法制意识等几方面构成。就政治素质而言，一方面要培养社会成员牢固树立建设中国特色社会主义的共同理想，树立坚持党的路线不动摇的坚定政治信念；另一方面培养社会成员的政治责任感，积极参与政治事务，增强把握全局和解决实际问题的能力。思想道德建设是柔性治理的核心内容，思想道德建设一方面涉及社会公德、职业道德、家庭道德以及个人道德的养成；另一方面致力于社会整体道德状况的进步，在全社会形成团结互助、平等友爱、积极向上的良好人际关系。中国特色社会主义进入新时代，"加强公民道德建设、提高全社会道德水平，是全面建成小康社会、全面建设社会主义现代化强国的战略任务，是适应社会主要矛盾变化、满足人民对美好生活向往的迫切需要，是促进社会全面进步、人的全面发展的必然要求"②。近年来我国文明城市、文明单位、文明家庭的创建更加规范化、科学化；乡村振兴战略中倡导乡风文明，文明村镇建设；另外深入开展灵活多样的志愿服务活动，引导人们正确对待利益，妥善

① 中共中央关于坚持和完善中国特色社会主义制度 推进国家治理体系和治理能力现代化若干重大问题的决定［EB/OL］.（2019－11－05）. http：//www.gov.cn/zhengce/2019－11/05/concent_5449023.htm

② 新时代公民道德建设实施纲要（2019）［EB/OL］.（2019－12－27）. http：//www.xinhuanet.com/2019－12/27/C_1125158665.htm。

处理矛盾，培育奉献、友爱、互助、服务的志愿精神，既是形成良好的社会风尚，筑实陌生人社会秩序的价值基础，同时也是柔性社会治理的体现。

最后柔性社会治理以建构充满信任的社会秩序为目标。在现代社会中我们必须依靠无数陌生人，诸如公共事业的管理者、食品生产者、服务提供者、药品研究者、电脑商、网络安全维护者等的工作才能生存，要达成这一目的，只有通过陌生人间的相互信任，否则“绝没有跨越这种匿名鸿沟的桥梁”①。处在向陌生人社会过渡时期的信任与传统社会的信任不同，那种维系传统“道德共同体”的由熟悉得到信任的方式已渐去渐远，而转变为普遍主义的由契约、制度得到的信任模式，即人们对种种制度、规范、规则的认同和遵守所带来的信任。柔性社会治理要建立的信任主要就是指这种制度信任，具体说来就是人们对国家、政党、政权的信任，对种种社会制度安排的信任，以及对身处其中的社会组织的信任等。这种信任必然是维系我国社会秩序的坚实的价值基础。

四、柔性社会治理的操作手段

根据前文对道德空间与道德共同体及其建构的分析，我国当前陌生人社会状态下重新建构道德空间与道德共同体同样需要“重新面对人类的道德能力”“对他者负责”以“走向无伦理的道德自治”；同样需要建构“基于业缘群体意义上的职业道德共同体”“基于日常生活意义上的社区地缘道德共同体”“基于政治认同的民族国家意义上的道德共同体”，以及“基于规避现代社会风险意义上的人类命运道德共同体”等。同时，对具体道德共同体的分析也要强调“共同的善恶观念和道德志趣，遵循共同的价值规范和行为准则，彼此之间互相尊重、互相关爱、和睦相处、情感融通，彼此充满信任的人、群或族所结成的亲密群体。这种新型的道德共同体包括六个方面的特征，即道德人格的平等性、道德信仰的共同性、道德文化的继承性、道德情感的依恋性、道德与幸福的统一性”② 等，与这些“应然”的标准相对应。当前加

① 什托姆普卡．信任：一种社会学理论［M］．程胜利，译．北京：中华书局，2005：17.

② 龙静云．我国社会道德共同体及其型构策略［J］．中州学刊，2015（1）.

强柔性社会治理，建构道德空间与道德共同体、夯实社会秩序的价值基础也需要直接面对妥善处理社会利益整合、培育责任意识、获取价值共识等方面的问题，对此柔性社会治理的具体操作手段包括下述四个方面。

（一）强化社会主义核心价值体系与核心价值观

社会主义核心价值体系包含马克思主义指导思想、中国特色社会主义共同理想、以爱国主义为核心的民族精神和以改革创新为核心的时代精神以及社会主义荣辱观。社会主义核心价值体系的提出在世界范围内各种思想文化交织激荡和我国整体社会变革的形势下具有极强的针对性和紧迫性。走中国特色社会主义道路、实现民族的伟大复兴是现阶段中国各族人民的共同理想，核心价值体系是维系社会团结和睦的精神纽带，也是引领社会前进方向、推动社会全面发展的精神动力，是当前中国社会价值基础的核心。十九大报告强调："坚持社会主义核心价值体系。文化自信是一个国家、一个民族发展中更基本、更深沉、更持久的力量。必须坚持马克思主义，牢固树立共产主义远大理想和中国特色社会主义共同理想，培育和践行社会主义核心价值观，不断增强意识形态领域主导权和话语权，推动中华优秀传统文化创造性转化、创新性发展，继承革命文化，发展社会主义先进文化，不忘本来、吸收外来、面向未来，更好构筑中国精神、中国价值、中国力量，为人民提供精神指引。"[①] 因此要通过多种方式引导社会成员理解并认同社会主义核心价值体系。党员干部必须率先垂范，党员干部的言行直接决定政风，直接影响民风和社会风气；"榜样的力量是无穷的"，要通过树立和宣传各行各业、各条战线的典型人物、模范团体、道德模范等，用他们的精神和事迹感动和感染人们；新闻媒体是唱响主旋律、宣传和推广主流价值观的主要渠道，必须始终坚持舆论导向，以正确的舆论引导人；还要把社会主义核心价值体系渗透到文艺创作和文化活动中，以优秀的作品鼓舞人，引导人们的思想观念和行为选择。核心价值体系的确立有助于在价值多元的时代确立价值共识，"以和而

---

① 习近平：决胜全面建成小康社会 夺取新时代中国特色社会主义伟大胜利：在中国共产党第十九次全国代表大会上的报告［EB/OL］.（2017－10－27）. http：//xinhuanet. com/politics/19cpcnc/2017－10/27C _ 1121867527. htm.

不同为原则，通过价值共识形成人类的合理的具有一定共性的价值追求，同时又肯定它的差异性和多样性”①。即在承认和理解价值差异的基础上，获取价值的最大公约数。作为一种社会意识的核心价值体系是对客观社会存在的反映，是随着社会发展而改变的。中国传统社会以“三纲”“五常”“五伦”（五种人际关系：君臣关系、父子关系、夫妻关系、兄弟关系和朋友关系）及“八德”（孝、悌、忠、信、礼、义、廉、耻）等构成一整套价值体系，维系了稳定的传统熟人社会结构。经过扬弃和创造性转化，其中一些合理的价值要素时至今日仍然在传承并发挥作用，孝、悌、忠、信、礼、义、廉、耻等传统道德所倡导的价值在今天的核心价值体系中依然存续，众所周知的“全国道德模范奖”“感动中国”等许多道德奖项都是以传统道德中的“八德”来作为评判的标准的。当然今天弘扬的这些价值虽然沿用了传统道德中的某些价值之“名”和部分内核，但却并非完全等同于传统道德价值。从社会结构的角度分析核心价值体系可以根据基本社会关系构成即“个人与他人的关系、个人与自然的关系、个人与群体的关系、群体与社会的关系、人民与政府的关系、人民与民族国家的关系，以及民族国家与国际体系的关系”② 来进行，对应这七大类基本社会关系的是非判断就是价值观及其体系，而且内部会呈现出一种层级关系，仿佛构成一个同心圆体系。此体系自内而外包含七大类价值观即“道德观—自然观—群体观—社会观—政治观—民族观—国际观”③。

核心价值观是居主导地位、起支配作用的价值观念。党的十八大确立了社会主义核心价值观的基本内容，其中“富强、民主、文明、和谐”是国家层面的价值目标，居于最高层次，对其他层次的价值理念具有统领作用；“自由、平等、公正、法治”是社会层面的价值取向，是对美好社会秩序的生动表述；“爱国、敬业、诚信、友善”是公民个人层面的价值准则与基本道德规范。十九大报告中又进一步指出：“要以培养担当民族复兴大任的时代新人为着眼点，强化教育引导、实践养成、制度保障，发挥社会主义核心价值观对

① 陈先达．论普世价值与价值共识［J］．哲学研究，2009（4）．

② 潘维，廉思．中国社会价值观变迁 30 年（1978—2008）［M］．北京：中国社会科学出版社，2008：56．

③ 同②56．

国民教育、精神文明创建、精神文化产品创作生产传播的引领作用，把社会主义核心价值观融入社会发展各方面，转化为人们的情感认同和行为习惯。”①

核心价值体系与核心价值观是既紧密联系又各有侧重、相辅相成的，核心价值体系是核心价值观的基础和前提，是核心价值观形成和发展的必要条件；核心价值观是核心价值体系的内核和最高抽象，体现社会主义的价值本质，决定核心价值体系的特征和方向，引领价值体系的建构。培育和践行社会主义核心价值观，“要着力培养担当民族复兴大任的时代新人”“要注重全方位贯穿、深层次融入”“要在落细、落小、落实上下工夫”。② 培育、践行和强化社会主义核心价值体系与核心价值观也意味着主动把握道德空间与道德共同体的建构规律，通过自上而下的培育价值共识，自觉推动道德空间与道德共同体的生成。社会主义核心价值体系与核心价值观为社会成员的个体存在和发展提供了精神信仰、价值追求、意义世界和行为规范的科学导向；它们为社会不同利益群体的共同理想、愿望和需求提供了价值参照，成为社会意识形态的整合中心；它们既是建构道德空间与道德共同体的价值基础，也是当前我国陌生人社会秩序的价值基础。“培育和弘扬核心价值观，有效整合社会意识，是社会系统得以正常运转、社会秩序得以有效维护的重要途径，也是国家治理体系和治理能力的重要方面。”③ 因此是柔性社会治理的重要手段。

（二）以民间团体尤其是志愿组织培育责任意识

推进民间团体与民间组织尤其是志愿组织的发展，落实社会工作伦理，弘扬志愿精神，培育责任意识，可以促进道德空间与道德共同体建设、夯实陌生人社会秩序的价值基础。爱、责任、奉献是维系共同生活，增强共同体成员内部亲和力和凝聚力的重要因素，这些要素只有通过共同生活才能够蓬

① 习近平：决胜全面建成小康社会 夺取新时代中国特色社会主义伟大胜利：在中国共产党第十九次全国代表大会上的报告［EB/OL］.（2017－10－27）. http：//xinhuanet. com/politics/19cpcnc/2017－10/27C _ 1121867527. htm.

② 中共中央宣传部．习近平新时代中国特色社会主义思想三十讲［M］. 北京：学习出版社，2018：197－198.

③ 习近平．习近平谈治国理政：第一卷［M］. 北京：外文出版社有限责任公司，2014：163.

勃生长，现代社会这种共同生活的开展通常要依托民间团体和民间组织（也称非政府组织），这些组织是由一些具有共同的目标、志向、兴趣、利益的人自发组建起来的，具有非政府性、非营利性、非政治性、非宗教性、自治性和志愿性等特征，其结构呈现出扁平化、网络状特征。在扁平化结构下，成员之间的横向交流与互动更为便利，它更符合现代社会个体交往的需求，也更有利于小的共同体的形成，如涂尔干所言："一部分人一旦发现他们具备了其他人所不具备的共同的观念、利益、情感和职业，那么在这种相似性的影响下，他们不可避免地会相互吸引、相互寻觅、相互交往、相互结合。这样，一个特定的群体就在整个社会中慢慢地形成了。"① 民间团体和社会组织就是大的共同体中分散的各个小的道德共同体，他们所进行的公益性、利他性的活动承载着社会的道德理想和道德价值，组织的成员正是在具体活动中培养起责任、宽容、团结与合作的精神的。

我国 20 世纪 90 年代开始的志愿组织与志愿行动的蓬勃发展可以说明这些组织在促进道德空间与道德共同体建设中的重要作用和意义。改革开放以前中国的熟人社会特质并未给志愿组织与志愿行动的发展留出空间，传统乡土社会依托家庭本位、乡绅治理发育不出现代意义上的志愿行动。1949 年以后公社、大队、生产队这样一套严谨的管理体系也没有为志愿组织的成立留出地盘，城市的单位社会、政府和单位的全方位供给与管理同样也催生不出现代意义上的志愿行动。② 是改革开放为志愿行动的出现创造了客观条件。国家与社会分离，处于政府与市场之外的社会领域逐渐扩大，必然促进公民社会的发育与成长。单位制弱化，从政府与单位转移出来的诸多职能需要有新的承载主体，与之相应 20 世纪 90 年代以来社区建设、社区工作被提上日程并迅速发展。社区建设"正是为了在一个市场经济的陌生人世界里，构筑人际关系和谐的、互助合作的新的社会共同体"③。这就从客观上为志愿组织的成立和志愿行动的开展创造了空间和条件。1993 年年底我国开始实施"青年志愿者行动"，1994 年中国青年志愿者协会成立，同年国家民政部和社会

---

① 涂尔干．社会分工论［M］．渠东，译．北京：三联书店，2000：第二版序言 26.

② 龚长宇．陌生人社会志愿行动的价值基础［J］．伦理学研究，2014（4）.

③ 郑杭生，杨敏．和谐社区建设的理论与实践：以郑州市实地调查为例的河南特色分析［M］．北京：党建读物出版社，2008：6.

工作者协会发出《关于开展社区服务志愿者活动的通知》，社区志愿者和青年志愿者成为我国最大的两支志愿者队伍。这无疑标志着现代意义上的正式的志愿行动出现了。目前社区志愿者队伍已形成市、区、街道和社区四级志愿服务网络，服务主体包括老年、中年、青年各类群体，服务内容涉及社区居民的工作、学习和生活各个领域。2008 年是中国志愿行动最为辉煌的一年，也可以说标志着我国“全民参与志愿服务时代的来临”[①]，汶川地震成千上万的志愿者奔赴灾区做出了重要贡献，北京奥林匹克运动会共有 170 万志愿者参与服务。2010 年上海世界博览会共有 217.7 万志愿者参与行动，如今志愿行动正朝着国际化、专业化、全民化的方向发展。另外在陌生人社会中人们的孤独无助和心灵漂泊呼唤着志愿行动的出现。城市是现代生活的主要场景，在社区总会有许多弱势人群如孤寡老人、残疾人、生活困难人员需要照顾，总会有许多琐碎的服务像家政、保洁、家电维修、管道疏通等需要提供，总会有许多方面的科学知识如法制、饮食、健康、心理等需要咨询。陌生人社会需要志愿行动提供实实在在的帮助。陌生人社会的精神疏离也需要志愿行动带来的精神慰藉和补偿。20 世纪 80 年代末 90 年代初伴随着社会经济的迅速发展，人们在短时间内实现了物质上的满足和提高，然而精神上却陷入人文短缺的境况。这种状况与奥格本所揭示的“文化滞后”或“文化堕距”是一致的。人们渴望亲情、友情，渴望那些真诚的关爱与相助，那首曾经感动无数国人的歌曲《爱的奉献》应该是那个年代留下的最清晰的社会记忆了，当大街小巷都在播放和传唱的时候，其实正是陌生的人们内心的律动和呼唤。那首熟悉的歌曲早已超越了单纯艺术的领域，变成了一种特定的文化符号，这种文化就是志愿文化、爱心和公益文化。时至今日作为一种精神感召力，这首歌仍会适时响起。如今我国的志愿行动无论是有组织的还是自发的都已经开展起来，志愿行动涵盖了慈善救助、文明交通、公共治安、医疗卫生、科普宣传、司法援助等各个领域，对于“微观层面上的社会互助、社会关系修复和社会信任的重建有着不可替代的作用，对于整个社会志愿精神的培养也是极为重要的”[②]。但是就总体情况看，自上而下有组织的志愿行动发展壮

① 佘双好．志愿服务概论［M］．武汉：武汉大学出版社，2013：27.

② 张网成．中国公民志愿行为研究（2011）：现状、特点及政策启示［M］．北京：知识产权出版社，2011：112.

大，影响深远，而志愿行动的民间性尚嫌不足，由此说明志愿行动的价值基础尚不稳固，那么志愿行动的价值合理性基础究竟何在呢？

首先，志愿行动以社会主义义利观、集体主义道德原则为基本价值基础。志愿行动体现的是志愿者在处理个人与他人、个人与社会关系过程中以他人和社会利益为重的价值取向。这种价值取向是与我国传统儒家重义轻利、以义制利，墨家的义利并重、“兼相爱”“交相利”的义利观一脉相承的。传统的义利观经过批判地继承，发展为“把国家和人民利益放在首位而又充分尊重公民个人的合法利益”的社会主义义利观，义即是实现国家和人民的利益，利即尊重公民个人的合法权益，这也是社会主义集体主义的道德原则所要求的，其价值内涵体现在三个方面：“集体利益的优先性和首要性、个人利益的合理性和正当性、个人利益同集体利益的协调性和结合性。”[①] 这三个方面是相互联系、相互补充的，体现在义利关系上就是义利并重和义利统一。人是理性的，志愿者从事志愿行动不仅仅是以他人、国家和社会利益为重，同时往往也“带着自己的一份私心，有着各种动机和需求”[②]。志愿者的动机是多层面的，当然主要还是马斯洛需求层次论中更高层次的需求如交往、尊重、表达、参与、自我实现等的需求及满足，这无疑也是正当的、合理的个人利益诉求。可见志愿行动是以社会主义义利观、社会主义集体主义道德原则作为价值基础的，是对社会主义义利观和集体主义道德原则的有效践行。

其次，“奉献、友爱、互助、进步”是志愿行动的德性伦理基础。“奉献、友爱、互助、进步”既是志愿服务倡导的志愿精神，也是志愿行动的德性伦理基础。亚里士多德把德性区分为理智的和伦理的两类，这里主要指伦理德性，伦理德性既不是感受也不是潜能，而是一种品质，也就是“使人善良，并获得其优秀成果的品质”[③]，并认为一个积极遵守完整德性并充分实现外在善行的人是幸福的。按照麦金太尔的理解，亚里士多德并不是在创立一种德性论，他只是在寻求“最好城邦中最好公民的理性声音”[④]。德性是个体的道

① 唐凯麟．伦理学［M］．北京：高等教育出版社，2001：319.

② 上海市慈善基金会，上海慈善事业发展研究中心．志愿服务与义工建设［M］．上海：上海社会科学院出版社，2007：87.

③ 亚里士多德．尼各马科伦理学［M］．苗力田，译．北京：中国社会科学出版社，1990：35.

④ 麦金泰尔．德性之后［M］．龚群，等译．北京：中国社会科学出版社，1995：186.

德本性和特质，通过人的道德意识、道德情感、道德意志和道德行为表现出来。德性通常表现为他律、自律、他律和自律的统一三个阶段，也是人的德性从低到高的三个层次，其中他律阶段德性的核心范畴是义务；自律阶段德性的核心范畴是良心；他律和自律的统一阶段的核心范畴则是价值目标的确立。[①] 基于此可以分析志愿精神的四个规定性，其中“友爱、互助”相当于他律层次的德性，即道德义务。孟子说“出入相友，守望相助”，个人生活在社会中，与他人友好、善意地相处，并且互相帮扶，时常意识到自己对他人和社会做自己应当做的事情，在这个过程中，友爱互助就可以发挥凝聚社会的作用，这就类似于亚里士多德所说的“友爱不但把人们联合在一起，也使城邦相团结”[②]。同时每一位志愿者个体之间共同善意的生活，就是对个人德性的一种完善，即“每一方都是对自身的善，并且以同等的愿望和快乐作回报”[③]。“奉献”是自律层次的德性，即道德良心，是志愿行动更高层次的德性基础。黑格尔说“真实的良心是希求自在自为的善的东西的心境，所以它具有固定的原则，而这些原则对它说来是自为的客观规定和义务”[④]。奉献往往是不计个人得失的，是为了国家、社会、他人的利益和需要慷慨赴义的，像雷锋“毫不利己、专门利人”，千千万万的人为灾区捐款捐物、为贫困地区的贫困儿童献爱心等都是出于良心的行动。道德良心是一种发自内心深处的对自己道德主体性的呼唤，对个体行为发挥着自我调节和控制作用。“进步”是指向价值目标层次的最高的德性，价值目标是他律和自律的统一，是衡量个体道德成熟与完善程度的重要尺度，是基于履行义务的经验积累和良心自律支配所形成的。进步包括个人进步和社会进步，个人进步是个人的品德、智力、能力、审美等的全面发展，社会进步则是物质文明和精神文明的共同发展。志愿行动以此为行动目标和价值目标，既关注个人价值的实现，又致力于社会以至于整个人类的发展，是最高层次的德性伦理基础。

最后，公民意识与公共精神是志愿行动的责任伦理基础。陌生人社会志愿行动的责任伦理基础是由志愿者的公民意识和公共精神建构的，公民意识

① 唐凯麟．伦理学［M］．北京：高等教育出版社，2001：169.
② 亚里士多德．尼各马科伦理学［M］．苗力田，译．北京：中国社会科学出版社，1990：170.
③ 同②178.
④ 黑格尔．法哲学原理［M］．范扬，张企泰，译．北京：商务印书馆，1961：139.

是对自我公民身份和资格的理性自觉，公民身份和资格是法律赋予社会成员的，是公民权利与责任的统一。公民意识则具体体现为对自己的权利、尊严和价值的自觉意识，尤其是公民的积极参与意识和社会责任感。公共精神体现的是社会公共生活的要求，“体现了社会成员对公共领域利益关系的正确把握和对共同生活准则的认同与信守”[①]。陌生人社会已不可能回归传统的共同体，但是人们对熟人共同体所蕴含的亲密感、归属感、互助性的需求和渴望却未曾改变，现代社区建设就被赋予了所谓“新型共同体”的内涵，各种志愿组织也承载了人们相同的渴望。然而新型共同体的成长不可能是一个完全自发的过程，它有赖于“现代国家与现代社会的共同成长，有赖于政府行动和公民行动的良好合作”[②]。可见，一方面陌生人社会公共生活空间的扩大、彼此对公共生活的依赖要求公民社会的发育和成长，需要广泛的公民参与和扶助的行动，由此培育和塑造了志愿者的公民意识与公共精神；另一方面志愿者又必然以参与社会公共生活的责任意识和公共精神为价值支撑，才会充分行使公民权利，认真履行公民义务，积极承担公民责任，对置身其中的共同体诸如社会组织、社区、民族以至于国家高度负责，而只有建基于扎实的价值基础上的志愿行动才可能持续、长久。

另外，我国志愿者、志愿行动虽然还不属于严格意义上的社会工作，但是也应遵守和践行社会工作伦理守则。这些贯穿于社会工作专业历史的、为社会工作者所信奉的核心价值是社会工作独特的目标与发展前景的基础。我国也制定了社会工作职业道德、职业守则的具体规定，其中职业守则主要包括“遵守国家法律、法规；尊重个人价值尊严；维护服务对象隐私；提升案主发展潜能；提高专业技能水平；及时反映社会需要；协助解决社会问题；促进社会公正进步”[③] 等。当然目前我国的志愿行动还处于发展进程中，公民意识和公共精神的培育成长还需要一个过程。

（三）塑造城市精神，使城市成为市民的精神共同体

通常认为城市精神“是一个城市的内在气质和根本价值追求，是内化于

---

① 李培超．志愿精神与公民意识［N］．中国教育报，2008－08－19（3）．

② 郑杭生．中国特色和谐社区建设“上城模式”实地调查研究［M］．北京：世界图书出版公司，2010：25．

③ 朱眉华，文军．社会工作实务手册［M］．北京：社会科学文献出版社，2006：275．

市民日常生活中的哲学法则，是反映人与自然、人与社会、人与人关系的抽象理念”①。挖掘和建设城市精神是城市文化建设的重要内容，也是建构城市道德空间、道德共同体，建构陌生人社会秩序价值基础的重要手段。城市精神建设的目标是彰显城市人文精神以增强软实力，城市人文精神可以说是城市文化的核心内容，融合、渗透于城市文化的各个层面，“观念文化层面如文化精神；心理层面如市民自我超越意识；制度层面如城市民主精神；日常生活层面如城市风俗人情中折射的民族精神”② 等。城市精神建设的主要内容在于弘扬社会主义核心价值观。城市精神建设与培育弘扬社会主义核心价值观是内在统一的，都立基于共同的经济基础和现实生活，既包括对实然的价值取向的提炼，也包括对应然的价值追求的概括。城市精神是依托于社会主义核心价值体系与核心价值观的，而且在一定程度上也可以说，城市精神建设是在具体的城市社会、市民的现实生活中推广和践行核心价值观的，可以把核心价值观的内容落到实处。依托于核心价值体系与核心价值观、完善与践行城市精神，是引领城市社会思潮、凝聚市民共识、维系城市社会秩序、保证城市社会良性运行的重要机制。城市精神建设的最终指向是提升市民素质，而市民素质主要由道德素质、科学文化素质、政治素质以及法制意识等构成。政治素质主要强调市民的公民意识、政治责任感和积极参与公共事务的意识和能力；道德素质偏重于市民的公共道德意识和水平，如热爱环境、团结互助、平等友爱等。

此外，城市精神建设还要致力于实现公民民主法制观念的养成和提高，以促进法制环境和良好社会秩序的形成和发展。笔者对城市精神和省区精神的表述语使用频次曾做了一番统计，结果见表 7－2。

表 7－2　　城市精神与省区精神中主要表述语使用频次统计

表述语	“城市精神”中使用频次（次）	“省区精神”中使用频次（次）
创新	47	9
开放	35	9
包容	34	10
诚信（守信、重信）	25	11

① 陈海松，王子奇．培育鲜明的上海城市精神：“当代上海城市建设与城市精神学术座谈会”综述 [J]．探索与争鸣，2003（5）．

② 鲍宗豪．城市精神文化论 [J]．学术月刊，2006（1）．

续前表

表述语	“城市精神”中使用频次（次）	“省区精神”中使用频次（次）
和谐	25	3
务实	24	7
进取（奋进、勇进）	22	5
厚德（尚德、崇德）	14	4
爱国	13	7
奉献	12	5
创业	15	0
卓越	10	0
图强	9	3
团结	9	3
勤劳（勤奋）	8	3
敢为人先	7	0
自强不息	7	0
实干	6	0
敬业	5	0
艰苦奋斗	4	0
超越	4	0

资料来源：笔者根据网上检索资料整理。

由表7－2可以看出，在“省区精神”的表述语中，“诚信”“包容”“爱国”“务实”出现的频次比较高；在“城市精神”的表述语中，“创新”出现频次是最高的，其次是“开放”“包容”。体现社会主义核心价值观与市民素质要求的“诚信”“和谐”“务实”“厚德”“爱国”“奉献”等使用频次也较高，说明这些内容在省区精神和城市精神中的重要地位和意义。核心价值体系、核心价值观与市民素质建设的内容是相辅相成的，从已经确立的省区精神和城市精神的表述语中可以看出，即便各个省区和城市使用的语汇各不相同，但是往往也都包括了核心价值观与市民素质方面的意涵。如果城市市民能够努力践行各自所在城市的城市精神，那么城市就会成为具体的道德空间与道德共同体，以城市为区域特征的陌生人社会也将不再因人与人的相互陌生而彼此冷漠与疏离。可见，城市精神建设的实质是以人为本，人是城市生活的主体，城市精神建设最终的落脚点也在于人，是要切实落实到人们的思想风貌、素质品格、行为方式以及具体的生活状态上的。城市精神建设的宗旨是引导市民的价值观与行为方式，通过对市民价值观与行为方式的引导实现城市认同，使城市成为市民的精神共同体。市民由于各自的社会地位、思维方式以及自身素质的差异性，对社会事物的看法和态度不同，体现出多维性；同时市民在长期的城市社会生活中，为了延续彼此的交往与互动、维系正常的社会关系，其价值观与行为方式在某种程度上又必然具有共同性。多维性使城市社会具有活力，共同性使社会秩序得以护持。城市精神建设作为柔性社会治理的手段，就是要通过城市精神的提炼和培育，引导市民的价值观念，增强对城市的认同感与归属感，以达成共识、凝聚人心、增强城市内聚力，让城市不仅作为市民的生活共同体，同时也成为市民的精神共同体，进而维系良好的城市社会秩序。

柔性社会治理手段除上述强化社会主义核心价值体系与核心价值观、培育公民责任意识、塑造城市精神、建构城市精神共同体之外还有许多具体的方法，在此不再一一论述。柔性社会治理中总会贯穿着道德的向度，或者说德治是柔性治理的重心，德治思想是中国传统文化的重要组成部分，如钱穆所说，“其更是儒家的抱负，一向着重修齐治平”[①]，而且中国的德治思想“比西方先进步，这是历史事实，不是民族夸大”[②]。伴随着中国现代化的进程，实现德治的创造性转化与创新性发展是历史的必然。柔性社会治理既是一种理论，也是有效的社会治理机制，可以弥补法律制度等社会治理方式的不足，陌生人社会秩序价值基础的建构与维持依赖这种治理机制的完善与持续运行。

① 钱穆．中国历代政治得失［M］．北京：三联书店，2001：1.

② 同①178.

参考文献

1. 马克思，恩格斯．马克思恩格斯选集［M］．3 版．中共中央马克思恩格斯列宁斯大林著作编译局，编译．北京：人民出版社，2012.

2. 马克思．资本论：第一卷［M］．中文 2 版．中共中央马克思恩格斯列宁斯大林著作编译局，译．北京：人民出版社，2004.

3. 列宁．列宁选集［M］．3 版．中共中央马克思恩格斯列宁斯大林著作编译局，编译．北京：人民出版社，1995.

4. 亚里士多德．尼各马科伦理学［M］．苗力田，译．北京：中国社会科学出版社，1990.

5. 西塞罗．论老年·论友谊·论责任［M］．徐奕春，译．北京：商务印书馆，1998.

6. 斯密．道德情操论［M］．蒋自强，等译．北京：商务印书馆，1997.

7. 斯密．国民财富的性质和原因的研究：上下卷［M］．郭大力，王亚南，译．北京：商务印书馆，1972，1974.

8. 休谟．人性论［M］．关文运，译．北京：商务印书馆，1980.

9. 霍布斯．利维坦［M］．黎思复，等译．北京：商务印书馆，1985.

10. 洛克．政府论：上［M］．瞿菊农，叶芳启，译．北京：商务印书馆，1996.

11. 边沁．道德与立法原理导论［M］．时殷弘，译．北京：商务印书馆，2000.

12. 康德．历史理性批判文集［M］．何兆武，译．北京：商务印书馆，1990.

13. 黑格尔．法哲学原理［M］．范扬，张企泰，译．北京：商务印书馆，1961.

14. 孔德．论实证精神［M］．黄建华，译．北京：商务印书馆，1996.

15. 涂尔干．社会分工论［M］．渠东，译．北京：三联书店，2000.

16. 涂尔干．职业伦理与公民道德［M］．渠东，等译．上海：上海人民出版社，2001.

17. 涂尔干．社会学与哲学［M］．梁栋，译．上海：上海人民出版社，2002.

18. 涂尔干．道德教育［M］．陈光金，等译．上海：上海人民出版社，2001.

19. 涂尔干．乱伦禁忌及其起源［M］．汲喆，等译．上海：上海人民出版社，2006.

20. 涂尔干．宗教生活的基本形式［M］．渠东，汲喆，译．上海：上海人民出版社，2006.

21. 迪尔凯姆．自杀论［M］．冯韵文，译．北京：商务印书馆，1996.

22. 迪尔凯姆．社会学方法的准则［M］．狄玉明，译．北京：商务印书馆，1995.

23. 西美尔．社会学：关于社会化形式的研究［M］．林荣远，译．北京：华夏出版社，2002.

24. 齐美尔．社会是如何可能的［M］．林荣远，编译．桂林：广西师范大学出版社，2002.

25. 鲍曼：后现代伦理学［M］．张成岗，译．南京：江苏人民出版社，2003.

26. 鲍曼．共同体［M］．欧阳景根，译．南京：江苏人民出版社，2007.

27. 鲍曼．通过社会学去思考［M］．高华，等译．北京：社会科学文献出版社，2002.

28. 鲍曼．现代性与大屠杀［M］．杨渝东，史建华，译．南京：译林出版社，2002.

29. 鲍曼．立法者与阐释者：论现代性、后现代性与知识分子［M］．洪涛，译．上海：上海人民出版社，2000.

30. 鲍曼．生活在碎片之中：论后现代道德［M］．郁建兴，等译．上海：学林出版社，2002.

31. 鲍曼．门口的陌生人［M］．姚伟，等译．北京：中国人民大学出版社，2018.

32. 鲍曼．流动的现代性［M］．欧阳景根，译．北京：中国人民大学出版社，2018.

33. 鲍曼．怀旧的乌托邦［M］．姚伟，等译．北京：中国人民大学出版社，2018.

34. 史密斯．后现代性的预言家：齐格蒙特·鲍曼传［M］．萧韶，译．南京：江苏人民出版社，2002.

35. 滕尼斯．共同体与社会［M］．林荣远，译．北京：商务印书馆，1999.

36. 赫里尔．全球秩序的崩塌与重建［M］．林曦，译．北京：中国人民大学出版社，2017.

37. 韦伯．经济与社会：上卷［M］．林荣远，译．北京：商务印书馆，1997.

38. 韦伯．社会学的基本概念［M］．胡景北，译．上海：上海人民出版社，2000.

39. 韦伯．新教伦理与资本主义精神［M］．于晓，等译．北京：三联书店，1987.

40. 贝尔．资本主义文化矛盾［M］．赵一凡，等译．北京：三联书店，1989.

41. 贝尔．后工业社会的来临［M］．高铎，译．北京：商务印书馆，1984.

42. 吉登斯．现代性的后果［M］．田禾，译．南京：译林出版社，2000.

43. 吉登斯．为社会学辩护［M］．周红云，等译．北京：社会科学文献出版社，2003.

44. 吉登斯．社会的构成［M］．李康，等译．北京：三联书店，1998.

45. 斯坎伦．我们彼此负有什么义务［M］．陈代东，等译．北京：人民出版社，2008.

46. 英克尔斯．社会学是什么［M］．陈观胜，等译．北京：中国社会科学出版社，1981.

47. 希尔斯．论传统［M］．傅铿，等译．上海：上海人民出版社，1991.

48. 韦伯斯特．发展社会学［M］．陈一筠，译．北京：华夏出版社，1987.

49. 古莱．发展伦理学［M］．高铦，等译．北京：社会科学文献出版社，2003.

50. 索科洛夫．人的道德发展社会学［M］．苏敬斌，译．北京：社会科学文献出版社，1988.

51. 富勒．法律的道德性［M］．郑戈，译．北京：商务印书馆，2005.

52. 罗尔斯．正义论［M］．何怀宏，等译．北京：中国社会科学出版社，1988.

53. 罗尔斯．政治自由主义［M］．万俊人，译．南京：译林出版社，2000.

54. 麦金太尔．谁之正义？何种合理性？［M］．万俊人，等译．北京：当代中国出版社，1996.

55. 麦金泰尔．德性之后［M］．龚群，等译．北京：中国社会科学出版社，1995.

56. 诺齐克．无政府、国家和乌托邦［M］．姚大志，译．北京：中国社会科学出版社，2008.

57. 桑德尔．自由主义与正义的局限［M］．万俊人，等译．南京：译林出版社，2001.

58. 泰勒．世俗时代［M］．张容南，等译．上海：上海三联书店，2016.

59. 泰勒．自我的根源：现代认同的形成［M］．韩震，等译．南京：译林出版社，2001.

60. 哈耶克．致命的自负［M］．冯克利，等译．北京：中国社会科学出版社，2000.

61. 哈耶克．自由秩序原理［M］．邓正来，译．北京：三联书店，1997.

62. 哈贝马斯．交往与社会进化［M］．张博树，译．重庆：重庆出版社，1989.

63. 哈贝马斯．交往行动理论：第一卷［M］．洪佩郁，等译．重庆：重庆出版社，1994.

64. 哈贝马斯．公共领域的结构转型［M］．曹卫东，等译．上海：学林出版社，1999.

65. 阿伦特．人的境况［M］．王寅丽，译．上海：上海人民出版社，2009.

66. 特纳．社会理论指南：第2版［M］．李康，译．上海：上海人民出版社，2003.

67. 特纳．社会学理论的结构［M］．邱泽奇，等译．北京：华夏出版社，2001.

68. 安德森．想象的共同体［M］．吴叡人，译．上海：上海人民出版社，2016.

69. 马斯洛．动机与人格［M］．3版．许金声，等译．北京：中国人民大学出版社，2012.

70. 莫尔顿．人民的英国史：上［M］．谢琏造，等译．北京：三联书店，1962.

71. 伯曼．一切坚固的东西都烟消云散了：现代性体验［M］．徐大建，等译．北京：商务印书馆，2003.

72. 梅岳．工业文明的社会问题［M］．费孝通，译．北京：群言出版社，2013.

73. 福山．政治秩序的起源：从前人类时代到法国大革命［M］．毛俊杰，译．桂林：广西师范大学出版社，2014.

74. 福山．大分裂：人类本性与社会秩序的重建［M］．刘榜离，译．北京：中国社会科学出版社，2002.

75. 福山．信任：社会道德与繁荣的创造［M］．李宛蓉，译．呼和浩特：远方出版社，1998.

76. 查农．社会学与十个大问题［M］．汪丽华，译．北京：北京大学出版社，2009.

77. 波普诺．社会学：第10版［M］．李强，等译．北京：中国人民大学出版社，1999.

78. 米德．心灵、自我与社会［M］．霍桂桓，译．北京：华夏出版社，1999.

79. 格里芬．后现代精神［M］．王成兵，译．北京：中央编译出版社，1998.

80. 斯温杰伍德．社会学思想简史［M］．陈玮，冯克利，译．北京：社会科学文献出版社，1988.

81. 博德．资本主义史：1500—1980［M］．吴艾美，等译．北京：东方出版社，1986.

82. 赫尔曼．苏格兰：现代世界文明的起点［M］．启蒙编译所，译．上海：上海社会科学院出版社，2016.

83. 亚历山大．社会学的理论逻辑：第二卷［M］．夏光，等译．北京：商务印书馆，2008.

84. 沃特斯．现代社会学理论：第2版［M］．杨善华，译．北京：华夏出版社，2000.

85. 杜娜叶夫斯卡娅．马克思主义与自由［M］．傅小平，译．沈阳：辽宁教育出版社，1998.

86. 贝克．风险社会［M］．何博闻，译．南京：译林出版社，2004.

87. 什托姆普卡．信任：一种社会学理论［M］．程胜利，译．北京：中华书局，2005.

88. 佩雷菲特．信任社会［M］．邱海婴，译．北京：商务印书馆，2005.

89. 帕特南．使民主运转起来：现代意大利的公民传统［M］．王列，等译．北京：中国人民大学出版社，2015.

90. 托尔尼乌斯．沙龙的兴衰：500年欧洲社会风情追忆［M］．何兆武，译．北京：世界知识出版社，2003.

91. 达伦多夫．现代社会冲突［M］．林荣远，译．北京：中国人民大学出版社，2016.

92. 恩格尔哈特．生命伦理学的基础［M］．范瑞平，译．长沙：湖南科学技术出版社，1996.

93. 帕森斯，斯梅尔瑟．经济与社会［M］．刘进，等译．北京：华夏出版社，1989.

94. 帕森斯．社会行动的结构［M］．张明德，等译．南京：译林出版社，2003.

95. 帕森斯．现代社会的结构与过程［M］．梁向阳，译．北京：光明日报出版社，1988.

96. 休斯，克雷勒．社会学和我们［M］．周杨，等译．上海：上海社会科学院出版社，2008.

97. 亨廷顿．变革社会中的政治秩序［M］．李盛平，等译．北京：华夏出版社，1988.

98. 库利．人类本性与社会秩序［M］．包凡一，等译．北京：华夏出版社，1999.

99. 贝尔纳．科学的社会功能［M］．陈体芳，译．北京：商务印书馆，1982.

100. 韦斯特马克．人类婚姻史：第一卷［M］．李彬，等译．北京：商务印书馆，2002.

101. 马林诺夫斯基．原始社会的犯罪与习俗［M］．原江，译．昆明：云南人民出版社，2002.

102. 梅因．古代法［M］．沈景一，译．北京：商务印书馆，1996.

103. 森．伦理学与经济学［M］．王宇，等译．北京：商务印书馆，2000.

104. 森．正义的理念［M］．王磊，等译．北京：中国人民大学出版社，2012.

105. 米勒．社会正义原则［M］．应奇，译．南京：江苏人民出版社，2001.

106. 罗思坦．正义的制度［M］．靳继东，等译．北京：中国人民大学出版社，2017.

107. 约翰斯顿．正义简史［M］．张安，译．北京：新华出版社，2018.

108. 布鲁，格兰特．经济思想史［M］．邸晓燕，等译．北京：北京大学出版社，2014.

109. 德纳．享用道德：对价值的自然渴望［M］．朱小安，译．北京：北京出版社，2002.

110. 埃尔弗森．后现代主义与社会研究［M］．甘会斌，译．上海：上海人民出版社，2011.

111. 亚历山大．社会学二十讲：二战以来的理论发展［M］．贾春增，等译．北京：华夏出版社，2000.

112. 阿隆．社会学主要思潮［M］．葛志强，等译．北京：华夏出版社，1999.

113. 罗伯森．全球化：社会理论和全球文化［M］．梁光严，译．上海：上海人民出版社，2000.

114. 里奇，等．道德发展的理论［M］．姜飞月，译，哈尔滨：黑龙江人民出版社，2003.

115. 格莱因．儿童心理发展的理论［M］．计文莹，等译．长沙：湖南教育出版社，1983.

116. 科尔伯格．道德发展心理学［M］．郭本禹，等译．上海：华东师范大学出版社，2004.

117. 库尔茨．保卫世俗人道主义［M］．余灵灵，等译．北京：东方出版社，1996.

118. 奥格本．社会变迁：关于文化和先天的本质［M］．王晓毅，等译．杭州：浙江人民出版社，1989.

119. 弗兰克．社会的精神基础［M］．王永，译．北京：三联书店，2003.

120. 赫费．作为现代化之代价的道德：应用伦理学前沿问题研究［M］．邓安庆，等译．上海：上海译文出版社，2005.

121. 利波维茨基．责任的落寞：新民主时期的无痛伦理观［M］．倪复生，等译．北京：中国人民大学出版社，2007.

122. 托克维尔．论美国的民主：上卷［M］．董果良，译．北京：商务印书馆，1988.

123. 沃格林．求索秩序［M］．徐志跃，译．南京：译林出版社，2018.

124. 费孝通．乡土中国［M］．北京：三联书店，1985.

125. 费孝通．江村农民生活及其变迁［M］．兰州：敦煌文艺出版社，1997.

126. 梁漱溟．中国文化要义［M］．上海：学林出版社，1987.

127. 梁漱溟．东西文化及其哲学［M］．北京：商务印书馆，1999.

128. 张岱年，程宜山．中国文化论争［M］．北京：中国人民大学出版社，2006.

129. 冯友兰．贞元六书：下［M］．上海：华东师范大学出版社，1996.

130. 钱穆．中国历代政治得失［M］．北京：三联书店，2001.

131. 郑杭生．中国特色社会学理论的探索［M］．北京：中国人民大学出版社，2005.

132. 郑杭生．中国特色社会学理论的深化：上、下［M］．北京：中国人民大学出版社，2010.

133. 郑杭生，李强，李路路．当代中国社会结构和社会关系研究［M］．北京：首都师范大学出版社，1997.

134. 宣兆凯．道德社会学理论、方法和应用研究［M］．北京：北京师范大学出版社，1994.

135. 曾钊新，吕耀怀．伦理社会学［M］．长沙：中南工业大学出版社，2002.

136. 马进，韩昌跃．当代中国社会道德热点问题研究［M］．北京：中国社会科学出版社，2014.

137. 袁方．社会学百年［M］．北京：北京出版社，1999.

138. 景天魁．时空社会学：理论和方法［M］．北京：北京师范大学出版社，2012.

139. 郑永年．重建中国社会［M］．北京：东方出版社，2016.

140. 宋林飞．西方社会学理论［M］．南京：南京大学出版社，1997.

141. 杨雅彬．近代中国社会学：上［M］．北京：中国社会科学出版社，2001.

142. 孙本文．社会学原理［M］．北平：商务印书馆，1935.

143. 张立文．和合与东亚意识［M］．上海：华东师范大学出版社，2001.

144. 田广清．和谐论：儒家文明与当代社会［M］．北京：中国华侨出版社，1998.

145. 徐儒宗．人和论：儒家人伦思想研究［M］．北京：人民出版社，2006.

146. 杨善华，谢立中．西方社会学理论：下卷［M］．北京：北京大学出版社，2006.

147. 罗荣渠．现代化新论：中国的现代化之路［M］．上海：华东师范大学出版社，2012.

148. 周穗明．现代化：历史、理论与反思［M］．北京：中国广播电视出版社，2002.

149. 虞和平．中国现代化历程［M］．南京：江苏人民出版社，2001.

150. 童星．现代性的图景：多维视野与多重透视［M］．北京：北京师范大学出版社，2007.

151. 童星．现代社会学理论新编［M］．南京：南京大学出版社，2003.

152. 于海．西方社会思想史［M］．上海：复旦大学出版社，1993.

153. 佘碧平．现代性的意义与局限［M］．上海：上海三联书店，2000.

154. 李振．社会宽容论［M］．北京：社会科学文献出版社，2009.

155. 黄建中．比较伦理学［M］．北京：人民出版社，2011.

156. 罗国杰．中国伦理学百科全书：马克思主义伦理思想史卷［M］．长春：吉林人民出版社，1993.

157. 罗国杰，宋希仁．西方伦理思想史：下卷［M］．北京：中国人民大学出版社，1988.

158. 宋希仁．社会伦理学［M］．太原：山西教育出版社，2007.

159. 唐凯麟．伦理学［M］．北京：高等教育出版社，2001.

160. 万俊人．伦理学新论［M］．北京：中国青年出版社，1994.

161. 张锡勤，柴文华．中国伦理道德变迁史稿［M］．北京：人民出版社，2008.

162. 韦政通．伦理思想的突破［M］．北京：中国人民大学出版社，2005.

163. 陈瑛．中国古代道德生活史［M］．北京：中国社会科学出版社，2012.

164. 杨敏．社会行动的意义效应：社会转型加速期现代性特征研究［M］．北京：中国人民大学出版社，2005.

165. 冯仕政．当代中国的社会治理与政治秩序［M］．北京：中国人民大学出版社，2013.

166. 魏昕，博阳．诚信危机：透视中国一个严重的社会问题［M］．北京：中国社会科学出版社，2003.

167. 姚大志．正义与善：社群主义研究［M］．北京：人民出版社，2014.

168. 慈继伟．正义的两面［M］．北京：三联书店，2001.

169. 邓正来，郝雨凡．转型中国的社会正义问题［M］．桂林：广西师范大学出版社，2013.

170. 刘建军，等．转型中国的正义研究［M］．上海：格致出版社，上海人民出版社，2016.

171. 谢迪斌．破与立的双重变奏：新中国成立初期乡村社会道德秩序的改造与建设［M］．长沙：湖南人民出版社，2009.

172. 向春阳．现代社会信任问题研究［M］．北京：中国社会出版社，2009.

173. 程东峰．责任伦理导论［M］．北京：人民出版社，2010.

174. 马小红．礼与法：法的历史连结［M］．北京：北京大学出版社，2004.

175. 高兆明，李萍．现代化进程中的伦理秩序研究［M］. 北京：人民出版社，2007.

176. 赵凌云．富国裕民的梦寻：经济学的进化与当代图景［M］. 天津：天津教育出版社，2002.

177. 樊浩等．中国伦理道德报告［M］. 北京：中国社会科学出版社，2012.

178. 樊浩等．中国大众意识形态报告［M］. 北京：中国社会科学出版社，2012.

179. 马向真．当代中国社会心态与道德生活状况研究报告［M］. 北京：中国社会科学出版社，2015.

180. 韩震等．中国的价值观［M］. 北京：中国社会科学出版社，2016.

181. 童强．空间哲学［M］. 北京：北京大学出版社，2011.

182. 申荷永．心理场论［M］. 北京：中国和平出版社，1995.

183. 张康之，张乾友．共同体的进化［M］. 北京：中国社会科学出版社，2012.

184. 翟学伟．中国社会中的日常权威：关系与权力的历史社会学研究［M］. 北京：社会科学文献出版社，2004.

185. 李萍．中国道德调查［M］. 北京：民主与建设出版社，2005.

186. 龚群．追问正义：西方政治伦理思想研究［M］. 北京：北京大学出版社，2017.

187. 冯俊等．东西方公民道德研究［M］. 北京：中国人民大学出版社，2011.

188. 秦英君．东西方道德的转型与比较［M］. 北京：首都师范大学出版社，2002.

189. 刘洋．现代政治价值体系建构：西方国家的探索之路［M］. 北京：知识产权出版社，2014.

190. 潘维，廉思．中国社会价值观变迁 30 年（1978—2008）［M］. 北京：中国社会科学出版社，2008.

191. 桑玉成．利益分化的政治时代［M］. 上海：学林出版社，2002.

192. 朱力．当代中国社会问题［M］. 北京：社会科学文献出版社，2008.

193. 李友梅等．从弥散到秩序："制度与生活"视野下的中国社会变迁（1921—2011）［M］. 北京：中国大百科全书出版社，2011.

194. 汪行福．现代社会秩序的道义逻辑［M］. 上海：复旦大学出版社，2013.

195. 陶建钟．社会秩序的生成与建构：风险社会视野下的一种政治学考察［M］. 杭州：浙江工商大学出版社，2014.

196. 宫志刚．社会转型与秩序重建［M］. 北京：中国人民公安大学出版社，2004.

197. 高峰．社会秩序论［M］. 北京：人民出版社，2016.

198. 成云雷．先秦儒家圣人与社会秩序建构 [M]. 上海：上海古籍出版社，2007.

199. 张德胜．儒家伦理与社会秩序：社会学的诠释 [M]. 上海：上海人民出版社，2008.

200. 王日根．明清民间社会的秩序 [M]. 长沙：岳麓书社，2003.

201. 胡锐军．儒家政治设计思想研究：以政治秩序为分析框架 [M]. 长春：吉林大学出版社，2012.

202. 陈弱水．公共意识与中国文化 [M]. 北京：新星出版社，2006.

203. 梁治平．清代习惯法：社会与国家 [M]. 北京：中国政法大学出版社，1996.

204. 高瑞泉．中国现代精神传统 [M]. 上海：上海古籍出版社，2005.

205. 张鸣．乡土心路八十年：中国近代化进程中农民意识的变迁 [M]. 上海：上海三联书店，1997.

206. 胡成．困窘的年代：近代中国的政治变革和道德重建 [M]. 上海：上海三联书店，1997.

207. 吾淳．中国社会的伦理生活 [M]. 北京：中华书局，2007.

208. 张网成．中国公民志愿行为研究（2011)：现状、特点及政策启示 [M]. 北京：知识产权出版社，2011.

209. 郭金鸿．道德责任论 [M]. 北京：人民出版社，2008.

210. 张仲礼．中国绅士研究 [M]. 上海：上海人民出版社，2008.

211. 周翼虎、杨晓民．中国单位制度 [M]. 北京：中国经济出版社，1999.

212. 唐华山．软绳捆硬柴：柔性化管理的力量 [M]. 广州：广东经济出版社，2006.

213. 龚长宇．道德社会学引论 [M]. 北京：中国人民大学出版社，2012.

214. 中国大百科全书：政治学 [M]. 北京：中国大百科全书出版社，1992.

215. 中国大百科全书：社会学 [M]. 北京：中国大百科全书出版社，1992.

216. HAMILTON, PETER. "The enlightenment and the birth of social science [M]// Formation of modernity. edited by Stuart Hall& BramGieben. Cambridge: The Open University Press, 1992.

217. LUHMANN, N. Trust and power [M]. New York: John Wiley, 1979.

218. LUHMANN, N. W0rld-time and system history: interrelations between temport horizons and social structure [M]//The differentiation of society. New York: Columbia University Press, 1982.

219. GIDDENS, A. Modernity and self-identity [M]. Calif: Stanford University, 1991.

220. MISZTAL. Trust in modern societies [M]. Cambrige, England: Polity Press, 1996.

221. TON VAN DENBELD. Moral responsibility and ontology. Kluwer: Kluwer Academic Publisher, 2000.

222. WILLIAM SCHWEIKER. Responsibility and christian ethics [M]. Cambridge: Cambridge University Press, 1999.

后 记

道德社会学同样服务于求解“社会秩序何以可能”的经典主题，其独特视角就在于为社会秩序确立价值基础，给社会秩序提供价值合理性解释和支撑。笔者已经出版的《道德社会学引论》一书曾系统建构了道德社会学的理论框架，以此为基础，关注陌生人社会、陌生人社会秩序以及陌生人社会秩序的价值基础，可谓是对道德社会学理论研究的深化与拓展。

本书是在笔者主持的国家社会科学基金项目“陌生人社会秩序的价值基础：一种道德社会学的研究”（12BSH006）（已结项）的基础上修改完成的。书稿写作过程中得到了诸多师长、同事和朋友的关心与帮助，在此深表谢意。

感谢并深切怀念中国人民大学的郑杭生老师，当时项目的选题及核心思想就直接得益于同先生的交流与合作的文章，先生总是本着“知识上的诚实”，保持并传播着“头脑的清明”，多年来教会了我太多的东西。转眼先生已离开六年了，斯人已逝，幽思长存，谨以此书向先生致敬！

感谢南京大学的童星教授和中国人民大学的李迎生教授，他们在预鉴定过程中对本书内容的修改提出了中肯的批评和宝贵的意见。

感谢参与项目评审鉴定的专家学者。感谢齐齐哈尔大学的董驹翔教授和张俊相教授，他们多年来一直关心鼓励我的研究进展并随时给予一些思想的启迪。

感谢苏州大学的张明教授、陈进华教授、李丽红老师和浙江台州学院的晁乐红教授，几年来我们一起切磋琢磨、研讨勉励，共享研究与思考的辛苦与乐趣。

感谢浙江大学的黄炬博士、苏州大学的卜谦祥博士，研究生常林亚、李燕和刘子健同学在文献资料搜集整理和内容校对方面付出的辛劳。

感谢我的父母和所有家人，他们一直是我潜心学问的精神和力量之源，可叹家父已撒手尘寰，这种思念很痛。

感谢中国人民大学出版社人文分社潘宇社长、盛杰编辑和赵建荣编辑对出版本书所做的贡献。

往日不可追，来日犹可期，我一直在学习与探索的路上。

本书的出版得到苏州大学“人文社科优秀学术专著出版资助计划”的资助。

龚长宇

2020 年 10 月于苏州

图书在版编目（CIP）数据

陌生人社会：价值基础与社会治理 / 龚长宇著 . -- 北京：
中国人民大学出版社，2021.1
（社会学文库 / 郑杭生主编）
ISBN 978-7-300-28684-6

Ⅰ. ①陌… Ⅱ. ①龚… Ⅲ. ①社会管理—研究—中国
Ⅳ. ①D63

中国版本图书馆 CIP 数据核字（2020）第 191495 号

"十二五"国家重点图书出版规划项目
社会学文库
主编 郑杭生
陌生人社会：价值基础与社会治理
龚长宇 著
Moshengren Shehui：Jiazhi Jichu yu Shehui Zhili

出版发行	中国人民大学出版社		
社　　址	北京中关村大街 31 号	邮政编码	100080
电　　话	010－62511242（总编室）		010－62511770（质管部）
	010－82501766（邮购部）		010－62514148（门市部）
	010－62515195（发行公司）		010－62515275（盗版举报）
网　　址	http://www.crup.com.cn		
经　　销	新华书店		
印　　刷	北京宏伟双华印刷有限公司		
规　　格	170 mm×240 mm　16 开本	版　　次	2021 年 1 月第 1 版
印　　张	14 插页 2	印　　次	2021 年 10 月第 2 次印刷
字　　数	217 000	定　　价	49.00 元